华为
数字化转型之道

华为企业架构与变革管理部 著

ENTERPRISE

DIGITAL

TRANSFORMATION

AT

HUAWEI

图书在版编目（CIP）数据

华为数字化转型之道 / 华为企业架构与变革管理部著．-- 北京：机械工业出版社，2022.5（2023.2 重印）
ISBN 978-7-111-70436-2

Ⅰ．①华… Ⅱ．①华… Ⅲ．①通信企业 – 企业管理 – 数字化 – 研究 – 深圳
Ⅳ．① F632.765.3

中国版本图书馆 CIP 数据核字（2022）第 049441 号

华为数字化转型之道

出版发行：机械工业出版社（北京市西城区百万庄大街 22 号 邮政编码：100037）
责任编辑：韩 蕊 李 艺　　责任校对：马荣敏
印 刷：北京联兴盛业印刷股份有限公司　　版 次：2023 年 2 月第 1 版第 8 次印刷
开 本：170mm × 230mm 1/16　　印 张：20.75
书 号：ISBN 978-7-111-70436-2　　定 价：129.00 元

客服电话：（010）88361066 68326294

序一

随着5G、云计算、人工智能、物联网等技术的快速发展，曾经看似遥不可及的“数字化”，如今已像100多年前的“电”一样，融入人类社会的方方面面，在驱动新经济形态发展的同时，不断改变着我们的生活。未来30年，人类社会必将走进万物感知、万物互联、万物智能的数字新纪元。

数字化的愿景是通过数据与人工智能技术的广泛应用，构建与物理世界共生共荣的数字世界，实现人类社会的智能升级。数据实现由过去的少量个体到全方位覆盖、由事后记录到实时感知、由只看结果到关注过程，从量变到质变的过渡，成为数字时代的生产要素；对广泛联接的数据进行汇聚、建模，就能对物理世界进行更加精准的刻画，构建出全新的数字世界。在数字世界中，从社会发展、城市治理到企业运营，人类都可以通过人工智能以极低成本、极快速度进行持续的分析、预测、仿真和迭代调优，彻底释放自己在物理世界中的潜能，创造更加美好的未来。

未来“活下来”的企业绝大多数都将是数字化企业。我们注意到，今天一些领先的数字化企业已经通过数字世界的快速感知、准确预测和模拟仿真等特点，大幅提升了自己在客户体验、创新、成本方面的能力，在竞争中占据了绝对优势。未来，企业间竞争的要素将不仅仅是资本、人才，更是企业的数字化能力，企业掌握的数据量、人工智能的应用程度将是它的制胜之道。现在我们经常听到“互联网企业”和“传统企业”这样的提法，随着一些有意识的传统企业引入数字技术，重构自己在客户关系、研发、供应等诸多方面的核心能力，我认为未来将不会再有这样的区分，绝大多数“活下来”的企业都将是数字化企业。因为只有它们能有意识地抢占先机，更好地面对未来全球化的竞争。

企业开展数字化转型不是赶时髦，而是一场触及企业文化、业务模式、责任和权利体系的深刻变革。其难点不只在于引入数字技术，更在于如何让自身复杂的业务场景与数字技术真正融合，在于如何构建变革的领导力，改变企业的组织、流程与广大员工的意识和行为。企业家在这场变革中扮演着至关重要的角色，他们既要敏锐感知到数字化带来的变化，适时投入资源启动变革，也要制定数字化转型战略并与公司整体业务战略进行互锁，在企业内形成共识，更要认识到变革中存在的现实障碍，有策略地消除变革阻力，为数字化转型保驾护航。

埃尔金顿教授在1997年提出了“三重底线”的概念，综合考虑了经济、社会和环境贡献的价值平衡。时至今日，“三重底线”仍然是包括华为在内的大多数企业参考的原则。华为希望通过数字技术的创新和自身数字化转型的实践总结，为众多企业的发展注入强大的数字动力，与大家一起共同完成企业的数字化转型，让商业更智能，让社会更包容，让生活更美好，为社区繁荣、国家安定、人类宜居贡献力量。

郭平

华为轮值董事长、变革指导委员会主任

序二

数字化转型已成为全球各行各业最热门的话题之一，它不仅能为企业的传统业务赋予新动能，也能为企业带来进入新赛道或弯道超车的机会。华为在2016年正式启动数字化转型，并在2017年年初将公司愿景调整为“把数字世界带入每个人、每个家庭、每个组织，构建万物互联的智能世界”，正是因为看到了数字时代所带来的机会和挑战。

我们曾经给数字化转型下过一个定义，就是把一个企业和它的上下游，包括客户，供应商，合作伙伴，企业内部所有的业务及资产、用户等，以光速连接起来产生的一系列化学反应。我们认为数字化转型绝不只是引入一堆技术和概念，而是要最终为业务带来价值，支撑企业主业成功，提升企业可持续发展的强大竞争力。

战略引领，是发挥数字化价值的重要动力。企业在明确自身所处的背景和战略发展的诉求时，就需要“站在后天看明天”，以更广阔、更前瞻的视角去构想企业的未来。而数字化转型的目标，包括企业的模式创新、效率提升以及客户体验升级等，都要与业务战略相匹配，并通过转型去实现战略，为业务创造价值。为此，企业需要认真进行数字化转型规划，对准业务战略，描绘清晰的数字化愿景和实施路标，牵引转型工作的有序开展。我们总结了一个词——“长短结合”，**数字化转型既要有长期的目标，又要找准突破口，在短期内让企业发生改变，树立组织的转型信心。**

业务重构，是全面推进数字化战略的关键。华为立足通过3个业务重构实现全联接的智能华为，在追求客户满意的同时，追求效率效益的提升。华为的具体做法如下：首先通过数字化重构客户体验，围绕客户旅程，瞄准客户触点，通过数字技术做深与客户的联接；其次通过数字化重构作业模式，将数字化深入全球 200+ 业务场景中，真正从全流程、全场景的角度来重新设计业务的流转；最后通过数字化重构运营模式，充分发挥数据的价值，通过智能算法在业务过程中进行实时预测、分析、干预和事后的回溯，提升运营和决策的质量与效率。这 3 个重构都将触碰到企业的灵魂。

数字平台，让企业能够快速实施和部署数字化转型。云计算、AI、大数据、5G 等先进的数字技术将成为企业加速转型的重要支撑。我们围绕这些技术，努力打造了一个能够支撑华为数字化转型的数字平台，包括打造新型、先进的数字基础设施，构建场景化的数字化 IT 装备，完善一套网络安全和数据保护体系，以及打造华为统一的数据底座和治理平台。强大的数字平台和技术能力，需要企业不断积累和沉淀。

数字化转型是企业内生的变革，涉及企业内外的方方面面，不可能一蹴而就。变革能否成功，要看企业一把手的战略决心、信心和耐心，需要他们在变革上持续关注和投入，还要看企业是否有一套成熟的方法和体系来推动转型工作的持续开展。本书是对华为这些年数字化实践和方法的阶段性总结，是对企业如何开展数字化转型进行的清晰和系统性的阐述。数字化转型任重而道远，过程中很容易迷失方向。我们希望这本书能给业界同行提供借鉴和启发，同时也欢迎大家交流和指正，共同推进数字化转型工作。

陶景文

华为董事、质量与流程 IT 总裁、CIO

前言

为何写作本书

作为一家全球领先的ICT基础设施和智能终端供应商，华为从2016年开始将数字化转型作为公司变革的唯一主题，全面推行数字化已有5年多时间。华为通过自身的数字化转型，不仅提升了企业核心竞争力，还持续提升了公司的管理和运营能力。

和很多企业一样，华为的变革也经历了传统信息化建设的过程。华为在开展数字化转型的过程中，逐渐意识到数字化有别于传统信息化，前者在后者的基础上，通过引入云、AI等数字技术，把数据作为新的生产要素，同时打破物理与数字空间的界限，以全量全要素的联接和实时反馈为基础，围绕快速变化的客户需求进行业务模式重构和创新。可以说，数字化转型是一场全新的变革，需要有一套新的方法和理论体系，并在不断的实践中持续完善和发展。

写作本书，一方面是为了对华为近些年开展的数字化转型工作进行系统性的梳理，总结出其中的方法和案例，为公司各业务领域后续开展的数字化变革项目提供输入；另一方面也是希望通过本书，向正在开展或准备开展数字化转型的广大企业分享华为的实践和经验，给大家在转型过程中涉及的规划和顶层设计、项目实施、IT产品建设和持续运营等各个环节带来启发和帮助。

本书主要内容

本书共13章，内容从逻辑上可以分为如下四篇。

认知篇（第 1 章和第 2 章）

第 1 章从华为的视角明确了数字时代的一些共识，即数字化转型已成为企业的战略选择，同时也是企业的一场全新变革，为此企业需要主导自身的数字化转型并实现 5 个转变。

第 2 章给出了华为数字化转型的整体框架，有助于读者了解华为开展数字化工作的整体脉络。同时，提供了数字化转型成熟度评估的 18 个问题，能帮助企业快速自检，了解企业当前的数字化转型成熟度水平。

方法篇（第 3 ~ 5 章）

该篇介绍了华为数字化转型的理念和方法，覆盖从变革规划、变革项目实施到 IT 实现和持续迭代的全部过程。

第 3 章给出了变革规划的方法，首先讲解了如何通过描绘愿景来畅想数字化转型将取得的成就，以及如何设计出架构蓝图对愿景进行系统性诠释，然后介绍了如何通过规划一系列的变革项目来承接愿景的实现。

第 4 章明确了数字化转型是一项复杂的系统工程，需要用变革的方法和项目的方式来确保规划蓝图的有效落地。

第 5 章讲述了如何组建业务和 IT 一体化产品团队，在 IT 产品中引入服务化架构和方法，并做好 IT 产品规划、建设到运营的全生命周期管理，支撑业务持续优化。

实践篇（第 6 ~ 10 章）

该篇介绍了华为如何通过数字化转型进行业务运作模式重构，以提升业务运作和管理效率、改善客户体验，并对华为在业务作业、客户交易、业务运营、数字化办公等 4 个典型场景的实践进行了全面复盘。

第 6 章先从理念上探讨了业务重构的几种方式，并介绍了企业在数字化转型的过程中，如何以对象数字化、过程数字化、规则数字化等 3 个数字化为基础，通过业务架构设计方法精准找到合适的场景来开展业务运作模式重构。

第 7 章以华为数字化供应链为例，介绍了如何通过“数字化作业”消除企业内部运作的“高能耗点”，以重构业务作业模式。

第 8 章以 To B 客户交易流为例，介绍了如何通过“数字化交易”让华为与客户做生意简单、高效、便捷。

第 9 章以华为数字化运营为例，介绍了如何通过业务运营模式的转变，达到简化管理、优化运营的目的，使决策指挥更精准、更高效。

第 10 章以华为数字化办公为例，介绍了如何通过数字技术，构建全方位的连接和高效的团队协同能力。

平台篇（第 11 ～ 13 章）

该篇总结了企业在数字化转型过程中需要统一构建的三大平台能力。

第 11 章给出了华为数据底座的整体框架和构建策略，分别介绍了数据湖和数据主题联接的建设实践，并提出了通过数据服务来促进数据消费。

第 12 章介绍了如何构建云化数字平台来承载数字化转型所需的云计算、大数据、AI、IoT 等数字技术，支撑业务应用现代化。

第 13 章介绍了华为的重量级变革治理体系，以此来构建数字化领导力，为有效推进变革提供基础保障。

本书读者对象

- 企业管理者，包括 CEO、COO、CIO、CDO 等。
- 企业数字化转型的规划师和设计师。
- 企业数字化转型项目的领导者、设计者和实施者。
- 流程与 IT 从业人员：业务架构师、数据架构师、数据分析师、应用架构师、技术架构师等。

致谢

本书的主要作者有熊康、孙昶、罗祠璋、蒋艳华、马运（MA YUN）、姬琼、陈志、杜浩、韩丽、钱亚东、吴茂。参与写作的还有陈世卿、马明、缪来春、郭强、陈宪刚、王慧、苏雨芹等。各位作者都亲历了华为前期的数字化转型工作。

在此感谢郭平、陶景文、赵启刚、苏宝华等领导一直以来的支持、指导和帮助。也感谢涂子沛、董小英、李勇、郭建新、时培松等专家从读者角度对本书内容所提的建议，以及在写作过程中给予我们的帮助。

在写作过程中，我们也得到了ISC+变革项目、运营商BG交易流项目、服务数字化项目、公司数字化运营项目、数据资产管理项目等项目组成员的帮助，书中很多案例和素材都来自他们的实践，在此一并感谢！

华为企业架构与变革管理部

目录

方 法 篇

实 践 篇

平 台 篇

认　知　篇

数字时代，企业可以利用云计算、人工智能、物联网等技术，以数据为生产要素，通过数字化转型，提升客户体验和业务效率，推动业务模式创新，持续构筑企业的竞争优势。本篇将重点介绍华为对数字化转型的理解。

- **数字化转型，华为的战略选择**。企业可以利用先进技术来优化流程或创建新的业务模式，从而创造新的价值，数字化转型是企业的必答题。同时，企业数字化转型有别于传统信息化，是企业的一场全新变革，需要企业以全新的方式来推动这场变革。
- **数字化转型框架**。我们将多年的数字化经验归纳总结为“华为数字化转型框架”，包含“1 套方法”“4 类场景”“3 个平台能力”，这些内容构成了本书的主体。通过本章，读者可以对本书的内容有一个整体了解。

第1章 数字化转型，华为的战略选择

近20年来，中国的互联网尤其是消费互联网走在了世界前列。从线下走向线上，数字技术通过消费互联网极大地改变了商品流通环节及相关价值分配的格局，但大多数传统企业里真正创造价值的研发、制造等环节尚未发生质的变化。

随着5G、云计算、IoT、AI等先进技术进入各行各业，互联网连接的对象从几十亿的人进一步扩大到百亿、千亿的物，万物互联初见雏形，数字技术改变千行百业的时代已经到来，如图1-1所示。

农业经济以土地为生产资料，工业经济以石油和各类矿产为生产资料，数字经济则以数据为生产资料。数字化转型以ICT平台为生产工具，以数据为生产资料，以服务为产品，不仅能为企业的传统业务赋予新动能，也能为企业带来进入新赛道或弯道超车的机会。

正是看到了数字化带来的全新机遇和挑战，2016年华为在变革规划中明确提出把数字化转型作为华为变革的唯一主题，启动了一系列变革项目，就此拉开了数字化转型的序幕。

数字化转型可以解决什么问题？转型过程中会面临哪些挑战？在实践中

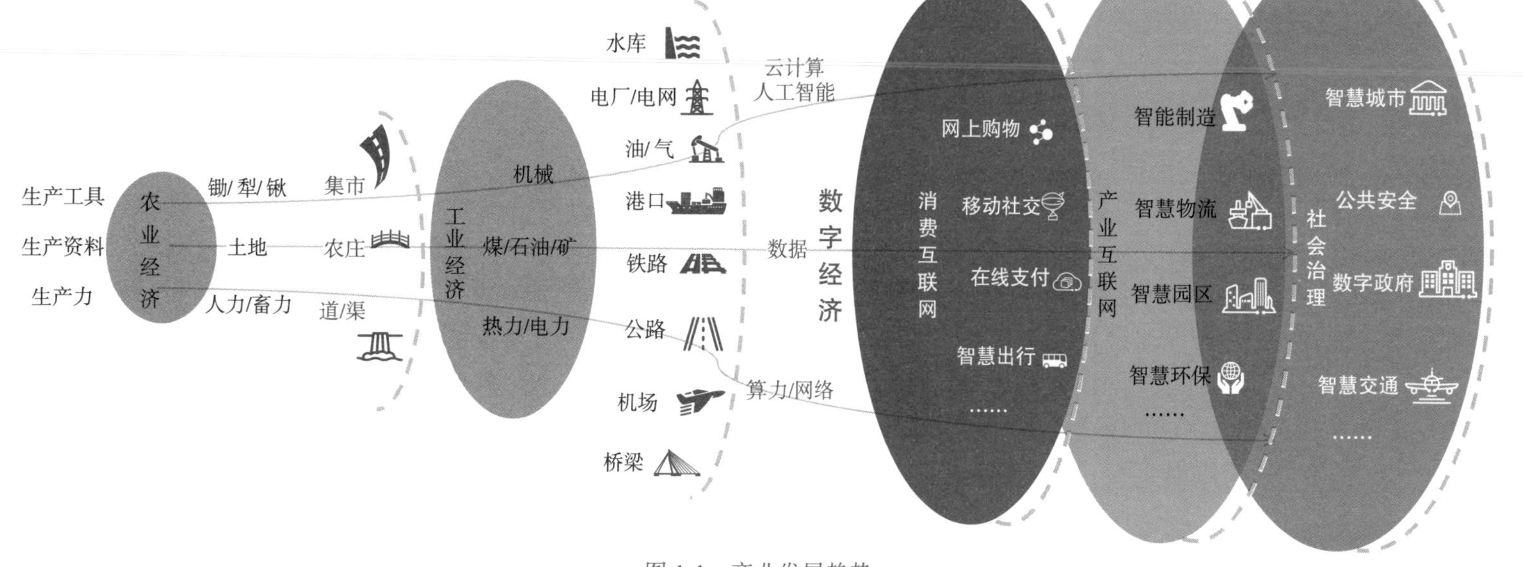
生产工具
生产资料
生产力
农业经济
锄/犁/锹
土地
人力/畜力
集市
农庄
道/渠
工业经济
机械
煤/石油/矿
热力/电力
水库
电厂/电网
油/气
港口
铁路
公路
机场
桥梁
云计算
人工智能
数据
算力/网络
数字经济
消费互联网
网上购物
移动社交
在线支付
智慧出行
……
产业互联网
智能制造
智慧物流
智慧园区
智慧环保
……
社会治理
智慧城市
公共安全
数字政府
智慧交通
……

图 1-1　产业发展趋势

有哪些经验教训？会给企业带来哪些变化？5年多过去了，作为一家典型的非数字原生企业，华为在这些问题上积累了一些实践经验，希望能和大家一起分享。

1.1 数字化转型是企业的必答题

数字化转型是企业利用先进技术来优化或创建新的业务模式，以客户为中心，以数据为驱动，打破传统的组织效能边界和行业边界，提升企业竞争力，为企业创造新价值的过程。

部分率先开展数字化转型的企业，将获得前所未有的产品竞争力、客户满意度和把握新机会的能力，从而在竞争中取得绝对优势，挤压那些尚未开展数字化转型的企业的市场份额和生存空间。只有勇于变革、积极开展数字化转型的企业才能更好地活下去。

1.1.1 解决时代难题："鲍莫尔成本病"

第三次工业革命以来，企业通过引入大量装备、先进机器和流水线等，极大地提升了生产效率，但企业内总有一些部门的效率难以被机器提升，这就是通常所说的"鲍莫尔成本病"。比如人力资源、销售管理、质量与运营、财务等部门，它们的工作并不像生产制造那样，通过机器的升级就能立即释放效率。事实上，很多时候随着公司规模的扩大，流程和组织反而会越来越复杂，负责"拉通对齐"的协调人员会越来越多，最终使企业运营成本增加、市场响应能力迟钝、竞争力逐步丧失。

随着数字时代的到来，数字化平台能够从根本上解决以上问题，如图1-2所示。

数字化平台通过"作业即记录、记录即数据"的方式，能给企业带来很多好处，比如：

- 使得企业对广泛分布的业务的态势感知能力大幅加强，成本大幅降低；
- 通过让不同层级、不同部门实时看到相同的信息，减少沟通成本，加快响应速度；

- 通过规则数字化等手段使确定性业务由系统自动处理；
- 通过对异常情况的判定与实时预警，让监管更加有的放矢。

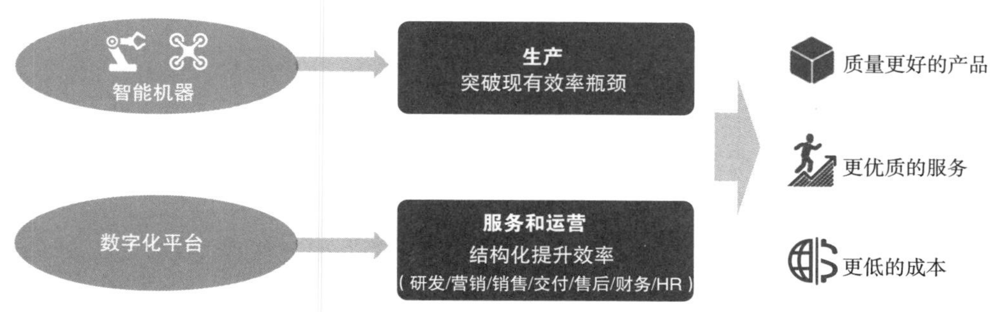

图 1-2　根治“鲍莫尔成本病”，提升企业效率

以上由数字化平台带来的种种变化，最终会通过对业务流程的重构，打破传统组织的效能边界，让企业内部运作更加高效、扁平，降低运营成本，提升运营质量。

1.1.2　为 To B 客户带来 To C 体验

To B 行业客户正面临一场体验变革。为什么在电商平台上购买一支几元钱的铅笔能做到全流程可视，而企业之间上千万元的交易履行状态却要客户通过邮件、电话来反复跟催？互联网企业在面向消费者的 To C 行业中对用户体验有极致的追求，“体验变流量，流量变收入”是其常见的商业模式。但在 To B 行业，客户体验还未成为企业关键的竞争优势。

数字化转型能帮助企业实现客户的 ROADS（实时、按需、全在线、自助、社交）体验，让客户与企业之间从联合创新到交易履行等所有的合作都像流水一样自然顺滑。试想一下下面几个问题：

- 企业给客户推荐的配置能否精准满足不同客户的差异化需求？
- 客户的采购系统中产生了订单后，该订单能否自动流入企业的订单履行系统？
- 每个订单的交付履行情况能否实时在线可视？
- 客户购买产品后的使用体验和问题能否被及时感知并主动改进？

我们正在从一个供给紧缺的时代进入一个供给过剩的时代，产品同质化越发明显，对手不断涌入，优质体验带来的优势可以帮助企业构筑真正的“护城河”。

1.1.3 构筑产业链端到端竞争优势

企业今天的成功不是未来前进的可靠向导。技术的快速进步，不断变化的行业趋势和外部环境，都对企业能力提出了全新的要求。以前只有企业之间的产品竞争，如今还存在产业链与产业链之间的生态竞争，这种形势下，打破自身边界、聚合外部资源的能力就成了企业制胜的关键。

数字化转型可帮助企业通过产业互联网，将联接的广度扩展到全产业链条的不同企业，将联接的深度覆盖到企业从交易、设计、制造到服务等的各个环节，让企业更快、更灵活地响应客户需求，从而在竞争中取得优势。我们将这种影响总结为“一横一纵一圈”，如图 1-3 所示。

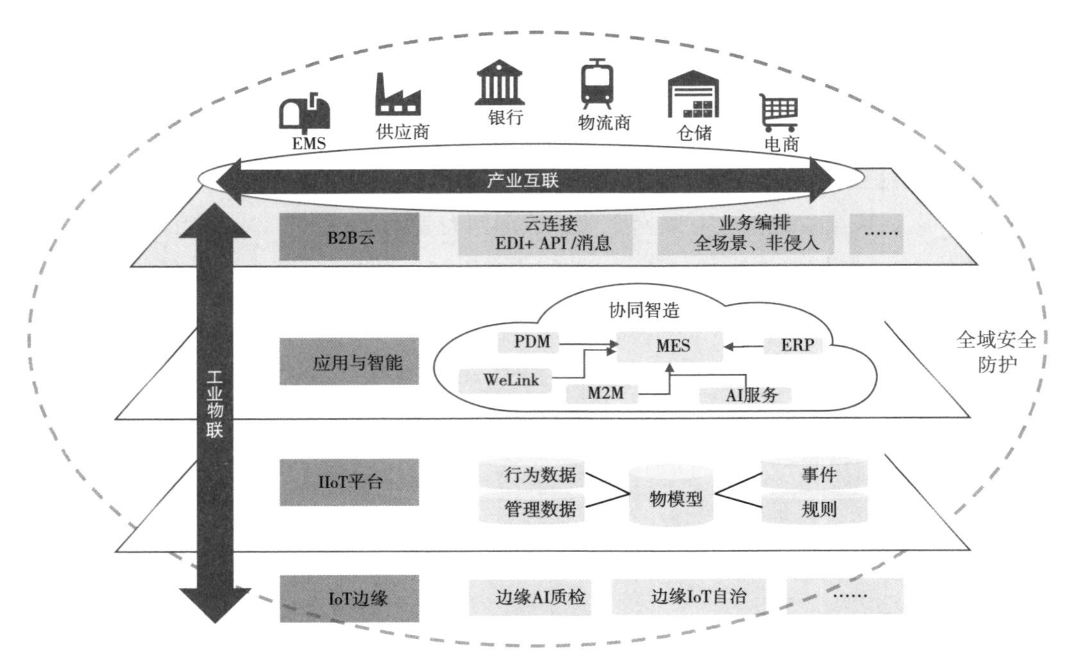

图 1-3 产业互联网的“一横一纵一圈”

- **一横**：打破企业边界，通过产业互联网，连接企业上下游伙伴生态，实现产业增值。
- **一纵**：打破 IT 和 OT（Operational Technology，运营技术）边界，通过实时工业互联和协同，突破传统制造效率瓶颈，实现万物互联。
- **一圈**：守护全域安全，从人员、应用、设备、网络、数据等多层次，提供全域、全场景安全防护。

1.1.4　数据成为生产要素，实现企业智能升级

在数字时代，数字化逐步成为一种新的生产模式：以数据为处理对象（生产资料），以 ICT 平台为生产工具，以软件为载体，以服务为目的的生产过程。

一方面，企业利用数字平台做深与客户的联接并获取数据，然后通过对数据进行处理和分析来进一步识别客户需求和机会，最后开发和部署新的服务来更好地满足客户需求，从而实现“数据变机会、机会变服务、服务变收入”的商业循环，形成企业新的收入增长点，如图 1-4 所示。

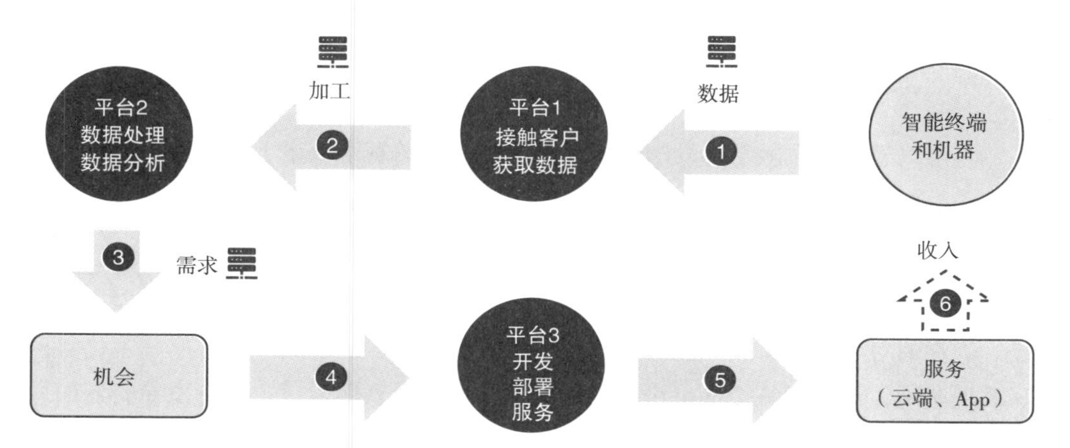

图 1-4　依托数字化平台构建新的商业循环

另一方面，**“联接的密度”乘以“计算的精度”，等于数字经济的强度**。通过构建全量全要素的联接，企业数据实现由过去的少量个体到全方位覆盖、由

事后记录到实时感知、由只看结果到关注过程、从量变到质变的过渡。对广泛联接的数据进行汇聚、建模，就能对物理世界进行更加精准的刻画，构建全新的数字世界。

在数字世界中，企业使用人工智能可以以极低的成本、极快的速度对客户、产品、工艺、物流等数据进行分析、预测、仿真和迭代调优，这些结果反过来又会影响企业在物理世界中的决策和执行。数字世界与物理世界交互融合，提升的是企业的核心竞争力。

- **提升决策质量：** 为管理者提供决策的依据，包括数据和建议，让决策者少犯错。
- **提升客户满意度：** 数据让企业“比客户更懂客户”，为客户提供更加个性化的产品和服务，从“卖产品”转变为“精准满足客户需求”。
- **优化运营：** 模拟物理世界的运作，调整参数和影响因子，通过数据分析和智能推演找出最优解并对物理世界做出调整，减少试错成本。华为研发部门在产品开发和试制、供应链的物流路径选择等场景中，都大量使用了这样的技术。
- **主动应对风险：** 让企业及时感知风险，在面对风险时能快速推演，更快做出正确的响应并落实到位。

可以想象，在触手可及的智能世界里，企业的每个场景、每位员工都将从中获得新的能力，挖掘新机会，创造新价值，实现企业智能升级。

1.1.5 数字化转型必须由企业自身主导

在消费互联网时代，互联网公司通过商业模式、流量入口和数字技术优势攻城略地，颠覆了一个又一个传统行业。在产业互联网时代，谁将主导企业的数字化转型？我们认为企业必须主导自身的数字化转型，原因有两个。

首先，在数字化转型中，数字化是手段，转型才是目的。要取得成果，企业需要将数字能力和自身业务深度融合，通过变革来落地，这个过程只能由企业自身来主导。一些企业找到互联网公司，引入云、大数据平台这些技术手段，就认为是做了数字化转型，其实这可能是走入了误区，错把手段当成了目的。

其次，在这个大浪淘沙的过程中，除了业内的竞争对手，传统企业还将面对跨界的互联网企业。互联网企业也要获取产业能力，尝试“颠覆式创新”。双方正在进行一场速度的比拼，如图 1-5 所示。将核心竞争力的构建假手他人，既不可行，也不该行。

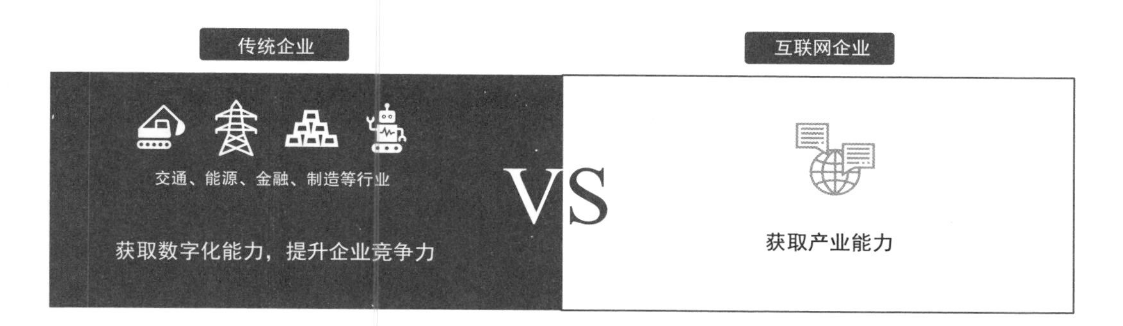

图 1-5　传统企业与互联网企业的竞争

在数字化转型浪潮中，优秀的企业能够抢占先机，通过与 ICT 企业合作引入数字技术，重构自己在研发、制造、供应、服务等诸多方面的核心能力，更好地面对未来全球化的竞争。同时，它们也通过自身在数字化转型方面的探索和能力沉淀，创造新的产品、服务和商业模式，找到新的增长空间。不能及时完成转型去引领和适应这场变化的企业，要么会与本领域首先觉醒的对手拉开差距，要么会被跨界的对手颠覆，最终必将被时代淘汰。

1.2　数字化转型是一场全新变革

越来越多的企业家和 CIO 认识到，数字化转型不是简单地上线一个 IT 系统，而是一场变革。如同第三次工业革命中机器取代人一样，数字化能帮助企业减少“人拉肩扛”的情况，提升决策质量，进而极大提升企业的生产力。

在华为看来，数字化转型之所以是变革，在于其改变的不仅仅是生产力，还包括企业内部和企业之间的生产关系；数字化转型影响的也不仅仅是作业人

员，还包括企业 CXO 和其他管理者在内的各个层级，其影响的深度和广度远大于“机器取代人”。

1.2.1 打破企业内的组织层级

基于清洁、实时数据的数字化运营能帮助企业的不同层级同时看到相同的信息，从而使得组织更加扁平化。但是，以华为为例，有数以千计的员工在负责上传下达和各种数据的统计，从项目组到总部的金字塔型组织更是多达 5 ～ 7 层，这些运营体系保证了公司的稳定运行。

当原有的层级被打破时，当“越级汇报”和“越级指挥”成为常态时，我们会变得更加高效还是更加混乱？我们认为，只有认识到数字化带来的企业内生产关系的变化，设计好未来的企业运营模式，重新定义“总部”“区域”和“一线项目组”的关系，才能让数字化成为缩短决策链条、提升运营效率的推进器，如图 1-6 所示。

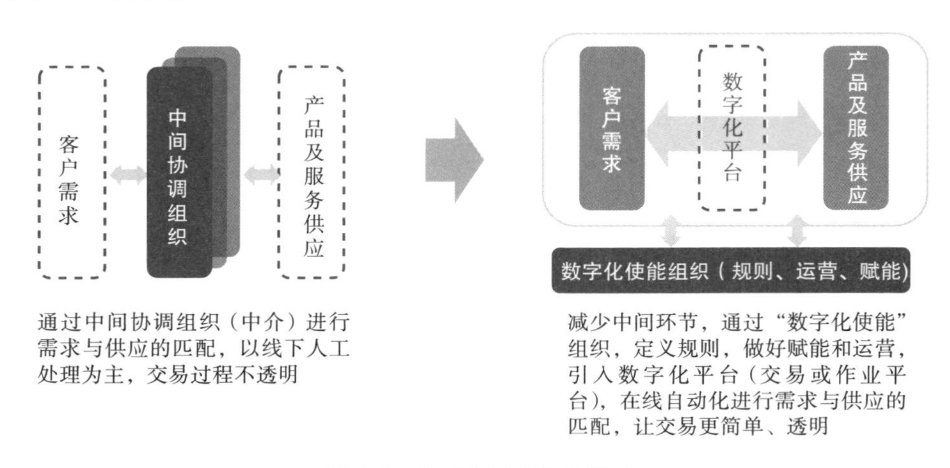

图 1-6 数字化对组织的影响

1.2.2 重新定义甲方和乙方的关系

企业之间传统的合作关系是采购方与供应商的买卖关系，也就是常说的甲方和乙方的关系。客户需求的差异化和企业间分工的精细化，让单一企业的产品越来越难以满足客户的“痛点”需求。因此，在产品的竞争上，我们看到越来越多场景解决方案间的竞争，而企业之间的竞争也随之转向不同企业组成的生态链的竞争。

不同企业该如何通过数字化打破企业之间的边界，让企业间的合作不再局限于甲方和乙方？从共享能力、共用平台、共创价值到分享收益，企业成为共生共赢的生态伙伴，它们在价值创造中的关系也将被重新定义。

电商平台（甲方）自身并没有工厂，也不采购任何厂家的产品，只是为千万家工厂和商家（乙方）提供数字服务，但却是线上商业帝国真正的掌控者。我们认为在数字技术的赋能下，传统行业的企业间的合作关系也会发生巨大的变化，餐饮行业如火如荼的“中央厨房”就是一个例子。

1.2.3　融合业务与 IT 能力

传统信息化建设方式是业务部门提需求，IT 部门负责实现。为了决策一个需求该不该做，通常要经过大量的沟通。业务抱怨 IT“慢、贵、难”，IT 反过来抱怨业务讲不清需求、朝令夕改，这样的情况在很多企业司空见惯。

信息时代的“记录系统”相对还算稳定，数字时代的 IT 因为与业务的结合更加紧密，所以变化也更快。以华为的供应链为例，当前所有的仓储、物流都极大依赖于 IT 系统，大到供应路径的选择、小到仓库库位的摆放，都是算法决定的。这样，每一次 IT 系统的调优都会给业务带来直接影响，反过来业务的任何变化也都要通过 IT 系统调整来快速落地，迭代速度从过去的“月”变成了现在的“天”。

要应对这样的变化，我们认为**数字时代的业务设计组织和 IT 开发组织的融合是大势所趋，也就是业务即 IT，IT 即业务**。一个产品团队既有业务设计能力又有开发能力，围绕业务目标快速迭代，才能做到“唯快不破”。这样的工作模式，从组织、人才到工作流程，都需要全新的设计，必然会打破过去业务和 IT 的技能分工和工作习惯。

1.2.4　对准体验、效率和模式创新

数字化转型应该对准什么目标？

不同于很多企业以跨界为目标，我们认为：企业开展数字化转型，应以使能主营业务成功为目标。也就是说，应提升客户体验和内部效率，构筑竞争优势，进而通过运营模式、商业模式的创新为企业创造新的价值，如图 1-7 所示。

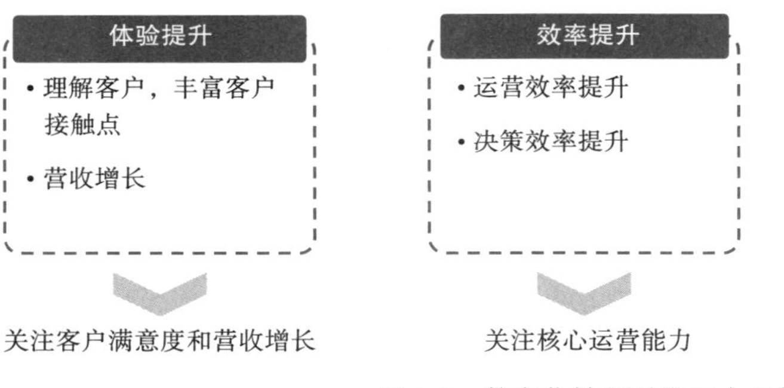

图 1-7　数字化转型对准三大目标

- **体验提升**。理解客户，丰富企业与客户的触点，通过精准的方案解决客户问题；简化客户作业步骤，优化客户交易旅程；构建多渠道的一致客户体验，提升客户满意度；进一步获得营收的增长。
- **效率提升**。沿着企业主业务流开展，引入数字技术以提升研发、生产制造、销售服务等作业环节的自动化水平，提升企业运营效率；通过数据实时可视和 AI 算法，实现数据驱动的快速、精准决策，缩短决策链条，提升企业决策效率和质量。
- **模式创新**。商业模式、运营模式等的创新。比如提供数字产品与服务，为企业带来新的业务增长，或从分散作业到集中共享，实现大平台支持下的精兵作战。

1.2.5　5 个转变保障变革成功

从以上几点可以发现，数字化转型影响的绝不仅仅是 IT 组织。从公司最高层到作业人员，从一线作战部队到平台职能部门，从技能要求到工作习惯，数字化都会带来全面的影响，背后更是运营模式、责任体系、权力体系的重构。

因此，数字化转型要成功，企业至少需要在意识、组织、方法、文化、模式 5 个方面进行转变，如图 1-8 所示。

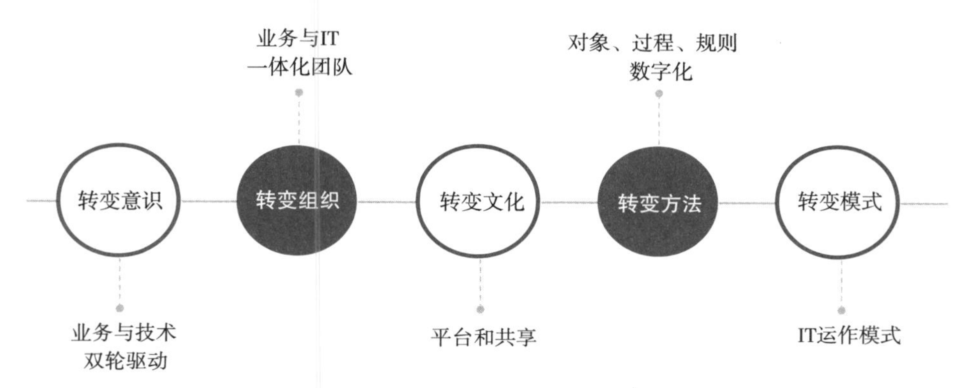

图 1-8　数字化转型需要实现 5 个转变

- 转变意识。数字化转型是一把手工程，不仅需要技术的投入，更需要回归业务主导。一把手和各级业务主管从意识上认为数字化是自己的事，是实现业务战略的必由之路，也是数字化转型成功的第一步。
- 转变组织。在转型过程中，业务部门与 IT 部门应该紧密结合，组建业务与 IT 一体化团队，瞄准业务问题，找准转型的突破口并开展工作，彻底改变“企业 IT 部门跟业务部门两张皮”的情况。
- 转变文化。数字化转型强调平台和共享，要求每个部门、每个人既能从大平台中获取能力来支撑自己成功，又能反哺能力回到大平台里去支撑他人成功。从利己到利他，这对许多公司的文化是巨大的挑战。同时，数字化转型提倡“用数据说话”，强调企业数据是公司的，明确不同部门的数据在授权下可充分共享，数据成为决策的依据。
- 转变方法。实现“对象数字化、过程数字化、规则数字化”是数字化转型的关键。过去开发 IT 系统只是为了固化流程、规范业务，因此经常一个流程一个 IT 系统。现在通过把流程中的过程数字化、业务规则数字化、业务对象数字化，不仅能实现从线下到线上的转变，还能快速按需编排，使能业务创新。
- 转变模式。重点指 IT 运作模式的转变，如存量 IT 系统和软件包延续瀑布开发模式，而服务化新应用采用 DevOps 敏捷开发模式。

1.3 把数字世界带入华为

在数字化转型之前，华为已经通过一系列变革项目逐步构建起了相对完备的流程管理体系和 IT 系统，如图 1-9 所示。

- 1998 年：华为启动了 IT 策略与规划项目，在 IBM 顾问的帮助下定义了企业竞争定位、业务构想和变革愿景，并规划了 13 个支撑业务构想的变革与 IT 项目。
- 1999—2003 年：集成产品开发 IPD 项目，以客户需求为导向，将产品开发作为一项投资来管理，重组产品开发流程和管理体系，加快市场反应速度，提升产品质量和竞争力。
- 1999—2004 年：集成供应链 ISC 项目，从各自为政的供应链功能型组织转变为“以客户为中心”的“集成供应链”体系，通过供应的灵活性和快速响应能力形成竞争优势。
- 2006—2014 年：集成财经变革 IFS 项目，系统性提升全球财务能力，实现损益可视、风险可控、准确确认收入和现金流入加速。
- 2007—2016 年：客户关系管理（CRM）项目群建立了线索到回款（LTC）、管理客户关系（MCR）等流程，规范了全球销售业务，将合同质量标准构筑在流程中。

持续的流程变革和信息化建设支撑了华为公司的高速发展，但随着华为业务全球化、超大规模、多业态的特点逐步突出，越来越厚重的流程、围绕功能建设的 IT 系统以及被 IT 系统割裂的数据也给企业进一步发展带来了新的问题。2015 年以前，因为流程厚重导致较多项目不得不在客户界面申请延期交标，一个员工出差要填 6 个电子流，数据科学家入职后发现获取不到数据，心声社区[一]对流程和 IT 的吐槽不断……正是在这样的背景下，华为开启了自身的数字化转型之旅。

[一] 华为内部员工的网络社区。

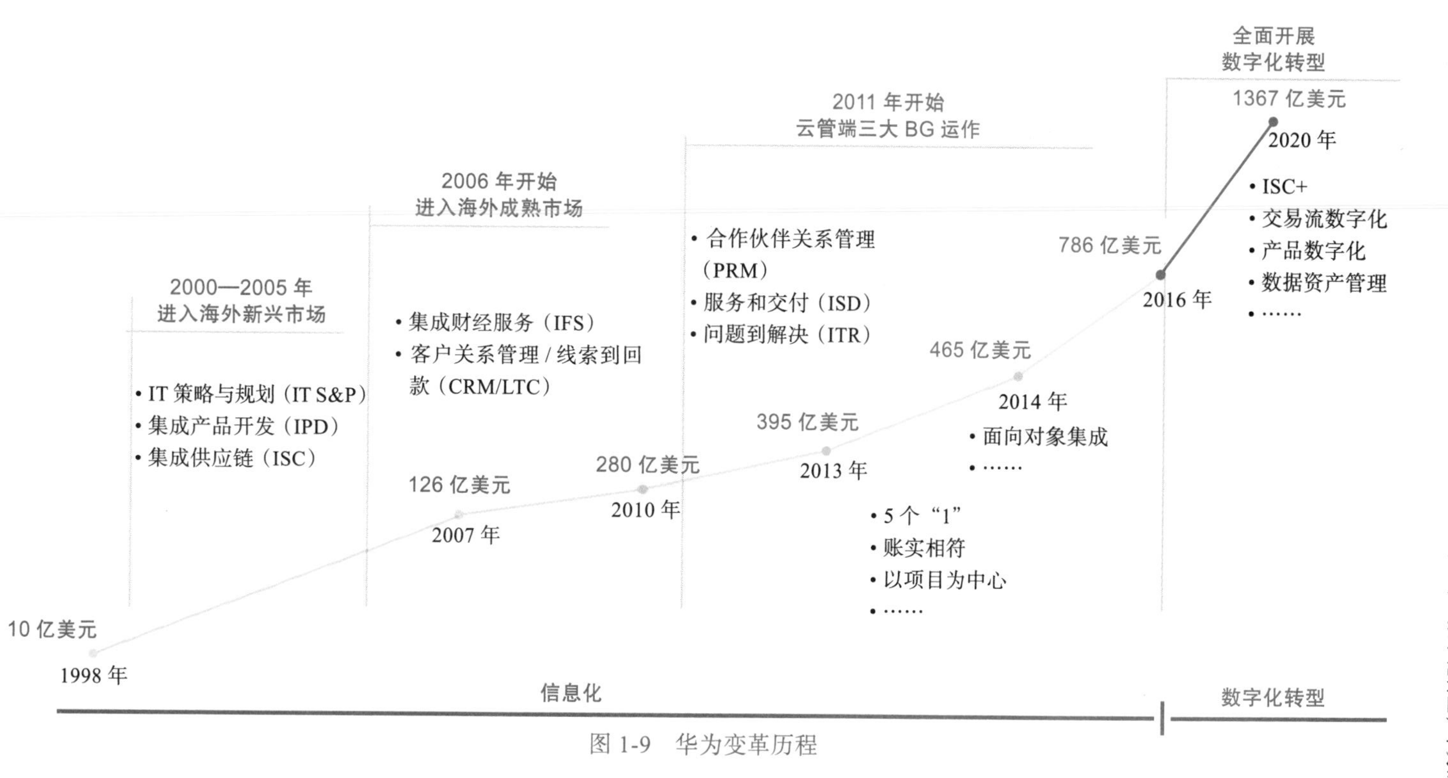

10 亿美元
1998 年
2000—2005 年
进入海外新兴市场
• IT 策略与规划（IT S&P）
• 集成产品开发（IPD）
• 集成供应链（ISC）
2006 年开始
进入海外成熟市场
• 集成财经服务（IFS）
• 客户关系管理 / 线索到回款（CRM/LTC）
126 亿美元
2007 年
280 亿美元
2010 年
2011 年开始
云管端三大 BG 运作
• 合作伙伴关系管理（PRM）
• 服务和交付（ISD）
• 问题到解决（ITR）
395 亿美元
2013 年
• 5 个“1”
• 账实相符
• 以项目为中心
• ……
465 亿美元
2014 年
• 面向对象集成
• ……
786 亿美元
2016 年
全面开展
数字化转型
1367 亿美元
2020 年
• ISC+
• 交易流数字化
• 产品数字化
• 数据资产管理
• ……
信息化
数字化转型

图 1-9　华为变革历程

2

第 2 章

数字化转型框架

2016 年，华为公司数字化转型变革规划汇报通过，一系列的变革项目由变革指导委员会（Executive Steering Committee，ESC）完成立项。5 年多来，华为数字化转型工作初步取得了一些成果，比如：

- 实现“销售收入翻番，但人员未显著增长”；
- ICT 产业的存货周转天数下降 60%；
- 企业业务 PO 订单从接收到发货的时间下降 30%，海外合作伙伴全流程自主交易比例达到 100%，渠道伙伴业绩激励 60 秒到账；
- 消费者业务的数字化门店体系已覆盖 5000+ 体验店，支撑门店交易、用户经营和门店运营；
- 全球物流业务中有 80% 的确定性作业实现了自动化；智能仓储实现订单快速出库，手机终端产品的出库时间缩短 50%；
- 推行智能制造，从物料上线到最后手机包装完成的整个流程只需要 14 个人，每 28.5 秒产出一部手机，生产效率是智能制造推行前的 6 倍；设计与制造融合，产品开发及试制周期缩短 20%，可制造性问题减少 30%；
- 数据质量已达到“基本满意”；

- WeLink 办公协同平台、ROMA 连接平台、智慧园区等内部产品实现能力外溢，成为面向企业客户的产品与解决方案。

在这个过程中，我们积累了一些数字化转型案例，也总结出了一套理念和方法，得到了一些经验和教训，这些内容都将体现在“华为数字化转型框架”中，见图 2-1，构成本书的主体。本章将从思想和认知的角度对这些内容进行宏观介绍，便于大家在深入细节前有一个整体的认识。

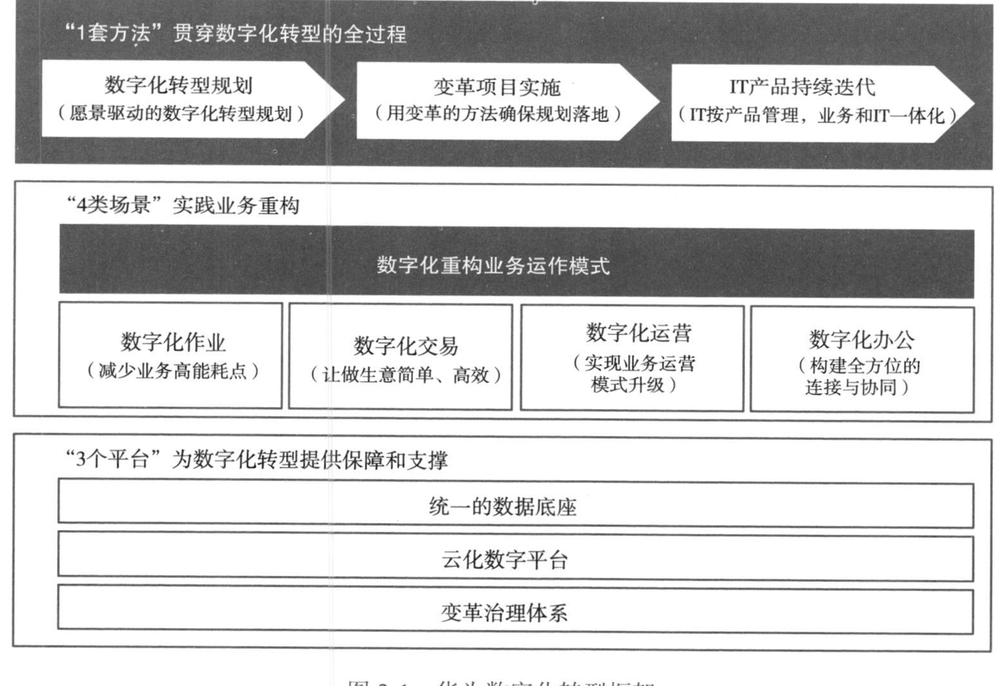

图 2-1 华为数字化转型框架

2.1 1 套方法、4 类场景、3 个平台能力

2.1.1 用“1 套方法”贯穿转型全过程

好的方法是数字化转型成功的重要因素。华为在自身数字化转型过程中，初步总结了 1 套行之有效的方法（将在“方法篇”系统讲解），包括阶段、过程、交付件要求，以及过程中的参考模型或框架（见图 2-2）。

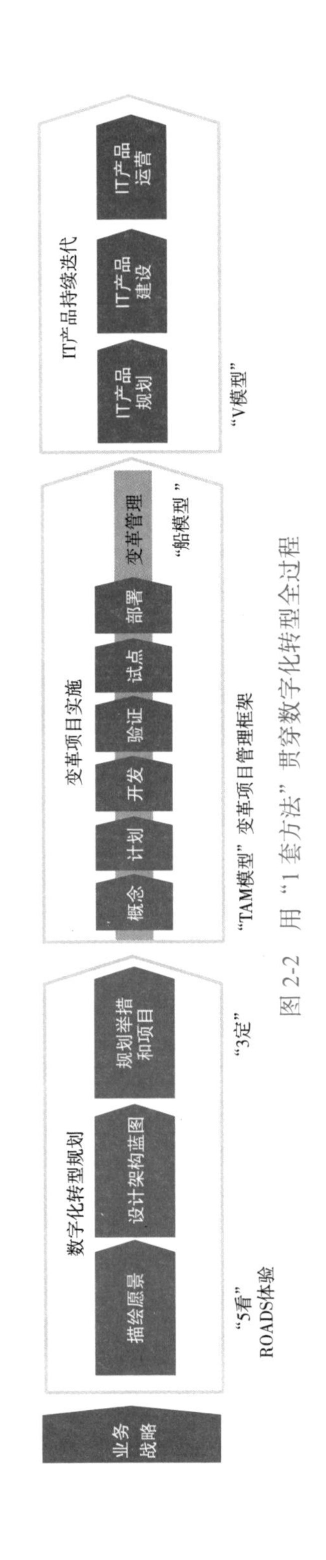

图 2-2 用“1 套方法”贯穿数字化转型全过程

1."数字化转型规划"方法要点

企业需要在数字时代重新思考业务战略，重新思考和定义如何为客户创造价值，重新思考企业的商业模式，以清晰的业务战略作为数字化转型规划的输入，通过愿景来描绘未来 5 ～ 10 年数字化转型将取得的成就，进而设计架构蓝图，对愿景进行系统性的、分层分级的梳理和诠释，最后规划出变革项目，承接数字化转型举措，并为每一个项目确定优先级。

2."变革项目实施"方法要点

变革按项目方式推进，更有利于突破转型过程中的各种束缚。

"七横八纵"（图 4-8）完整地展示了变革项目实施的各个阶段（纵向），以及贯穿变革始终的关键要素如何被以项目的形式有效地组织并管理（横向）。其中，价值是变革从此岸到彼岸的指南针；" TAM 模型"（图 4-11）从结果、能力、管理体系三个方面来指导项目进行价值管理；"船模型"（图 4-2）则总结了如何用结构化的变革管理方法影响人心，提升变革支持度，实现"转人磨芯"。

3."IT 产品持续迭代"方法要点

IT 产品与项目应适当解耦。IT 产品化运作，需要企业改变作战队形，改变之前需求交接式的 IT 开发方式，将 IT 融入业务，共同组建业务和 IT 一体化产品团队，并实现"业务、数据、IT"联合组队，做到"业务人员懂 IT，IT 人员懂业务"，实现产品团队一盘棋运作。

数字化转型要求 IT 产品团队能更敏捷地响应业务，改变之前的"烟囱式"IT 交付方式，由"做功能"变为"做服务"。这就需要 IT 产品团队改变设计方法，用服务化 V 模型（图 5-10）指导团队的一体化设计，让业务、数据、IT 有机融合在一起。

2.1.2　从"4 类场景"着手业务重构

在华为，不同的数字化转型项目有着不同的关注点和开展方式，其所依托的数字技术也有不同的侧重，我们将这些差异归纳总结为 4 类数字化场景（如图 2-3 所示，将在"实践篇"展开介绍）。

数字化作业	数字化交易	数字化运营	数字化办公
通过数字化装备提升作业效率，让确定性业务自动化、非确定性业务智能化	构建线上平台，使客户做生意简单、高效、安全	快速实时运作的智能运营中心，实现运营模式转型，简化管理	对准员工体验，数字化办公构建全方位的连接与协同
华为实践：智能制造、数字交付、协同研发、智能物流等	华为实践：数字展厅、客户在线协同、智慧零售等	华为实践：财经大屏、交付运营指挥中心、区域数字化运营、IT运营指挥中心等	华为实践：远程办公、智慧园区、智慧差旅等
如：智能仓储 实现仓储收、存、发、装环节全过程数字化，快速执行作业任务，实现实物的高效流转，订单的快速出库	**如：伙伴关系管理数字化** 聚合企业生态，构建客户、伙伴的数字化协同平台，实现业务流数据的端到端打通，提升效率和客户体验	**如：供应链智能运营中心** 建立一个端到端的集中的服务共享中心，为各组织提供实时可视、模拟、告警，并基于智能分析快速响应	**如：WeLink办公协同** 融合消息、邮件等通用办公服务，提供统一协同平台，先将“人”和“设备”连接起来，进而汇聚业务应用，丰富移动工作内容，将“业务”和“知识”连接起来

图 2-3　4 类数字化场景

2.1.3　构建“3 个平台能力”，为转型提供支撑

企业如果拥有统一的数据底座，以及稳定、高效的数字平台，那么它的数字化转型就会拥有源源不断的数字动能。同时，一套精心设计的变革治理体系，将是有序推进数字化转型的重要保障。

上述“3 个平台能力”（将在“平台篇”详细讲解），企业在开展数字化转型之初就需要重点关注并提前做好准备，并在转型过程中不断完善和优化。

1. 统一的数据底座

企业需要建设统一的数据底座，支撑各业务领域有效开展数字化运营。通过数据底座将企业内外数据进行汇聚，对数据进行重新组织和联接，并在尊重数据安全与隐私的前提下，打破数据孤岛和数据垄断，重建数据获取方式和秩序。

2. 云化数字平台

数字平台赋能应用、使能数据、做好连接、保障安全，为业务开展数字化

转型提供统一的 IT 平台和基础设施服务。在建设过程中，建议采取推拉结合的思路、适度超前的策略，将用户的核心诉求和平台本身的技术能力提升结合起来，构建稳定、高可用、弹性灵活的云化数字平台。

3. 变革治理体系

数字化转型需要重量级的变革管理团队，持续构建数字化领导力，负责批准公司重大变革项目的立项和关闭，批准变革预算，发布治理规则并对跨领域问题进行裁决，指导和批准各领域的数字化转型规划。同时，在公司统一的牵引和协调下，各业务领域需要主导自身的数字化转型，业务一把手默认是本领域转型的第一责任人。

2.2　数字化转型成熟度评估方法

华为公司在开展数字化转型之初，设计了一套数字化转型成熟度评估方法，通过访谈、填写问卷、线上调查等方式，对公司各业务领域的数字化转型的能力成熟度水平进行整体评估和分析。这么做不仅可以回答企业开展数字化转型“应该准备什么？”“准备好了没有？”等问题，还可以识别关键短板，形成有针对性的改进建议，以纳入后续规划工作中。

成熟度评估主要包含如下几大主题（见图 2-4）。

1）**战略决心**。衡量企业开展数字化转型的决心和力度。明确转型需要对准业务战略，通过顶层设计来牵引数字化工作的开展，包括描绘愿景、绘制架构蓝图、确定关键举措和路标，并确保战略预算投入。

2）**业务重构**。衡量为了成功实现企业核心业务，业务在数字化转型前后发生的改变，包括重构客户体验、重构作业模式、重构运营模式，以及提供数字产品与服务。

3）**数字能力**。衡量企业是否具备技术领导力。明确通过构建统一的数据底座和云化数字平台来承载数字技术，为转型提供技术驱动力，包括应用现代化、数据治理与分析、AI 使能、资源与连接、安全与隐私保护等。

4）**转型保障**。衡量企业在推进数字化转型的过程中，为转型提供的组织、人才等保障是否充分，包括变革管理、数字化人才、组织保障等。

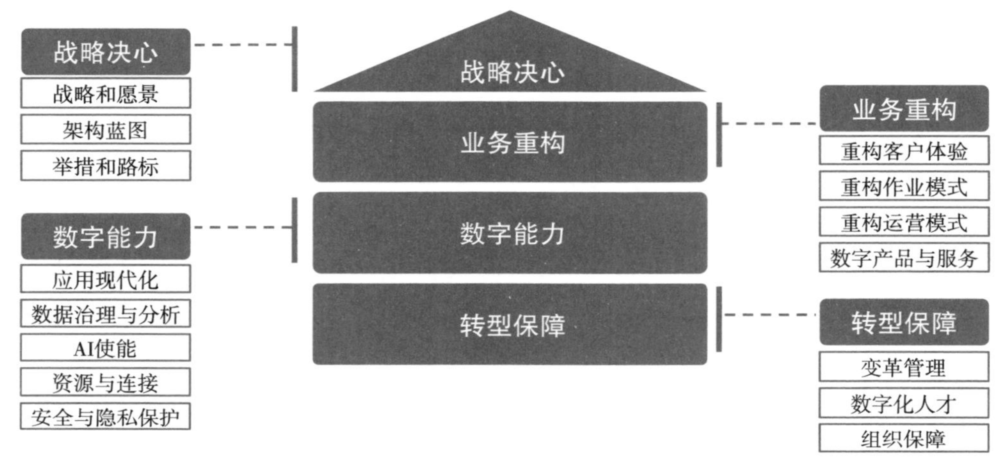

图 2-4　数字化转型成熟度评估：要点示例

企业在开展数字化转型的前期，可以重点针对成熟度评估模型中的部分问题进行自检，快速了解当前的成熟度水平。待数字化转型进展到一定程度，再进行完整的评估，持续提升支撑数字化的能力。

数字化转型成熟度评估中有常见的 18 个问题，如下所示。其中问题 1 ～问题 6 是关于战略决心的，问题 7 ～问题 10 是关于业务重构的，问题 11 ～问题 15 是关于数字能力的，问题 16 ～问题 18 是关于转型保障的。

1）**对准业务战略**：你所在的组织开展的数字化转型是否以业务战略为牵引？数字化是否已成为企业战略的关键组成部分？

2）**清晰的愿景**：你所在的组织有没有清晰的数字化转型愿景来前瞻性地描绘转型将对业务带来的变化，并在企业内部得到广泛共识？

3）**数字化意识**：你所在组织的高层对行业数字化带来的机遇和威胁的理解有多深？他们能采取相应的行动吗？

4）**架构蓝图**：你所在的组织是否基于转型愿景绘制了清晰的数字化转型架构蓝图，以有效牵引转型工作的开展？

5）变革战略投资：你所在的组织是否建立了相关的数字化转型战略投资机制，以对数字化转型持续投入？

6）数字化指标：你所在的组织是否制订了数字化指标，以评估数字化转型成果？

7）重构客户体验：你所在的组织是否围绕客户旅程，通过数字技术做深与客户的联接，用以全面提升客户体验和客户满意度？

8）重构作业模式：你所在的组织是否能借助数字能力，以实现作业过程线上化、自动化、智能化，或改变原有作业模式，以大幅提升作业效率？

9）重构运营模式：你所在的组织是否借助数字能力，以实现运营管理实时可视、智能分析辅助决策，或打破地域和组织边界，从而改变业务运营管理模式，提升运营指挥效率、决策质量和风险控制能力等？

10）数字产品与服务：你所在的组织是否通过数字化转型孵化出数字产品与服务，为企业增长带来新动能？

11）应用现代化：你所在的组织是否能通过服务化、云原生架构、敏捷交付等方式，快速响应业务变化，进一步降低 IT 系统开发成本，并提升资源利用效率？

12）数据治理与分析：你所在的组织是否能通过数据治理，以及数据感知、汇聚、联接和共享等多种方式，牵引企业将数据转化为信息和知识？

13）AI 使能：你所在的组织是否可以应用 AI 算法，对准业务场景，解决业务问题，提升企业智能水平？

14）资源与连接：你所在的组织是否构建了企业级的云平台及相应的资源管理能力，并制订了清晰的云化迁移策略和计划？

15）安全与隐私保护：你所在的组织是否引入了网络安全技术，并制订了相关的安全与隐私保护政策？

16）变革管理：你所在的组织是否在数字化转型过程中应用结构化的变革管理方法，降低阻力，提升变革意愿和变革能力，促进变革成功？

17）数字化人才：你所在的组织是否在数字化转型过程中开展了数字人才规划、调整了人才结构、对员工进行了数字技能培养，以支撑数字化转型成功？

18）组织保障：你所在的组织在数字化转型过程中是否建立了合适的IT组织和治理体系，包含稳定的业务与IT团队支撑数字化转型的实施与开展，以及相应的变革治理体系对变革规划和变革项目进行评审、决策和管理，以保障转型按计划有序进行？

方 法 篇

数字化转型是一场全新的变革。华为的数字化转型经历了规划、项目实施落地、IT产品实现等过程。随着转型的不断深入，这几个过程会环环相扣、循环迭代，每个过程都有规律和方法可循。好的方法和配套的机制是数字化转型成功的重要因素。本篇将重点介绍华为数字化转型的理念和方法，并结合华为实践进行阐述。

- **愿景驱动的数字化转型规划**。变革规划是数字化转型工作的起点，是“对准战略、描绘愿景、设计蓝图、规划项目”的过程，华为的经验是“一张蓝图绘到底”。
- **用变革的方法确保规划落地**。数字化转型是影响深远的变革，需要激发变革意愿，由业务一把手来主导，同时需以变革项目的方式来确保规划蓝图的落地。
- **视 IT 为投资，用产品思维管理 IT**。数字化转型只有起点没有终点，项目有实施周期但业务将持续发展，在变革项目中构建的数字化应用，如何做到在项目关闭之后还能得到持续的维护和演进，并确保变革成果“不变形、不回潮”？华为的实践是组建业务与 IT 一体化团队，以产品化方式来规划、建设和运营数字化应用。

第 3 章

愿景驱动的数字化转型规划

数字化转型是企业的必答题，企业必须自己主导自身的数字化转型，支撑主营业务成功。那么，怎样才能更好地帮助主营业务成功，又应该从哪里开始转型工作呢？这就涉及企业的数字化转型规划。

我们说数字化转型是一项复杂的系统工程，而规划就是这项系统工程的顶层设计。一个好的规划应该对准业务战略，既能描绘出企业数字化的愿景和蓝图，使公司上下形成方向上的共识，又能定义出具体的举措、路标和项目，明确责任主体并指导实施。

“凡事预则立，不预则废。”本章将结合华为数字化转型规划的三阶段实践（见图 3-1）来介绍规划的理念和方法。

业务战略 → 描绘愿景 → 设计架构蓝图 → 规划举措和项目

图 3-1　数字化转型规划过程的示意

3.1　以终为始，描绘数字化愿景

数字化转型应由愿景驱动，拘泥于现状会让我们无法打破过去的枷锁。只有对准企业的长期业务战略，从“站在后天看明天”的视角，思考未来 5 ～ 10 年数字化会给行业和企业带来哪些变化，才能制订出有前瞻性的规划。

3.1.1　业务战略是数字化转型的龙头

1. 企业发展必须有清晰的业务战略

企业战略描述了清晰的企业愿景、使命及战略目标，其中业务战略回答的是“在未来想成为什么样的企业”的问题，关注的是企业在哪些目标市场发展，通过何种途径来发展，采取什么样的措施来实现发展。企业制订战略的最终目的是谋求企业发展，创造价值，构筑可持续的竞争优势。

清晰的业务战略，对外可实现与市场和客户对齐，选择细分市场和客户群，以及企业相应的竞争定位，并明确需要什么样的商业模式来匹配该定位；对内可以使业务战略与企业研发、营销和销售、供应链、财经、人力资源等各业务领域从上到下达成共识，做到“力出一孔，利出一孔”。

2. 数字时代，企业需要适时地调整业务战略

业务战略还将回答“企业未来的业务增长点在哪里”的问题。

数字时代的到来，为企业带来机会的同时也带来了新的挑战。企业需要思考数字技术、产业互联网给企业带来的影响，在面临挑战时主动求变，找到新的成长空间，否则要么被跨界竞争者颠覆，要么在与行业内已提前进行数字化转型的企业的竞争中处于劣势。

在数字时代，企业需要获取数字化能力，调整业务战略，为企业奠定未来生存的根基，见图 3-2。

（1）引入数字化商业模式

引入数字化商业模式包括改变与客户做生意的方式，改变销售的渠道，基

于产业互联网重新定位与行业生态伙伴间的关系，等等。比如，有的企业将其线下销售渠道转为线上数字渠道，而以线下渠道作为补充。大多数互联网企业和部分传统零售商正在布局新零售商业模式，打通线上和线下，实现各渠道资源共享。

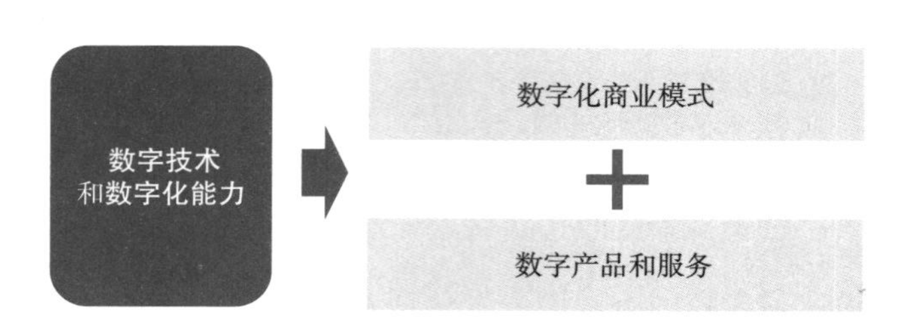

图 3-2　企业通过获取数字化能力来调整其业务战略

（2）提供数字产品和服务

提供数字产品和服务，或使产品和服务包含数字化特性，会改变原有的收入和利润模式，为企业带来新的赛道和机会。比如，有的企业以前销售工程机械，现在不仅提供物理的机械产品，还向客户提供发动机运行状态诊断以及维修保养建议等增值服务；有的企业从提供服务器和存储的硬件提供商，向云服务提供商转型，将一次性收费模式转变为按租户和流量收费模式。

2017 年，华为适时地把公司愿景调整为“把数字世界带入每个人、每个家庭、每个组织，构建万物互联的智能世界”，也正是因为看到了数字时代所带来的行业机会和挑战。

一方面，华为适时地将公司的定位调整为“聚焦于 ICT 基础设施，成为企业数字化转型使能者的角色，以及为消费者打造全场景智慧生活体验”，将商业模式扩展为“卖产品 + 专业服务 + 云服务”。另一方面，华为明确先把自身的数字化转型做好，再把经验和实践（如主动型供应链、智能制造等）固化下来，变成数字化的产品和解决方案提供给客户，这个过程反过来也会提高华为数字化的竞争力。

我们认为，在数字时代，企业应该重视业务战略，重新思考和定义如何为客户创造价值，重新思考企业商业模式，通过数字化转型构建或调整与新业务战略和商业模式相匹配的业务运作模式，才能顺应数字时代潮流，牵引数字化转型战略的制订，进而推动转型工作的开展，以持续构筑企业的核心竞争力（见图 3-3）。

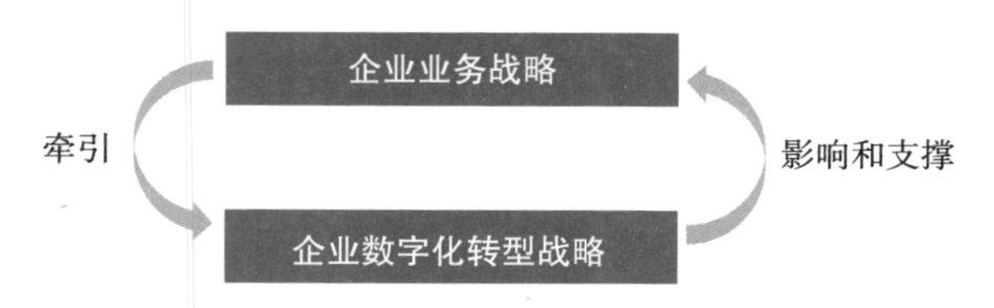

图 3-3　清晰的业务战略是数字化转型的龙头

3.1.2　从“5 看”入手描绘数字化转型愿景

数字化转型规划，需要企业先描绘愿景，就企业应该开展什么样的业务数字化初步达成统一的理解。

1. 什么是愿景？

数字化转型愿景是有别于现状的更高追求，需要与公司业务战略保持一致，且在公司上下得到广泛的共识。数字化转型以愿景为驱动，如果仅基于现状和问题来描绘数字化转型的愿景，容易限于惯性思维，在规划时束手束脚；而先有愿景再倒推到现在，则可以推导出如何通过变革或持续的优化，实现从现状到愿景所描述的未来的转变（见图 3-4）。

数字化转型愿景明确了转型将对业务带来哪些变化。愿景是相对稳定的，不会年年改变。愿景是对未来“提纲挈领”的表达，它不会描述一个个具体的解决方案或项目，应避免在描述愿景时过多地讨论细节（见图 3-5）。

2. 如何描绘数字化转型愿景？

描绘数字化转型愿景，需对准业务战略，明确客户的体验诉求，关注行业趋势，审视企业自身的能力和与业界标杆的差距，识别数字技术在企业内的应用前景。具体可以总结为如下“5 看”（见图 3-6）。

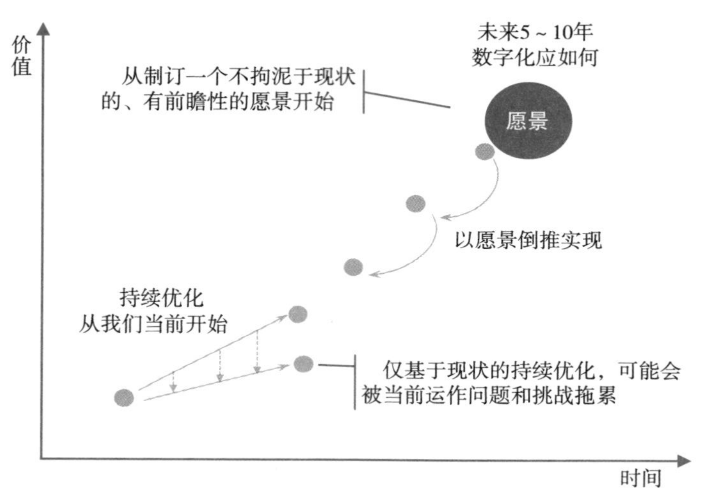

图 3-4　数字化转型以愿景为驱动

愿景是什么？	愿景不是什么？
将对业务带来哪些面向未来的关键变化，可以是： • 在客户界面带来的变化 • 内部业务运作层面将为企业带来价值 • 组织将提升哪些关键能力	• 它不是一个解决方案，也不是一个个项目 • 它不会每年改变 • 它不是一个功能列表或能力清单

图 3-5　愿景是什么

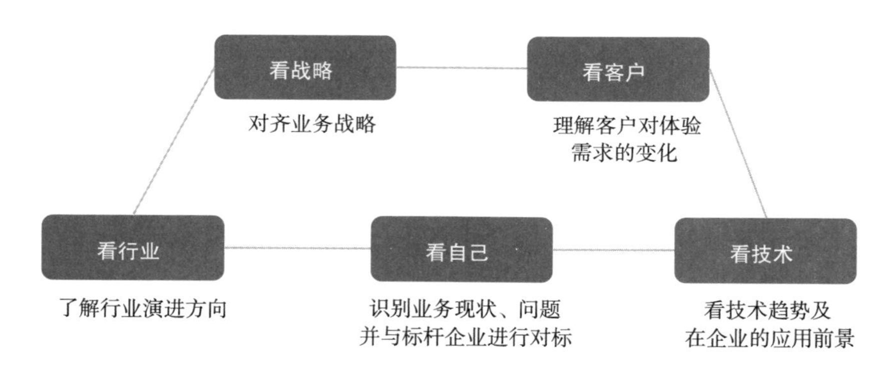

图 3-6　“5 看”：描绘数字化转型愿景的方法

（1）看战略

数字化转型愿景是企业领导者从业务战略出发，对企业数字化前景和发展方向的一种高度概括和清晰表达。不同阶段的业务战略，需要有与之相对应的变革工作，包括相应的流程、组织、IT 系统来支撑。

华为在还是一家年销售额 89 亿元人民币、以国内运营商为主要客户的企业时，就注重公司的业务战略。当时，公司发明的 C&C08 程控交换机在技术上取得突破并已开始大规模商用，公司业务正不断向相关领域扩展。

随着企业再往前发展，公司未来的竞争定位将是什么？

经过分析，华为明确自身不仅仅需要创新，更重要的是需要在“通用商品”市场上的竞争中，构建支撑“量产”模式的业务流程能力（见图 3-7）。在“量产”模式下，通过变革建立能实现“稳定的产品、有竞争力的价格、及时有效的供应和售后服务”所需的流程、组织和 IT 系统。

从上述案例可以看出，在规划工作中，规划团队首先需要解读企业业务战略和商业模式的变化，识别出企业的“新定位、新业务、新模式”，再思考通过什么样的变革来支撑业务战略目标的达成，进而通过一系列变革项目来改变业务运作模式，支撑业务发展和商业成功。传统信息化变革如此，企业数字化转型也是这个道理。在描绘数字化转型愿景的过程中，规划团队需要与企业领导者进行访谈，并对业务战略进行深入解读，以识别业务对数字化转型的关键诉求。

（2）看客户

数字化转型将向客户和伙伴延伸，规划团队需要在描绘数字化转型愿景的过程中了解客户的如下几类信息。

- 企业客户群体的变化。企业与客户做生意的方式会随着客户类型的不同而有所区别。比如，面向 To B 客户，企业更多采用直销或分销的方式，而面向 To C 客户，企业更多采用零售的方式。不同的销售模式，需要企业构建不同的数字化平台。
- 企业主要客户的发展趋势和商业模式的变化。比如，华为的 To B 业务，

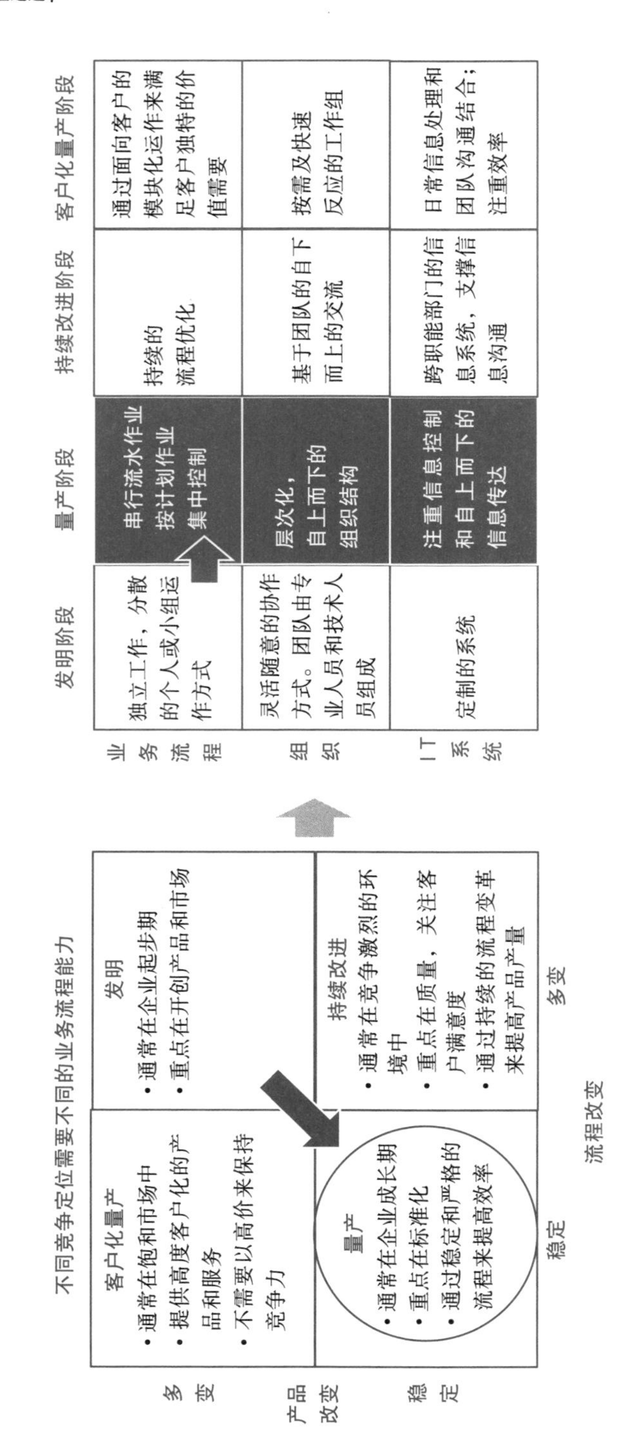

图 3-7 “量产”模式所需的业务流程能力

运营商客户前期仅关注网络质量，现在更关注用户体验；华为前期只提供通信基础设施，现在还要提供视频、物联网、云服务等面向企业的解决方案。在这个过程中，华为需要思考如何通过自身数字化转型，更好地帮运营商提升其用户体验，并促进与运营商的联合创新。

- 客户对体验需求的变化。围绕客户旅程瞄准客户与企业的交易界面，识别关键协同场景和触点，思考如何引入数字技术提升交易便利性和效率，进而提升客户体验和满意度。

（3）看行业

在行业大趋势下，企业应该顺势而为。2020 年 8 月国务院国有资产监督管理委员会印发《关于加快推进国有企业数字化转型工作的通知》，明确要加快推进产业数字化，推进国有企业不断深化数字技术与生产经营的融合，在产品创新数字化、生产运营智能化、用户服务敏捷化、产业体系生态化等方面迈出了坚实的步伐。该通知还明确了不同行业企业数字化转型的主攻方向（见图 3-8），这些方向是处于同一行业的企业需要关注并在数字化转型愿景的描绘中体现的。

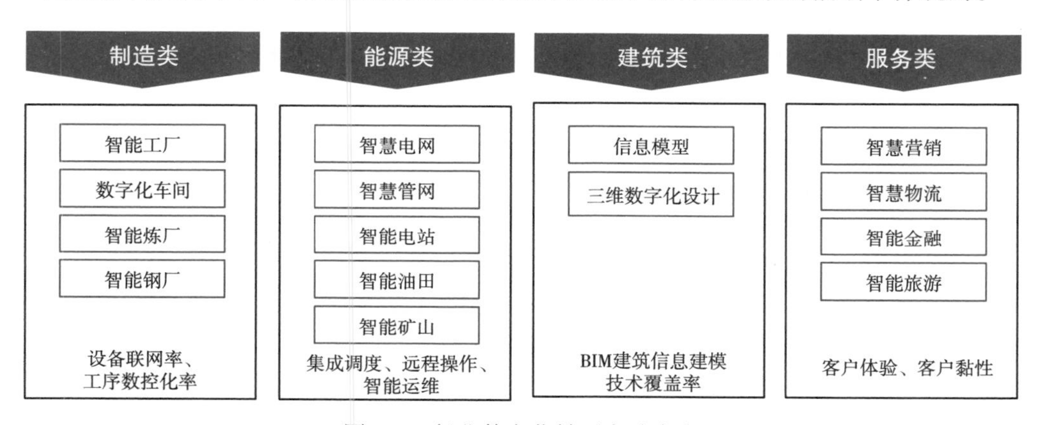

图 3-8　行业数字化转型主攻方向

（4）看自己

规划团队需要梳理企业的业务现状，可以先描绘企业价值流，然后通过价值流给出企业的业务全视图以及价值创造的过程（见图 3-9）。在此基础上，规划团队可以调研每一个业务的现状和问题点，并将调研结果与行业数字化转型的趋势及最佳实践进行对标，从一些关键业务指标中进一步分析与行业标杆的差距，进而针对这些差距，思考是否可以通过引入数字技术和转变业务运作模式来加以改进。

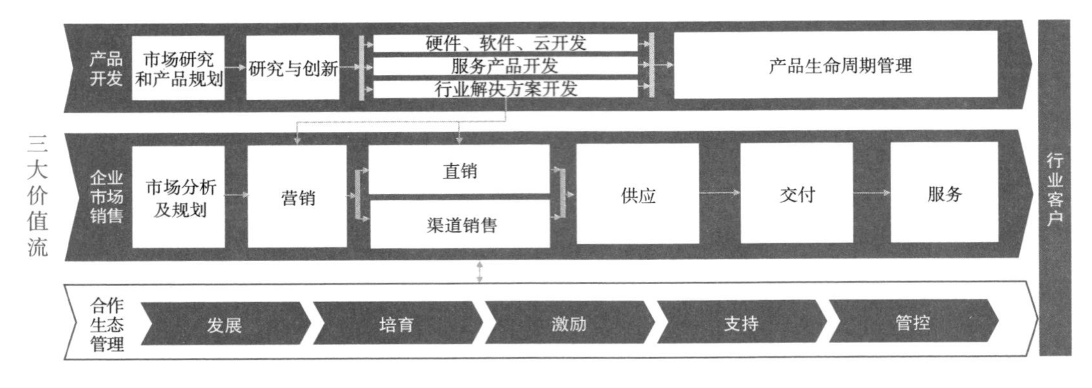

图 3-9 从企业的价值流入手调研业务现状

类似的业务运作模式的转变是描绘数字化转型愿景的重要参考，也是后续数字化转型的重要发力点。

（5）看技术

数字技术是数字化转型的核心驱动力之一。规划团队需要思考数字技术在企业各业务领域的应用前景，并从中发现数字化机会（见图 3-10）。

2021 年，Gartner 给出的技术组合调查研究结果表明，信息安全、数据分析、云服务和解决方案（SaaS、PaaS、IaaS）、流程自动化（如 RPA）、客户体验、人工智能分列 CIO 们关注的技术的前 6 位。在数字技术使用的广度和深度上，很多企业都还有很大的想象空间。

总结起来，经过“5 看”的洞察和分析，规划团队可以基本明确数字化转型转什么以及往哪些方向转，同时需要用提纲挈领的一句话，将数字化转型愿景清晰地表达出来，还需要将愿景进一步展开为几大要点，帮助大家进一步理解愿景的具体含义，为下一步设计架构蓝图做准备。

	大数据 /AI	视频	VR/AR	移动社交	IoT
研发	• 开源洞察、配置分析推荐、产品质量预警	• 协同开发	• AR 辅助设计	• 知识协同、远程支持	• 智能仿真
营、销、服	• 精准营销 • 合同风险识别 • 机器人客服、智能授权、报价和交易定价	• 客户联接，实时在线决策，展会、峰会直播，产品发布会 • 远程站点验收	• VR 展厅、产品解决方案 VR 体验	• 客户 / 合作伙伴内外协同 • 找专家 • 投标过程多人协同	• 智能管理服务（自动报警及问题预防）
供应	• 供应产品配置优化 • 供应网络优化 • 成货物装箱优化 • 提升仓储空间使用率	• 远程物流操作监控	• 仓储物流 VR 仿真 • VR 模拟上站 / 维修 • AR 产品服务 / 制造装配指导 • AR 库房操作指导	• 供应商在线协同	• 智能仓储、智能物流
办公	• 员工画像、人才推荐 • 智能信息助手	• 视频会议，异地协同	• VR 培训和赋能、VR 会议	• 在线协同办公	• 智慧园区

图 3-10 数字技术融入业务（示例）

3.1.3 华为数字化转型愿景

2016 年下半年，华为数字化转型规划团队历时 3 个月，从“5 看”方法入手，瞄准公司业务战略，对其进行解读，从中识别出了公司对数字化转型的诉求（见图 3-11）。

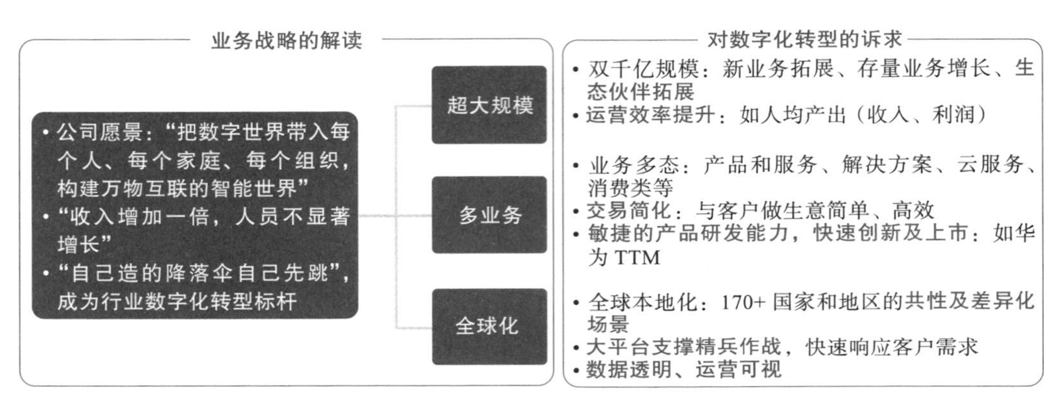

图 3-11 业务战略解读及对数字化转型的诉求

数字化转型愿景需与业务战略匹配。比如，规划团队针对“收入增加一倍，人员不显著增长”的目标，明确地将支撑公司业务增长、提升业务效率的要点体现在愿景中。再比如，“多业务形态”，意味着规划团队需要针对不同类型客户的体验诉求进行有针对性的设计，同时需要有合理的架构来支持不同产业的业务运作。

结合业务战略对数字化转型的诉求，分析数字技术在华为的使用前景，并与各业务部门共同探讨转型为业务带来的变化，最后规划团队建议将华为数字化转型愿景定为**“把数字世界带入华为，实现与客户做生意简单高效，内部运营敏捷，率先实现 ROADS 体验，成为行业标杆”**。愿景包含如下两大要点（见图 3-12）：

- 以 ROADS 体验为驱动和牵引，面向客户、消费者、伙伴、供应商、员工 5 类用户提升体验；
- 实现“大平台支撑精兵作战”，在提升平台能力和服务水平的同时，构建一线数字化作战能力。

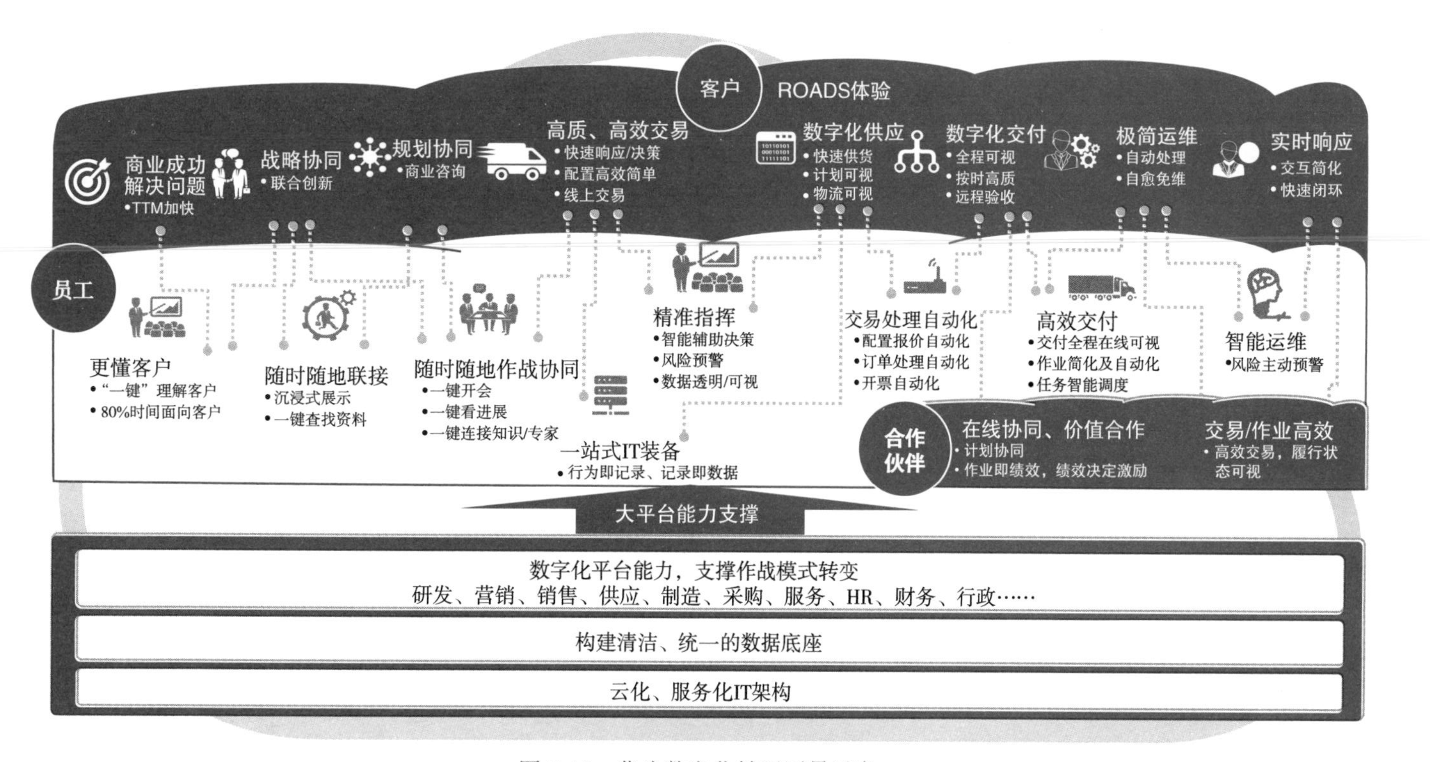

图 3-12　华为数字化转型愿景示意

1. 面向 5 类用户实现 ROADS 体验

数字时代，用户行为发生了深刻的变化（见图 3-13），对企业能提供给用户或内部员工的体验也提出了全新的要求。华为发布了 ROADS 体验标准，对数字时代下的体验诉求进行了全新的描述。

数字时代，用户的行为发生了深刻的变化	
随时随地	• 一旦提出要求，希望马上获得反馈
为我定制	• 期望知道他们的过往，迎合他们的偏好
信息透明	• 通过在线评论、社交媒体等方便获得关于产品或服务的更广泛的信息
社交意愿	• 期待沟通和分享
期待赋能	• 渴求获得控制和自我选择的能力
简单可靠	• 无缝的、易于使用的用户界面

图 3-13　数字时代的用户行为

最早时，ROADS 体验标准用于描绘运营商通过数字化转型，为广大电信用户提供什么样的体验。华为要支撑电信运营商成功转型，首先得改变自己，只有自己转型成功了才能具备帮助运营商成功转型的能力。所以，华为将实现 ROADS 体验作为公司内部数字化转型的驱动力，在公司自身转型过程中加深对数字化的理解，积累能力来更好地服务客户，帮助运营商和其他企业客户提升用户体验，提升运营效率。

图 3-14 给出了 ROADS 体验的“5 大类特征”，用于在进行数字化转型的具体业务方案描述时，对准关键用户角色进行有针对性的体验设计。

ROADS 将带给用户全新的体验，具体分析如下。

- **实时（Real-time）**：意味着信息实时获取，即业务对用户需求进行快速响应，让用户零等待；企业内部流程快速流转，业务快速运作。

- 按需（On-demand）：意味着按需定制，即让用户可以按照自己的实际需要定制各项服务，可以自由选择。
- 全在线（All-online）：意味着全在线，即让用户在线进行业务操作，实现资源全在线，服务全在线，协同全在线。
- 自助（DIY）：意味着用户可自助服务，即让用户拥有更多的自主权，提升用户的参与感。
- 社交（Social）：意味着社交分享，即让用户可以协同交流、分享经验和使用心得，增加用户归属感，增加用户黏性。

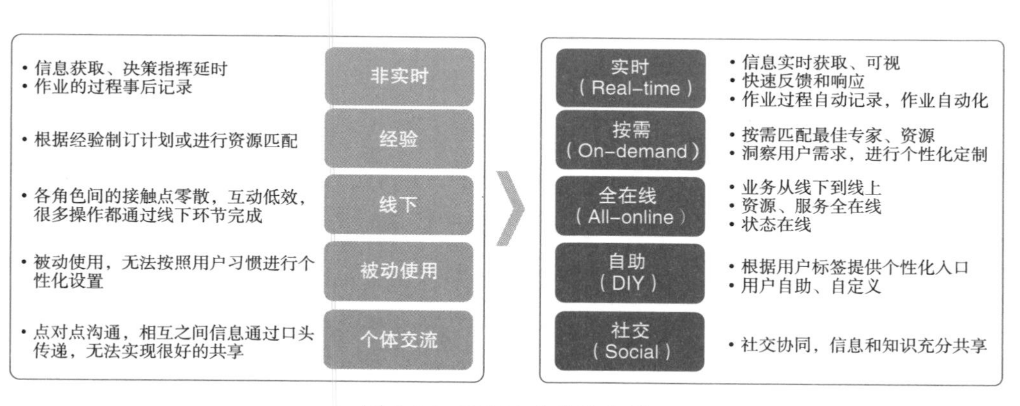

图 3-14　ROADS 体验介绍

华为主要与 3 类客户打交道，包括客户（运营商客户和政企客户）、消费者、伙伴，每一类客户都有不同的交互场景和体验要求，需要区别对待。针对每一类客户，识别客户触点，畅想在这些触点上分别为客户实现什么样的 ROADS 体验。

以华为的运营商客户为例，围绕客户旅程展望客户体验的前景（见图 3-15），用数字化手段做厚、做深客户界面。

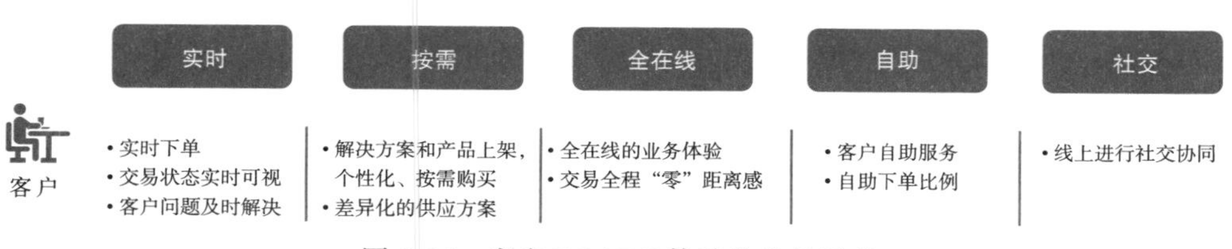

图 3-15　客户 ROADS 体验的前景示意

ROADS 体验是企业在数字时代下以客户为中心的外在表现，其背后需要企业的商业模式、业务模式等全方位的改变。

2. 大平台支撑精兵作战

华为的营销、销售、服务人员遍布全球，他们直接接触和服务客户，代表客户利益，响应客户需求。一个项目是否中标、是否交付成功，业务经营是否健康，极大依赖于这些团队，因此他们在华为被定位为“一线精兵”。

顾名思义，精兵要“强”，过去“强”主要体现在自身能力的积累上，培养一个优秀的国家代表、客户经理或者项目经理需要大量的培训以及长时间的经验积累。

而总部（华为内部常称为“机关”）则代表了“大平台”，大平台一方面向一线提供产品和解决方案、专家和知识等各种资源与服务，另一方面也要履行管控的职责，因为离一线远、管控多，常常被一线诟病为“官僚机构”。

我们认为，**未来企业之间的竞争，将不再只是一线“精兵”团队的竞争，更是精兵 + 管理体系 / 平台能力的竞争。**如何使得一线精兵的能力不只依赖于个人经验，如何使得机关提供的服务更加高效并能满足一线需求，如何减少机关“管控”对一线作战的内耗和打扰，如何从全局来看资源调度更优，都是华为数字化转型要解决的核心问题。

2016 年，公司明确把实现“大平台支撑精兵作战”作为数字化转型的要点之一，体现“去中心化、减少决策层级、一线自主作战”等运作理念（见图 3-16）。

我们希望通过数字化转型，构建面向一线作业场景的数字化作业平台，使一线人员从大量日常的事务性工作中解放出来，并能在数字平台上实时按需获取所需要的知识和服务，提升服务客户的能力。同时，机关将管控规则也融入数字化作业平台，减少了对一线的打扰，更多聚焦在自身能力的平台化、服务化和数字化上，供一线按需调用。双方从过去的“对立”，走向高效协作，共同为客户创造价值。

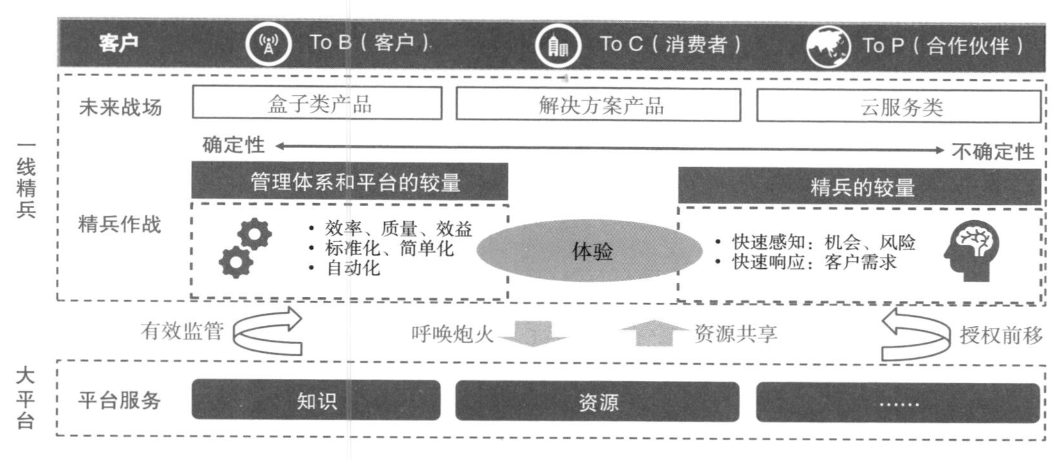

图 3-16　大平台支撑精兵作战

3.2　统一认识，设计架构蓝图

数字化转型愿景是对未来 5 ～ 10 年数字化战略的展望，而企业架构（Enterprise Architecture，EA）是衔接战略与项目实施的桥梁，因此可以引入企业架构方法，通过架构蓝图对数字化转型愿景进行系统性的、分层分级的梳理和诠释（见图 3-17），以便公司上下能在同一张蓝图上统一认识。基于企业架构中的业务架构、信息架构、应用架构、技术架构 4 个架构，从专业的角度对蓝图进行细化设计，以支撑蓝图的落地，从而更有效地指导项目的实施。

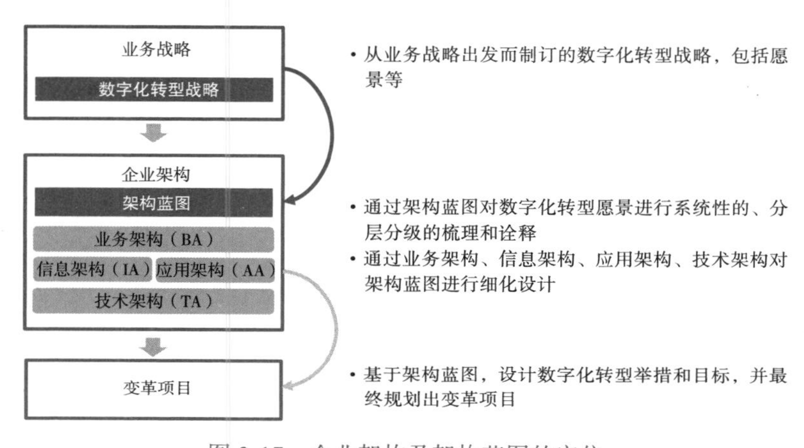

图 3-17　企业架构及架构蓝图的定位

3.2.1 架构蓝图的6个设计原则

Gartner 对企业架构的定义为：**将企业战略转化为企业变革的需求、原则及蓝图，并通过持续提升流程和管控流程推动企业变革，促进企业战略的实现。我们也认为：企业架构提供了整体的蓝图，描绘了流程、信息、应用和技术应该如何设计和实施，以使它们与业务战略保持一致。**

数字化转型涉及企业的方方面面，而架构蓝图是基于企业架构方法对数字化转型的顶层设计，从整体上给出企业转型的“数字化全视图”。架构蓝图需体现业务与数字技术的“双轮驱动”，一方面，可以从描绘业务入手，进而分析与业务相匹配的数据、IT 系统和技术平台；另一方面，也要考虑大数据、AI、云计算、移动社交、IoT 等数字技术如何融入业务，进而提升用户体验和运营效率。

架构蓝图的设计过程，体现了如下 6 个设计原则。

1. 以客户为中心，由外而内进行蓝图设计

围绕客户旅程，瞄准企业与客户的关键触点，思考如何改变与客户的交互方式，以及如何用数字技术做厚、做深客户界面的联接，使客户可以以最短路径接触到华为，提升客户体验和满意度，进而牵引内部交易流环节的快速流转，及时响应客户。

2. 明确在哪些端到端流程提升业务效率

架构蓝图中需要标识出企业层面有哪些跨领域的流程，这些流程将是下一步数字化转型的重点。也就是通过流程数字化，将业务由线下转到线上，并实现流程端到端集成打通，进而改变业务运作模式，提升业务效率。

3. 从内部视角，看从哪些关键环节入手提升业务能力

业务能力的提升是数字化转型的重中之重，通过架构蓝图，识别需要构建哪些关键业务能力，并形成服务；业务能力之间充分解耦，这些能力都是后续数字化转型的着力点。

4. 各部门的责任分工和层级关系要清晰

数字化转型需要全公司上下一盘棋，各部门协同配合，“一张蓝图绘到底”。通过架构蓝图来明确各部门在蓝图中的位置、各业务部门承担什么责任，以及各业务部门之间的输入输出关系。

5. 明确定义全局性工作

架构蓝图需要明确有哪些转型工作需要公司层面统一布局、统筹安排。比如安排 IT 平台、数据管理等统一由公司 IT 部门负责，根据各业务部门提出的需求，按需调用相关的服务和能力。

6. 体现架构的演进方向

架构蓝图瞄准未来，而不是描述现状。所以，蓝图应该明确架构演进方向和趋势。比如，通过数据驱动，实现信息实时、透明可视，进而通过大数据分析和实时智能创造价值。再比如，通过应用现代化，推动应用服务化并迁移上云等。

在完成上述要点的思考和设计之后，规划团队需要将结论整合成架构蓝图并进行分层分级展示，以便于传播和落地（见图 3-18）。

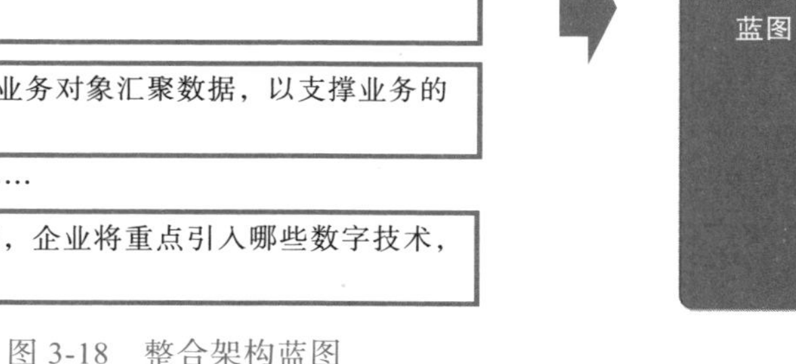

图 3-18　整合架构蓝图

3.2.2 华为的数字化转型架构蓝图

2016 年年底，华为的数字化转型规划团队，基于对愿景的系统诠释，整合出了如图 3-19 所示的架构蓝图，共分为 5 层。

1. 客户联接

面向客户构建全联接的协同平台，围绕客户旅程开展 ROADS 体验设计。以华为运营商客户为例，在实现“客户联接”的过程中，思考为客户带来如下服务和体验，如图 3-20 所示。

- 在线体验：客户可实时获取营销信息、产品动态和行业信息，通过在线展厅观看解决方案和产品的实时展示，也可按需、自助购买线上的解决方案和产品，并实现客户化定制。
- 在线交易：全在线的交互体验，客户 PO 订单全在线处理；高质、高效的交易，且交易全程与华为“零”接触，交易过程全程可视。
- 智能服务：智能客服，用户问题快速闭环。
- 统一的数据底座：基于统一客户信息平台和统一的数据底座，提供一致的体验。

2. 一线作战平台

结合公司的“面向市场创新”“面向客户交易”两大主业务流，以项目为中心，对准一线业务作业场景，提供数字化装备，赋能业务数字化作战。为此，业务需要构建以用户为中心的角色一站式平台（见图 3-21），整合该角色在业务作业过程中的大部分操作，面向角色和场景进行功能汇聚，并将办公协同的功能融入业务作业过程中，重塑员工的作业模式和数字化体验。

通过一线作战平台实现信息及时获取、作业实时感知、线下到线上的协同作战和在线指挥、平台资源调用等功能，从而达到领先于行业的业务效率和体验。

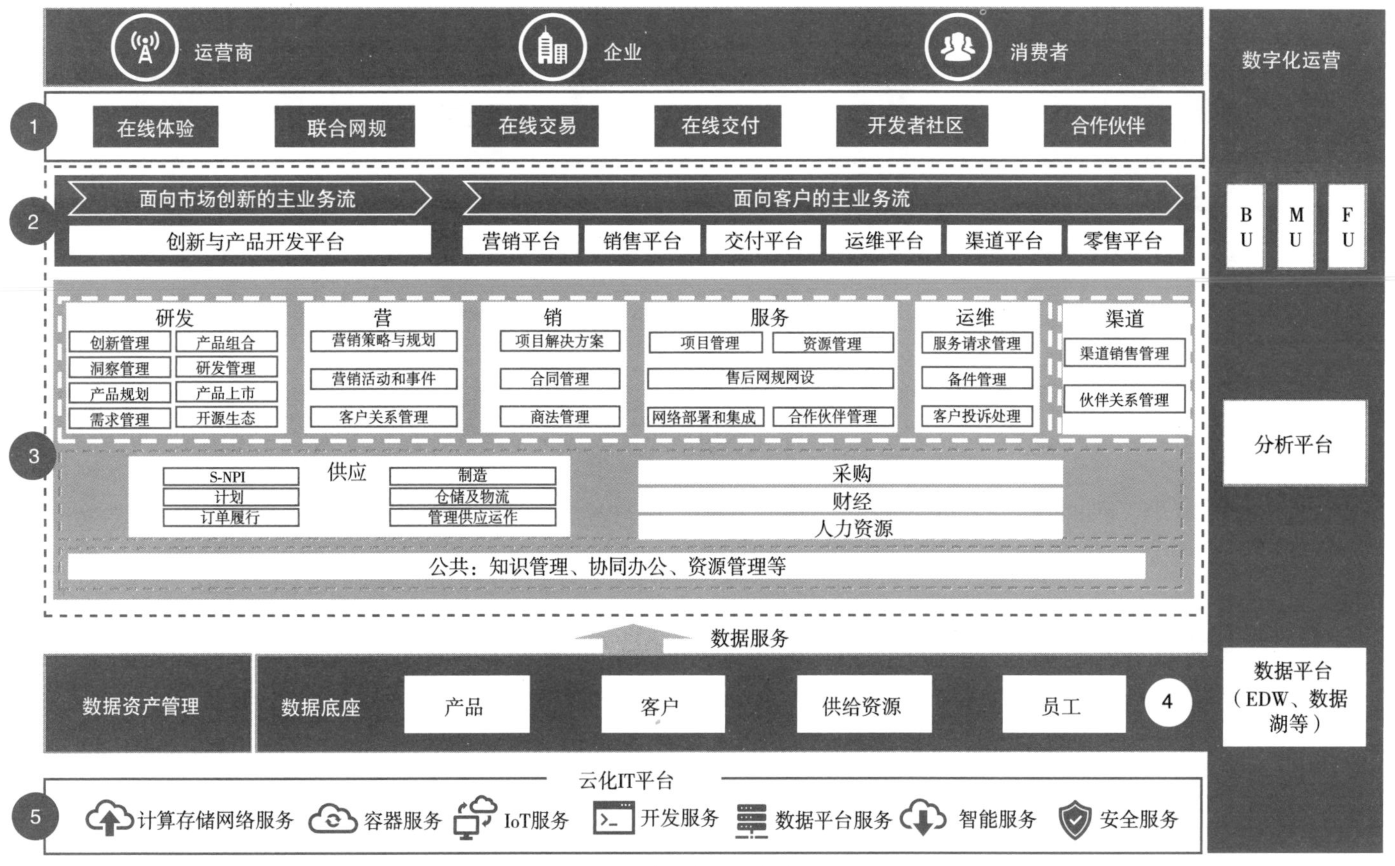

图 3-19　数字化转型架构蓝图

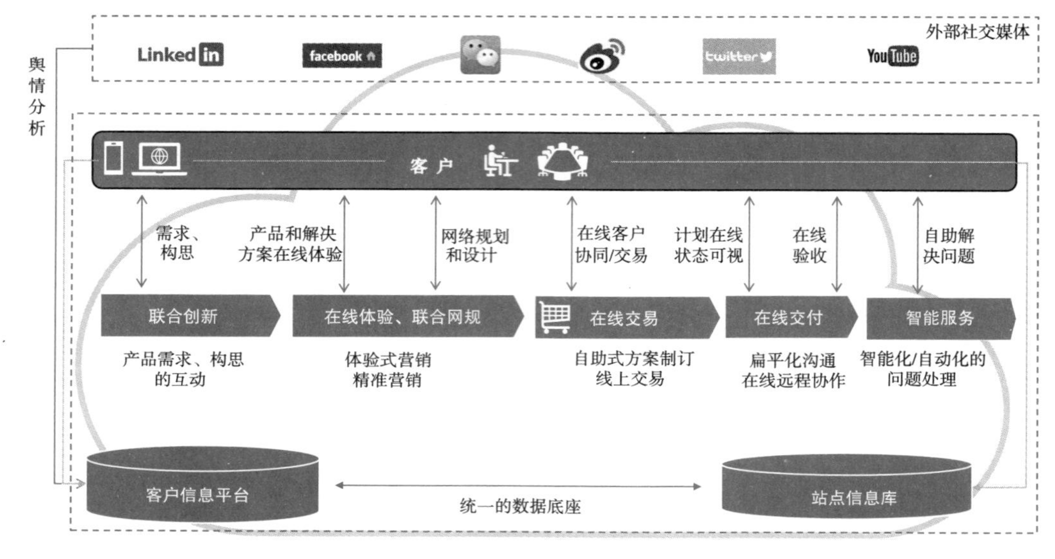

图 3-20 “客户联接”的架构思路

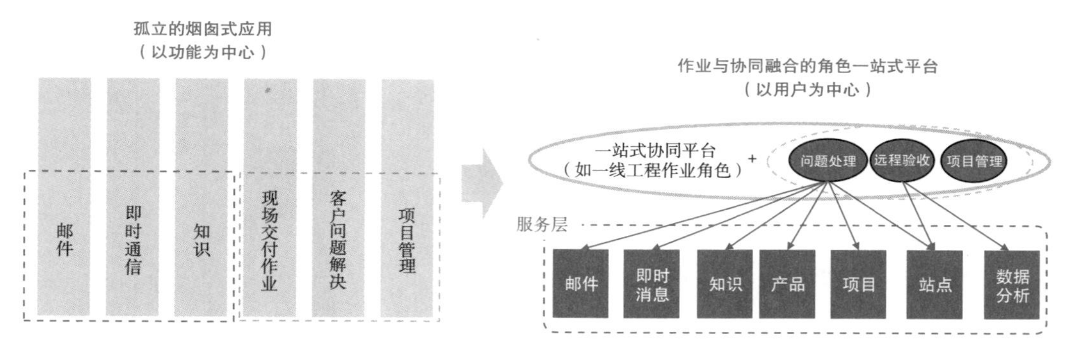

图 3-21 “一线作战平台”的架构思路

3. 能力数字化

公司各业务领域不仅需要通过数字化转型提升自身业务能力，还应将能力包装为服务，在企业内共享和重用。能力数字化的核心是各业务领域都要沿着主业务流，识别出业务能力并主动进行能力的数字化建设，然后将服务开放出来，为一线作战平台或客户联接平台提供核心支撑，快速响应业务需求，如图 3-22 所示。

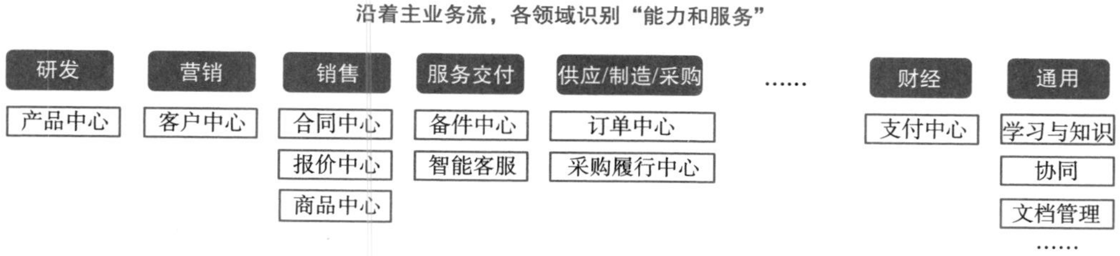

沿着主业务流，各领域识别“能力和服务”
研发
产品中心
营销
客户中心
销售
合同中心
报价中心
商品中心
服务交付
备件中心
智能客服
供应/制造/采购
订单中心
采购履行中心
……
财经
支付中心
通用
学习与知识
协同
文档管理
……

图 3-22　“能力数字化”的架构思路

针对通用的业务能力和服务，公司层面需进行主动规划，并采取“以用促建”的方式，进行能力建设和服务开发。

4. 数字化运营

公司层面统一汇聚数据，支撑各业务领域在授权下方便、安全地按需获取数据，提升基于数据进行业务运营的能力，进而将数字化运营融入日常业务中，并引入 AI 在智能预测、决策判断、风险识别等方面的优势，帮助业务拓展出新的业务模式，如图 3-23 所示。

数字化运营平台
3
智能分析预警
算法支撑决策
执行和决策
智能与分析
实时可视
管理者
质量运营
项目财务经理
技术负责人
……
项目经理
2
统一平台
实时可视
统一的数据底座
1
数据同源

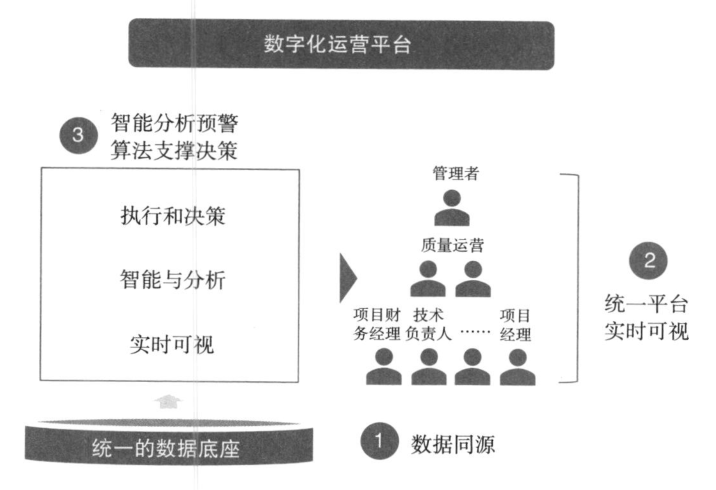

图 3-23　“数字化运营”的架构思路

构建数字化运营平台，可以实现数据同源和实时可视，减少汇报和管理层级；可以支撑一线实现战场感知、智能预警，让作战指挥更加高效。数字化运

营与业务场景融合，并融入业务流程中，为业务提供单一数据源，对于海量、重复的确定性业务实现自动化，对异常状态实现及时告警，并充分运用智能分析提升决策水平。

5. 云化 IT 平台

平台承载数字化转型所需的各种数字技术，支撑应用服务化并上云，统一为业务数字化转型提供云服务支撑。云化 IT 平台具体来说有如下 5 个方面的架构要求。

- **资源引入和管理**：快速引入华为云的计算、存储、网络等 IT 基础设施服务，支撑内部业务应用上云。
- **提供面向场景的服务解决方案**：平台不是服务和功能的简单堆砌，而是面对场景的一系列解决方案。
- **多云管理**：针对业务的复杂性和多样性，平台具备“多云”的架构和管理能力，满足全球业务快速扩展、资源弹性获取等诉求。
- **保护安全**：部署关键业务和数据，保障核心信息的安全。
- **AI 使能**：打造 AI 使能平台，孵化 AI 算法和服务。

3.2.3 “一体四面”细化架构蓝图

从架构专业角度来看，我们需要从业务架构、信息架构、应用架构和技术架构 4 个方面入手，对架构蓝图进行细化设计。反过来，我们也需要基于细化设计的结果，对架构蓝图内容进行更新（如图 3-24 所示）。

企业架构的 4 个方面密不可分，单从任何一个视角都无法解决业务问题，需要进行集成架构设计，体现“一体四面”。“一体”指的是瞄准业务目标实现或业务问题解决，由架构师团队协同进行架构设计；“四面”指业务架构、信息架构、应用架构、技术架构 4 个关键要素，一个都不能少。

1. 业务架构（Business Architecture，BA）

业务架构是对业务的结构化表达，描述组织如何运用业务的关键要素来实现其战略意图和目标。业务架构由价值流、业务能力和业务流程等几大要素组成。在规划阶段，规划团队可以从价值流出发，识别每一个价值流所需的关键业务能力，进而识别哪些能力可以重点引入数字技术进行业务模式重构，提升业务能力水平。

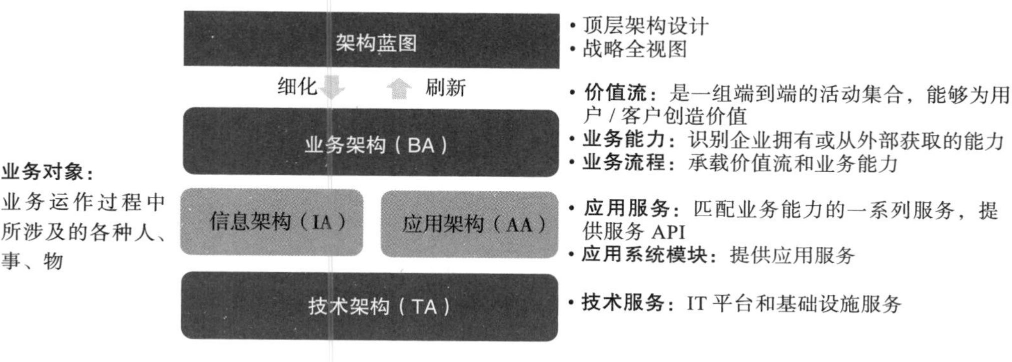

图 3-24　企业架构的 4 个方面

详细的业务架构“Y 模型”方法可参见第 6 章。

2. 信息架构（Information Architecture，IA）

信息架构是以结构化的方式描述在业务运作和管理决策中所需要的各类信息，以及这些信息之间相互关系的一套整体组件规范。业务对象是信息架构的核心，在规划阶段，可以重点分析“产品、客户、合同、订单、员工”等关键业务对象及其分布，分析这些业务对象是否已经在 IT 系统中进行了管理，了解这些业务对象在系统间的传递是否顺畅，以及是否在数字世界中创建了数字镜像。

3. 应用架构（Application Architecture，AA）

应用架构识别和定义了支撑业务目标达成所需的 IT 系统，及这些 IT 系统的定位和周边 IT 系统的集成关系。在规划阶段，应用架构重点关注用什么样的联接平台来构建客户和用户体验，以及采用什么样的 IT 系统承载数字化转型所需的关键业务能力。

4. 技术架构（Technology Architecture，TA）

技术架构定义了一系列技术组件，代表了各种可以从市场或企业内部获得的 IT 平台和基础设施资源。在规划阶段，技术架构首先需要关注企业应该引入哪些数字技术，同时需要关注各种业务场景对 IT 平台和基础设施的需求。

详细的技术架构请参见第 12 章。

3.3 把握节奏，规划举措和项目

规划团队基于数字化转型架构蓝图，识别并确定举措，进而规划出一系列变革项目以及项目的责任主体和优先级。我们把这个过程称为“3 定”，如图 3-25 所示。

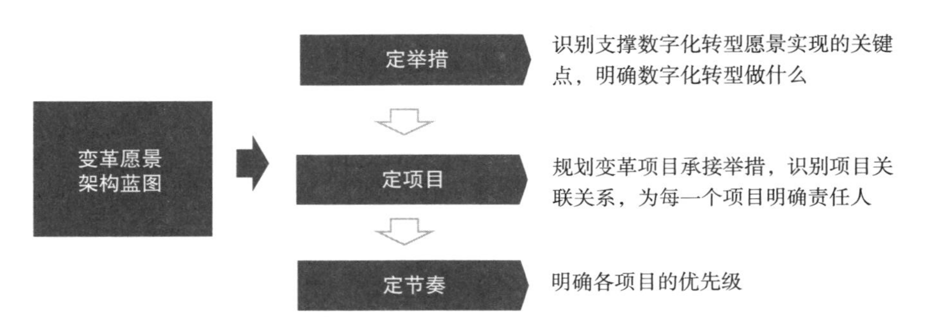

图 3-25　基于架构蓝图，定举措、定项目、定节奏

3.3.1 定举措，识别转型关键点

企业在开展数字化转型之初，都会关心数字化转型做什么，要达到什么目标，以及如何衡量这些目标是否完成，完成得怎么样。

如果说数字化转型愿景是用简洁的一句话来描绘未来数字化将取得什么样的成就，那么举措就是沿着架构蓝图，给出实现愿景需要采取的行动和期望达到的成果，以及衡量这些成果的“定性目标”和具体的“定量指标”。从架构蓝图中分解出的每一个架构要点，都将体现在数字化转型举措中。

2016 年年底，华为数字化转型规划团队对准数字化转型愿景，从架构蓝图出发，识别出如下 5 个举措。

1. 客户交易简单高效

实现客户交互方式的转变，用数字化手段做厚、做深客户界面，提升客户体验和满意度，帮助客户解决问题。

2. 一线作战灵活

实现作战方式的转变，以项目为中心，提升一线销售团队和交付团队的数字化作业水平，实现领先于行业的运营效率。

3. 平台能力提升

实现公司各平台业务能力的数字化、服务化，实现能力按需调用，支撑一线作战人员和与客户全联接。

4. 基于清洁数据的数字化运营

打破数据孤岛，建设公司统一的数据底座并不断汇聚数据，促进数据共享。实现运营模式的转变，简化管理，提高决策效率和时效性，给一线人员更多授权。

5. 云化、服务化的 IT 基础设施和 IT 系统

统一建设云化数字平台，并构建多云架构管理能力，实现 IT 系统服务化建设并完成云化，提升 IT 资源和资产的利用率以及应用实施效率。

3.3.2　定项目，规划项目承接举措

每一个举措需要由一到多个变革项目支撑（见图 3-26），所以规划团队可以从以下两个方面着手进行项目规划：

- 瞄准当前的关键业务问题，找准数字化转型的突破口，识别项目以点带面进行突破；

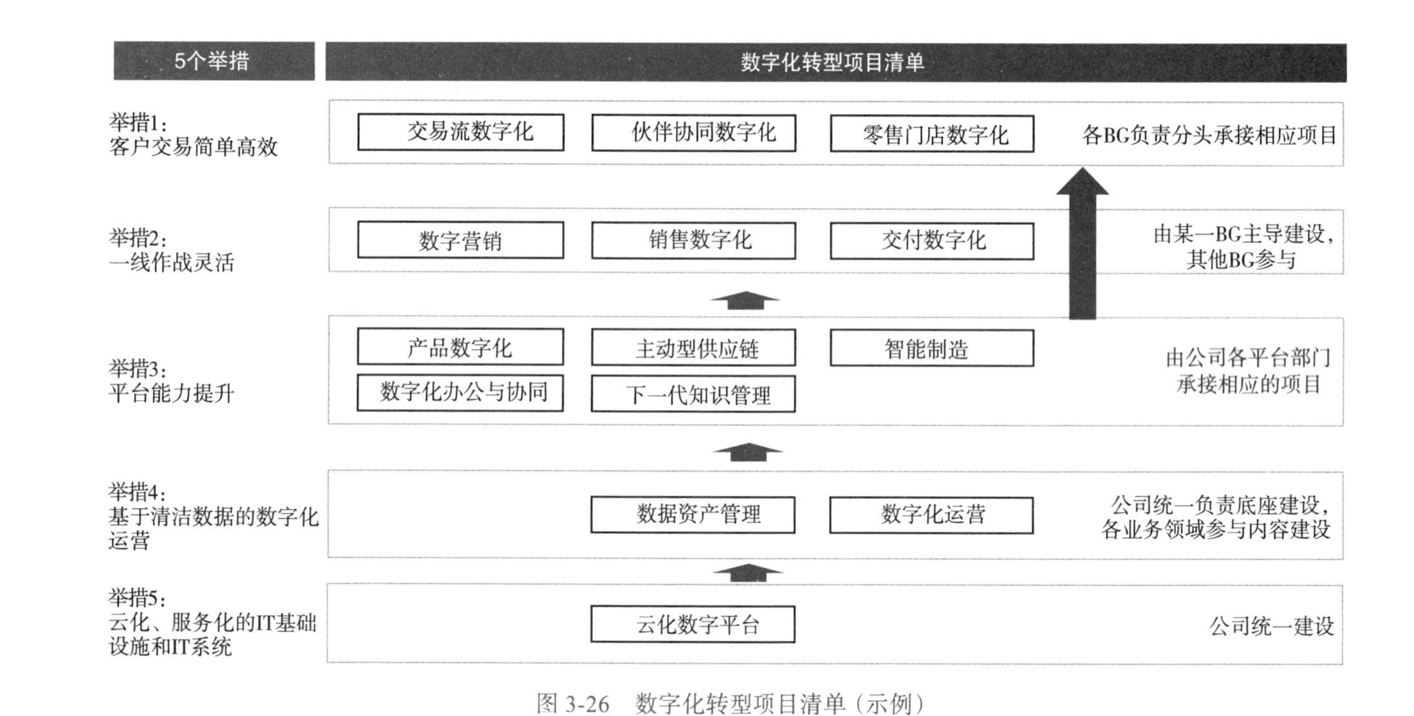

图 3-26　数字化转型项目清单（示例）

- 瞄准一到多个全局性的数字化转型抓手，在公司层面组建跨部门项目组，集中各部门力量集中攻关，进而带动相关转型工作的开展。

基于举措规划出具体项目，并明确每一个项目的目标范围、启动的时间点及完成标准，将举措的关键内容纳入各项目中。在规划项目的过程中，规划团队需要审视与该项目强相关的存量项目，可以视情况对存量项目进行“关停并转”，也可以将存量项目的内容并入新项目，还可以直接对存量项目进行范围变更以承接举措。

项目间存在相互依赖的关联关系，所以需要为每一个项目明确责任部门和其他参与部门，这样才能确保项目顺利实施和落地。规划团队需对项目进行前期设计，并重点识别出该项目的如下信息（见图 3-27）。

图 3-27　变革项目描述

- **目标和范围：**明确项目完成之后将取得的数字化成果。
- **问题 / 差距：**当前存在的关键问题或与行业水平的差距。
- **相关业务能力：**通过业务架构设计，识别项目将重点关注哪些业务能力的提升或新建，用于明确项目的范围。
- **关键任务：**项目需要达成的关键任务，可以是实现某流程端到端高效打通、构建某联接平台以促进高效协作和交易、实现某业务对象的数字化以减少数据断点等，这些任务都来自举措架构设计的结果。

- **业务价值和主要数字化指标**：明确目标及关键任务将达成的效果，用可衡量的具体指标来呈现。可以是业务效率提升，比如某某周期缩短、某某自动化率提升，也可以是体验提升，比如线上业务占比、客户满意度提升了多少等。
- **风险与项目依赖**：推行和落实项目的过程中，可能存在的风险，或者对其他项目的关键依赖等。

3.3.3 定节奏，设定项目优先级

数字化转型不是一蹴而就的，而是一个循序渐进的过程。数字化转型可以解决很多业务问题，但一个企业的变革预算和项目资源往往有一定的限制，如何让有限的预算发挥最大的价值？

我们的建议是把握节奏！

可以从问题的紧迫程度（如安全、业务连续性等风险）和业务价值（如与业务战略高度匹配、具备全局影响并对各领域转型有牵引示范作用）两个维度入手，并根据与数字技术的相关性，选择“高优先级”“次优先级”的项目（见图 3-28），有节奏地开启数字化转型变革。

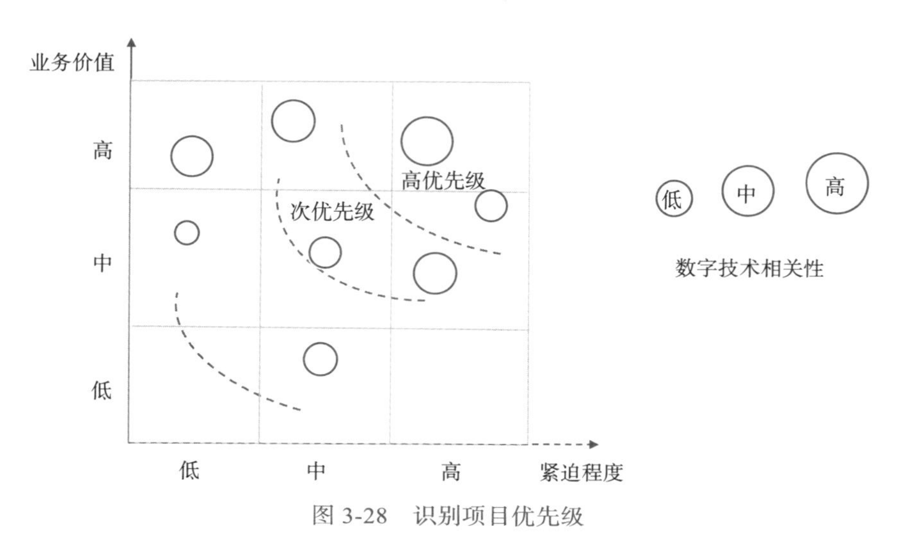

图 3-28　识别项目优先级

“高优先级”的项目可以马上启动，由公司给予战略投资。“次优先级”的项目，如果预算和资源允许也可以马上启动，反之可以先成立前期筹备工作组，先期进行业务酝酿、技术跟踪，等时机成熟、预算到位之后再正式启动。

以华为为例，在 2016 年年底完成数字化转型规划之后，不是所有项目都马上启动，而是采取了“重点突破、稳中求进、逐步深入”的策略。

1）适度超前地建设公共能力。明确用 3 年时间先期完成云化数字平台的建设，明确公司数据基于数据底座进行汇聚，为各领域开展数字化转型打好坚实的底座和基础。

2）瞄准高优先级的变革项目。识别数字化转型的突破口或抓手，比如：围绕“客户交易”，先期启动了交易流数字化项目；围绕“一线作战平台”，先期启动了交付数字化；围绕“能力数字化”，重点启动了数字化主动型供应链和智能制造。对于上述高优先级项目，公司在预算上给予战略投资。

3.4　数字化转型规划的“三阶十二步法”

经过这些年的实践，华为初步总结出了如图 3-29 所示的数字化转型规划“三阶十二步法”。

图 3-29 中，粗线连接的方框所标注的活动是数字化转型规划工作的主线，有些步骤是可选的。如果规划工作的时间允许，建议把这些步骤都走一遍。因为这样规划出来的项目会更具实操性，更能被变革项目组承接和落地。表 3-1 对“三阶十二步法”进行了简单介绍。

表 3-1　“三阶十二步法”介绍

No.	阶段	步骤	工作描述
1	以终为始，描绘愿景	理解企业的战略诉求	1）进行业务高层访谈，获取他们对业务战略和目标的描述，以及对数字化转型的期望 2）进行业务战略解码，识别战略关注要点，进行专项分析，畅想如何利用数字技术来支撑战略目标的达成，思考如何利用数字技术构建企业的核心竞争力

（续）

No.	阶段	步骤	工作描述
2	以终为始，描绘愿景	5“看”	看战略（看业务战略诉求）、看客户（看客户体验需求的变化）、看行业（看行业趋势）、看自己（看业务模式的变化）、看技术（看数字技术融入业务的场景和业界标杆案例）
3		数字化转型成熟度评估	1）进行关键业务用户的访谈，在访谈中可以基于“数字化转型评估模型”，对模型中的各项内容进行面对面交流和现场评估 2）访谈中收集并记录业务的关键需求，以及他们对数字化转型的期望
4		现状和差距分析	与业界实践进行对比，针对业务诉求，识别业务和IT上存在的差距 1）可基于“成熟度评估模型”中的评估项，结合业界的相关实践，识别现状与差距 2）对标行业标杆，识别数字技术的使用上存在的差距
5		描绘数字化转型愿景	结合“5看”的输出，制订一个不拘泥于现状的、有前瞻性的数字化转型愿景
6	统一认识，设计架构蓝图	设计顶层架构蓝图	从整个企业视角，对如何实现愿景用企业架构方法进行清晰、系统性、分层分级的梳理和诠释
7		“一体四面”，细化架构蓝图	各领域在公司统一的蓝图下，以“一体四面”思路，结合领域自身的诉求，对顶层架构进行细化，从架构上思考本领域从哪些方面入手开展数字化转型，识别“突破口”
8	把握节奏，规划举措和项目	定义数字化转型指标体系（可选）	1）设计一套指标体系，来衡量数字化转型工作是否对准价值的达成，是否达到了预设的指标值 2）在传统的指标基础上增加与数字化转型直接相关的数字化指标，用来衡量数字化转型所带来的成果
9		识别数字化转型举措	基于架构蓝图，识别支撑数字化转型愿景实现的关键成功要素，形成举措，并对举措进行描述和定义，明确举措的目标
10		举措设计（可选）	为更好地落实举措，可以打开每个举措，设计举措的架构方案，同时将举措细化到具体的变革点
11		数字化转型路标（可选）	制订转型路标来把握节奏，通过制订路标来明确哪些工作是数字化转型的基础工作，需要先期开展；明确每一阶段路标的关注重点和抓手，以便形成合力进行集中突破
12		规划项目	1）规划变革项目，落实数字化转型愿景和举措。项目的节奏与数字化转型路标保持一致 2）同时明确哪些项目由公司层级来做，哪些项目由领域来做

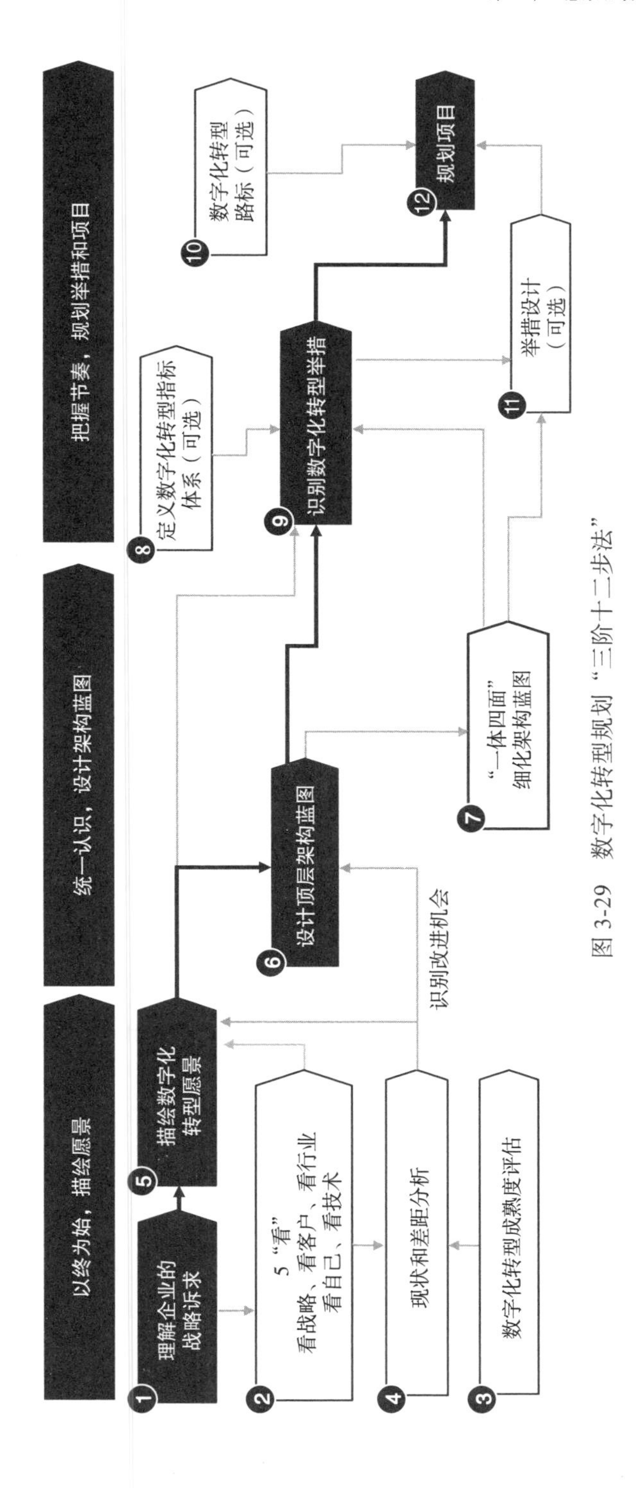

图 3-29　数字化转型规划“三阶十二步法”

4

第4章 用变革的方法确保规划落地

数字化转型重新定义了生产力和生产关系，是一场影响深远的变革。

如果将企业数字化转型比作一座冰山，那么露出水面的是数字技术的革新，而沉在水下的是庞大的企业运作模式、流程、组织、文化等的改变。冰山需要整体移动，如果露出水面的技术变化太快，而水面下没有变化或变化太慢，冰山就会错位甚至断裂。数字化转型是一项复杂的系统工程，需要用变革的方法来确保转型规划有效落地。

华为数字化转型的有效推进，概括起来依靠两个关键的能力，即创造价值的能力和改变人的能力。前者，我们主要以业务价值为纲做好数字化转型项目全生命周期管理；后者，我们运用专业的变革管理方法，确保数字化转型及成果真正融入企业，被利益干系人广泛接受并应用。

本章对华为结构化的变革方法和实践进行介绍。

4.1　变革管理实现“转人磨芯”

通过数字化转型规划，华为构建了架构蓝图，制定了一系列变革举措和项目，接下来的问题是如何确保规划落地。在规划落地过程中，企业常常会碰到以下情况。

- 期待变革马上见效，一旦遇到障碍或一直看不到收益就开始质疑或退缩。
- 想借助炙手可热的数字技术一招制胜，但并不想真正推动业务流程和组织的变化。
- 明明设计了一个好的转型方案，但是业务就是不买账，落不了地。
- 方案试点成功，全面落地了，新的 IT 系统和功能也上线了，但是过段时间后发现业务运作又变回老样子，变革“回潮”了。

显而易见，这些都不是方案和技术的问题。据业界统计，企业开展的各种管理变革，成功的少、失败的多，排名前 3 的失败都是与人相关的问题造成的，如图 4-1 所示。

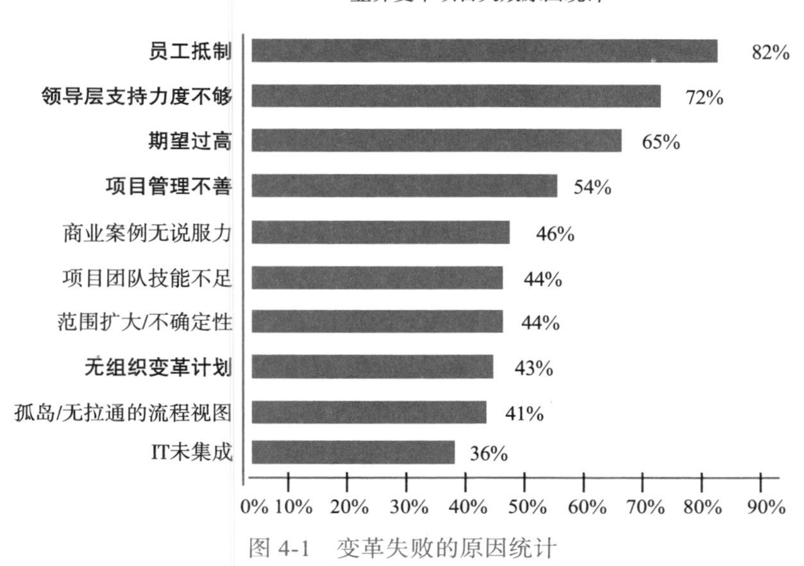

图 4-1　变革失败的原因统计

可见变革最大的挑战其实来自人，关键上是要改变人的观念、意识和行为。**在华为，我们形象地称之为“转人磨芯”。“转人”**指的是在知识技能上不断学习、充电，不断适应新形势、新岗位，转变能力和行为；**“磨芯”**指的是思想上的艰苦奋斗，坚持自我批判和自我修正，在思想、意识上进行转变，从而跟上公司不断发展的步伐。

4.1.1 变革管理的“船模型”

在变革过程中，“改变人”归根结底是两个核心问题，即改变或提升人的变革意愿和能力。华为经过20多年变革实践的积累，沉淀出一套“改变人”的结构化变革管理方法——“船模型”，如图4-2所示。

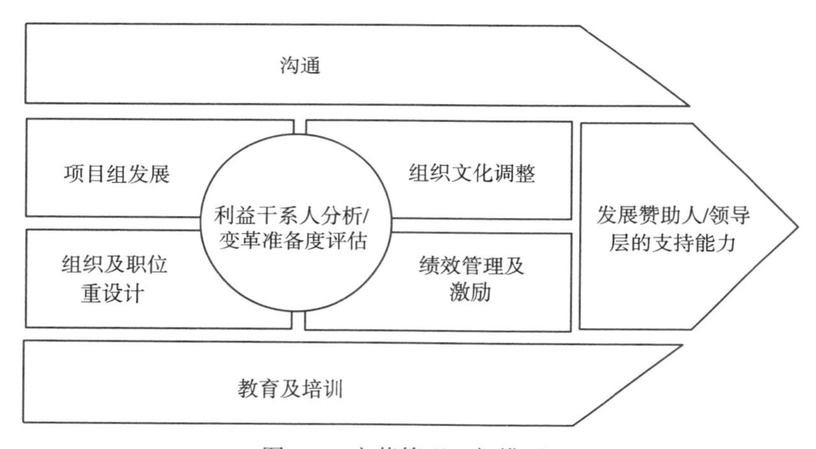

图 4-2 变革管理“船模型”

“船模型”的基本逻辑如下。

1）变革是一把手工程，需要的是变革的领导力，因此“船模型”的船头是“发展赞助人 / 领导层的支持能力”，用于引领变革。

2）沟通、教育及培训是改变或提升意愿和能力的主要手段，且它们贯穿变革始终，构成了“船模型”的船帮。

3）“利益干系人分析 / 变革准备度评估”则是“船模型”的核心，只有读懂人心，挖掘变革障碍或阻力的根因，才能制订相应策略并有效开展变革工作。

4）变革工作的日常实施离不开变革核心团队即变革项目组的构建和发展，而改变人的长效机制则需要对现有组织的职位、文化、绩效管理等进行相应调整，并适时对改变进行牵引和激励。

后续几节主要就变革管理“船模型”中的部分要点，结合华为实践经验，进行详细阐述。

4.1.2 洞察“危机”，适时发起变革

企业怎样才能成为百年老店并实现基业长青，这是所有企业家面临的一个问题。马利克曲线[㊀]告诉我们，企业家必须抓住合适的时机，适时发起变革，才可能带领企业不断实现突破与成长，如图 4-3 所示。

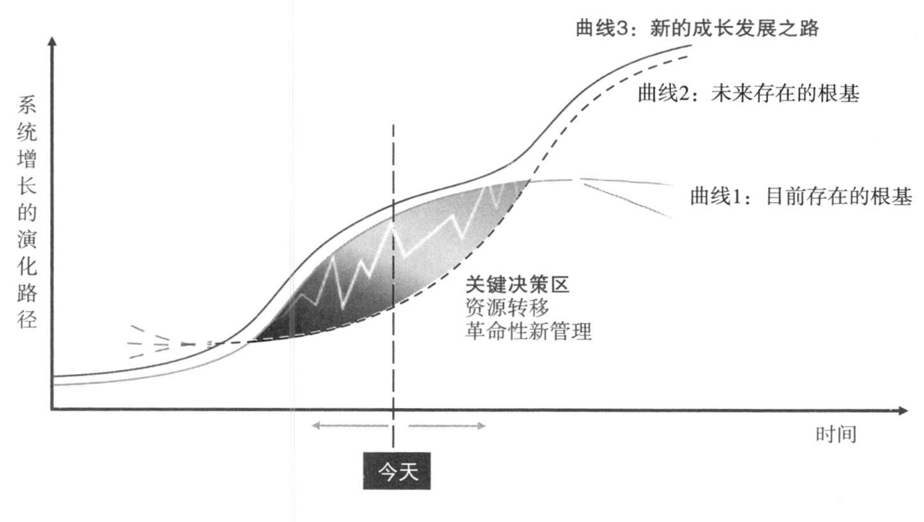

图 4-3 马利克曲线

曲线 1 代表企业当前正在开展的业务。曲线 2 代表新的机会，它通常在存量业务蒸蒸日上之时就已萌芽，虽然此时它的增长并没有存量业务那么快、那么好，但未来会有更大、更长远的发展空间。

㊀ 来自瑞士圣加仑马利克管理中心的弗雷德蒙德·马利克教授到访华为时的讲座。

企业家需要能够站在今天看明天，一次次在合适的时机抓住新的机会，发起内部变革，通过引入新的管理和机制，把曲线 2 和曲线 1 做一个拟合，使企业成长发展之路符合曲线 3，实现基业长青。

要做到敏锐地洞察机会、适时地发起变革，企业家需要既有力排众议的勇气，又有对变革时机的准确判断。

发起管理变革最好的“时间窗”应该是马利克曲线图中树叶区的“今天”或之前的某个位置，此时进行资源投入，去抓住机会，进行改变的综合代价比较小，转型成功的概率更高。然而，此时也正是曲线 1“繁花似锦、如火如荼”的阶段，大多数企业的中层员工、基层员工都还沉浸在成功的喜悦中，享受着企业高速发展的红利。企业中的大多数人，甚至包括中高层管理者，可能并没有意识到未来可能会遇到的问题，并不愿意在当下为管理变革所带来的“阵痛”买单。

这意味着，企业家如果想要发起变革，需要有足够的决心和勇气。除此之外，他们还需要客观地对变革的紧迫性、组织准备度、资源准备度等进行评估，确保选择最合适的时间和路线发起变革。

以 2007 年华为发起的财务变革为例。其实早在三年前，顾问公司就建议华为启动财务变革，但任总没有同意，他认为如果那时启动，华为可能会崩溃。因为当时财务在华为还是一个非常弱的部门，根本没有充足的干部储备，尚难以主导一场财务变革。三年中，他让财务部门加速扩充了上千名骨干，之后才发起财务变革。

4.1.3 “运动”营造变革紧迫感

变革需要统一意识、达成共识，当人们面临共同的危机、问题和压力时，最容易产生发自内心的共鸣，统一思想。变革过程中有很多关键时刻，如开工会、高层研讨、关键里程碑决策等，变革的领导者应该充分利用好这些机会，认真策划，通过展现问题、呈现差距等方式，在组织内部形成变革紧迫氛围，激发大家主动变革。

华为海外业务在快速扩张的过程中，曾出现过大量的存货和账外物料管理混乱、实物账和财务账不一致的问题。很多主管当时并没有意识到问题的严重性，认为只要公司收入高速增长、客户满意度不下降，一些小问题在所难免，何况也并没有出现大面积的丢货、损耗。

为了提升各层管理者对物料管理的重视程度，激发各级主管的变革主动性，任总亲自策划并召开了全球仓库大会。全球十几个地区部、一百多个子公司的总裁、总经理、主要业务主管均被要求回国现场与会。早在大会举行的半年前，任总就已派稽查部到全球收集各种物料管理混乱、账实不一致的信息，这为大会的召开提供了充分的内容准备。大会当天，与会者陆续走进会议室，赫然看到大会屏幕上正滚动播放着稽查部前期收集到的仓库视频和图片，画面上堆积如山的货物、展示的损耗数据触目惊心，每一位与会者都被深深震撼（图 4-4 是其中的一张照片）。

图 4-4　全球仓库大会上展现的“某国分包商账外物料现场”

此时，任总走进会场，问大家：“你们都说仓库管得好，这就是管得好？”那一刻大家都深刻意识到物料管理混乱、账实不一致的问题已经十分严重，变革迫在眉睫。

全球仓库大会的故事很快传遍整个公司，公司上下快速对变革的必要性达成共识，很多主管在会后回到工作岗位的第二天就马上行动起来，亲自带着团队下仓库，着手推动问题的解决。

4.1.4 搭好班子选对人

应该选谁来主导变革，应该选什么样的人员投入变革，这是很多企业在启动数字化转型后必须思考的问题。很多数字化转型变革的失败，从项目组任命发布的时候就有迹可循。企业数字化转型要想成功，在组建团队时有三点必须要重点考虑。

1. 变革责任归位，让业务的负责人承担变革 Owner 的角色

选择业务一把手承担变革 Owner（责任人）的角色，最重要的原因是要确保变革承接业务战略，满足业务发展的需要，让业务和变革“一张皮”。在数字化转型的变革中，数字技术和工具装备都只是手段，数字化带来业务的转型升级才是最终目的。变革 Owner 要对变革的成败直接负责，把握变革方向和节奏，让重大风险闭环，推动解决关键问题，协调关键资源，营造良好的内外部变革环境。

比如，华为供应链数字化转型变革的 Owner 是华为首席供应官，华为运营商业务数字化转型变革的 Owner 是运营商 BG 总裁……只有真正做到责任归位、权责对等，变革才能顺利开展下去。

2. 选择优秀的业务骨干投入变革

业务一把手对变革重视的一个重要体现，就是舍得选拔优秀且有影响力的业务主管和业务骨干，让他们全职投入变革项目。

一方面，数字化转型需要业务主导，IT 使能，从优秀的业务主管中选拔项目关键角色（如项目经理），可以确保转型方案更加贴近业务，易于被业务接受。另一方面，选拔业务最优秀的员工投入变革，经过变革的洗礼，一批批有前瞻视野、了解数字技术的业务新生力量会持续涌现，这些人做完变革后再重新走上业务的核心岗位，必将持续巩固变革成果，引领业务达成规划的目标。这种受重视、被重用是对投入变革人员最大的激励，并且能够在变革落地过程中有效影响更多的人积极投入变革、认同变革。

华为供应链数字化转型的变革项目负责人，就是由首席供应官亲自选择的一名在华为工作 20 多年、有丰富业务成功经验、具备变革领导力的供应链副总裁级别的领导全职担任，其他变革项目也是类似情况。事实证明，只有选对了

人，才能站在“后天”看“明天”，做出高质量的变革方案，实现转型成功。

3. 数字化转型要注重用户体验，让用户深度参与到变革的过程中

数字化转型成果可以是重构的业务流程，也可以是数字化平台和产品，而这些都需要通过用户的使用才能最终实现价值。

在华为的一系列数字化转型变革项目中，我们发现，很多变革项目恰恰是因为在早期忽略了业务用户的卷入，导致项目后期困难重重，用户抱怨多，运营团队不愿接手，甚至还有用户坚决抵制变革落地。

数字化转型应该在项目启动初期就吸引用户加入项目组中，通过一系列活动设计，比如搭建线上用户交流群、定期召开用户大会、项目组常设体验设计师等，提升用户参与感。围绕用户旅程来优化转型方案，才能事半功倍。

4.1.5　读懂人心，消除变革阻力

1. 变革中的障碍是现实存在的，只有读懂人心才能真正识别阻力根因

利益干系人对变革的不理解、变革本身的不确定性、观念和习惯的改变、利益的调整等，都会给变革带来重重阻力。在变革中，利益干系人的真实意思往往不是通过简单的沟通、表象的分析可以识别的，需要深入挖掘产生阻力的根因，并有策略地消除阻力。

从华为数字化转型过程中碰到的一个小小案例就可窥一斑而知全的。

华为海外某代表处每年要处理客户数万的订单，从接收订单到在系统中注册并将订单流向制造环节，需要耗费产品经理和订单注册专员大量的时间。实现订单自动化以后，产品经理将摆脱以前在客户订单处理上的“低价值”工作，更好地聚焦产品解决方案设计，理论上他们应该是拥护变革的；而订单注册专员将因为自动化而失去工作机会，按常理推断，他们应该是变革的阻力方。但实际情况却恰恰相反。我们深入分析后发现，订单注册专员的岗位很多是由当地名校留学生承担的，简单的订单注册工作令他们毫无成就感，当参与到订单自动化的变革中后，有机会学习流程梳理与 IT 产品设计，让他们获得了新的工作能力与竞争力，反而激发了其工作的积极性和热情。而订单注册专员之前归

属产品经理管理，产品经理会把订单注册外的一些其他支撑性工作也分给注册专员，现在该岗位没有了，意味着那些支撑性工作将会重新回到产品经理手上，因此产品经理反而成为变革的阻力方。

为帮助变革实践者有效识别出变革中的阻力，结合华为实践，我们总结出变革影响分析“8 问”模型（见图 4-5）。该模型从观念和习惯、利益、权力、责任、工作量、效率、技能要求和体验 8 个维度来深度分析变革对利益干系人的影响，从而识别出产生变革阻力的根因。

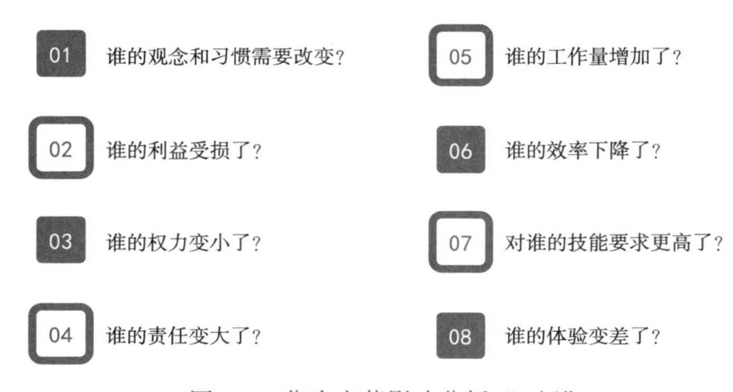

图 4-5　华为变革影响分析“8 问”

2. 管理利益干系人，消除变革阻力的 5 个策略

利益干系人对变革的支持度一般可以分为 4 个层次：知道、理解、接受、承诺。如果不能在变革过程中消除利益干系人的相关阻力，他们可能会走向每个层次的相反方向：

- 在需要大家“知道”的时候，他们是困惑的；
- 在部分人已经“理解”的时候，他们抛出的是负面观点和情绪；
- 在需要大家“接受”时，他们决定不尝试，不支持实施；
- 最后可能由于“承诺”的投入不够，而导致变革失败。

消除阻力的过程就是帮助利益干系人走过从知道到承诺的变革历程，提升变革支持度，促进变革成功。

在消除变革阻力方面，企业可以根据自身文化、管理风格采取不同的策略和措施。华为崇尚改良式变革，认为变革不是革命，不是一味下猛药就能解决的，要注意开放、妥协和灰度。在变革实操中，我们逐步总结了一些行之有效的策略。

1）保持战略耐心。拉长变革时间以消除大家心理上对“改变”的恐惧，“十年磨一剑”不仅仅是慢工出细活，更是让大家有时间逐步接受和适应。

2）保障利益。通过适当的利益保障机制，减少变革的阻力面。华为通过战略预备队机制，给被变革对象提供二次培训和选择岗位的机会。同时，即使岗位调整了，员工的职级、工资等基本利益也不会受损。这些“赎买”的方法减少了激烈冲突发生的可能。

3）通过“快赢”增强变革信心。变革一般周期较长，需要在不同的阶段设置一些“快赢”方案，使参与变革的人不断获得成就感和利益，有效增强变革的信心，从而让更多人愿意参与进来。从实际经验看，大多数人对美好但遥远的愿景一知半解，近在眼前的成功才是大家关注和向往的。

4）主动沟通，及时关怀。变革会影响到利益分配，但更多时候用户的不满来自缺乏沟通。项目组需要广开言路，让用户有宣泄和沟通的渠道。华为某销售数字化项目交付的作战平台，上线伊始就遭到了用户的坚决抵制和口诛笔伐。为了解决这一问题，项目组一方面改进产品，另一方面在内部全员论坛“心声社区”上主动发布了 19 个变革公示帖，将项目组的方案、进展及时向全体员工披露，并欢迎大家“吐槽”互动。通过这些努力，用户感觉到了需求和问题有人受理，项目组也在主动优化方案，慢慢地建设性意见多了，抱怨声逐渐消弭。

5）教育与培训，帮助各类人员跨越技能的“沟壑”。在数字化转型变革中，教育与培训的目的是大力培养具备数字化技能的人才，一方面让他们实现从“知”到“行”，帮助各类人员掌握数字化技能和装备；另一方面，让人员获得新技能可以帮他们打开新的职业发展通道，在数字化转型带来的组织变化中有更多新机会。

华为在数字化转型的过程中，培训的人数已累计过万。在制订培训策略、开发培训课程、完成培训的交付过程中，我们总结出以下 3 点经验。

- **培训的深度：** 培训触及各个层次，不仅是对操作的员工进行培训，还包括管理层和领导层。
- **培训的广度：** 触及所有变革相关人员，从变革团队核心成员，到流程上下游成员，再到跨流程协作人员。
- **培训的方式：** 训战结合，培养实战家。公司要舍得付出时间成本，把大家拢到一起，通过培训考试掌握知识、了解技能要求，再通过实际场景下的作战实现从“知”到“行”。

3. 发展变革同盟军

并不是所有人都愿意改变，我们按照变革意愿和影响变革的能力用四象限法可以对变革的利益干系人进行初步分类（见图 4-6）。通过差异化的策略不断扩大变革的同盟军，最终形成“以多打少”的局面，为变革争取到广泛的支持与良好的发展环境。

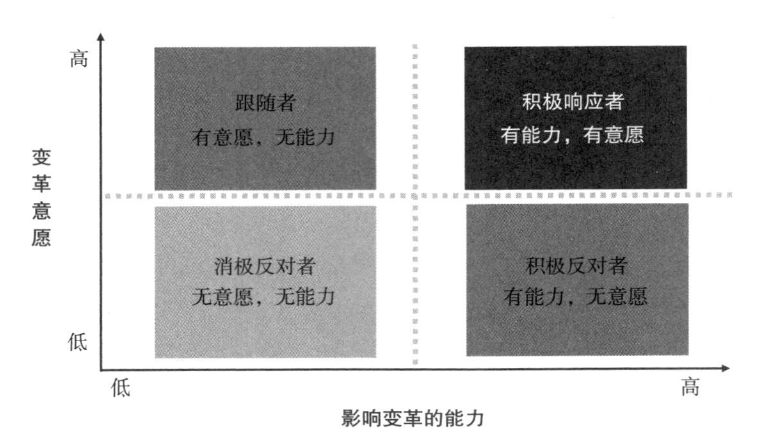

图 4-6　利益干系人四象限分析法

- 积极响应者是变革的中坚力量。对积极响应者，我们要及时了解他们对变革的诉求和达成情况，坚定其对变革的支持，并利用其在组织内的影响力来影响他人。
- 对跟随者，我们要进行赋能和培训，主动提拔，让其能承担并胜任更加关键的岗位，对变革做出更大贡献。

- 对消极反对者，我们要通过广泛的宣传和顺畅的沟通，帮助他们深入理解企业变革的目的与带来的好处，并且利用周边变革的拥护者对他们形成的影响，提升其对变革的意愿与认可度。
- 对变革的积极反对者，我们首先要分析其抵触的根因，看能否通过沟通宣传、优化变革方案来打消他们的顾虑。但是，如果不能及时改变他们的思维和行为方式，导致变革进程严重受阻，那么就既要“温言在口”，又要“大棒在手”。变革也需要强势的手段，所谓“削足适履”“不换脑就换头”，给整个组织传递坚定的变革决心。

4.1.6　调整组织和文化，让数字化落地生根

数字化转型对组织的转变体现在两个方面：一方面，要建立承载数字化能力的组织，确保变革转型落地生根，持续发展；另一方面，数字化转型带来数据共享、业务流程重构，甚至商业模式的转变，会打破原有组织单元间的边界和责任分工，需要在考核牵引、评价体系、奖金激励上重新设计，形成新的管理文化。

1. 数字化转型需要建设与之相匹配的组织能力

在数字化转型过程中，我们通过变革项目的形式可以快速地把人、技术、资源聚集起来，但是项目有固定的起止时间和明确的目标，目标达成后项目组解散。鉴于建设阶段形成的数字化能力尚未固化下来，所以数字化转型的变革成果要想长期持续，必须将能力在组织中落地，通过组织开展持续运营。

数字化能力应该在一个什么样的组织里落地？这方面华为有一些探索，并总结出以下几点经验。

1）固化数字化能力的组织需跟随变革过程一起成长，组织能力不是在变革项目关闭时才启动转移，而是在转型的过程中同步获得。

2）组织的人员构成既要有业务专家，又要有数据和 IT 方面的技术专家。技术专家成为“对业务最熟悉的 IT 专家和数据专家”，业务专家成为“最懂 IT、数据的业务专家”，把技术能力建在业务上，一体化运作。

3）各业务领域的数字化组织要成为承担本领域持续推进数字化转型的责任部门，在领域内构筑数字化转型的领导力。

- 数字化责任从分散到集中。
- 数字化投资从分散到实现最大共享。
- 数据从各部门间的割裂到拉通。
- 数字化变革成果持续运营。
- 数字化的人才、能力可长期稳定发展。

这些承载数字化转型持续推进的实体组织，在企业的治理体系中，需要有明确的管理支撑，以确保企业上下目标一致、投资有序、节奏匹配、语言统一，做到矛盾冲突有协调，经验能力有共享。

华为是依托集团已有的变革治理体系来完成对整个数字化转型的管理的，华为变革治理体系将在第13章详细介绍。

2. 调整业务组织及文化，适应数字化转型带来的转变

（1）数字化促进组织的扁平化

传统企业的组织形态一般是科层制金字塔结构，自上而下层层指挥。横向的流程型组织虽然被提出好多年，但是没有技术手段的支撑，其内部协同的管理复杂度高，实现难度大。随着数字化转型的到来，企业可以实现数据的实时透传，价值创造活动从线下转移到线上，在业务流程之间灵活有效对接，削弱组织的中间层上传下达的作用。此时，业务组织应当向扁平化调整，授权向末端作战部门倾斜，这样才能真正发挥数字化转型的作用。

（2）数字化改变原有的职位要求

数字技术打造以数据、IT为基础的平台，使得数据透明，流程可视，知识随时获取，组织中的信息断点被打通，许多流程活动变得自动化，改变了人们的工作方式。职位三要素，包括对工作能力的要求、应负责任、为客户创造价值的复杂度也将随之发生变化。组织中，原有的职位需要被重新设计和评价；在人岗匹配的原则下，对人员的能力和技能要求、考核评价方式也要随之改变。

原本强调个人产出和贡献的 KPI 牵引已经不合时宜，“人人为我，我为人人”的平台文化成为导向。员工绩效管理考核导向从原来单一强调“个人有效产出”调整到“个人有效产出”+“为客户创造价值”+“对他人产出的贡献和利用他人产出的贡献”，如图 4-7 所示。

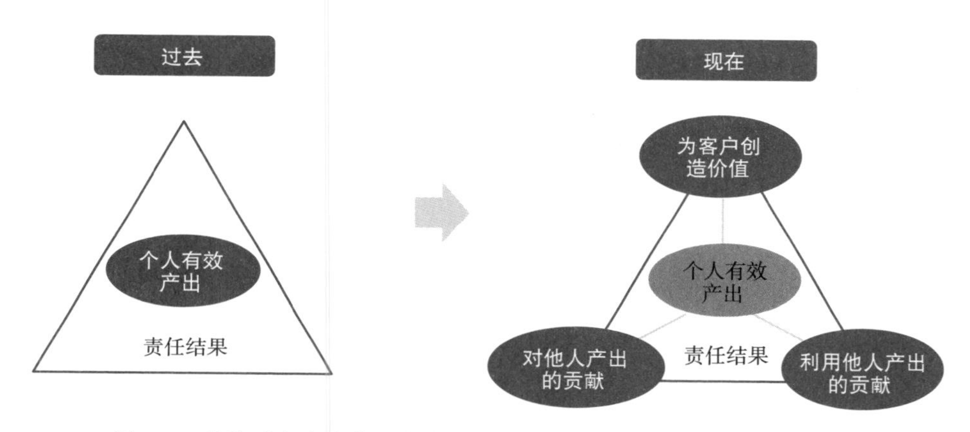

图 4-7　营造“人人为我，我为人人”的团队文化，带动企业文化转变

（3）数字化重构组织分工与协同模式

传统情况下，伴随着业务扩展，企业末端组织不得不努力发育，为保障作战能力大规模“屯兵”。组织之间能力重复建设，资源被锁死不能流动和共享，整个组织运作效率会越来越低下。数字化转型使公共能力服务化、“集中共享”的全新运作模式在企业中成为可能，支撑企业实现“大平台支撑下的精兵作战”。“集中共享”模式的建立，进一步打破时间和空间的限制，使得组织分离出必须面向客户贴身服务的岗位和可以远程提供服务的岗位，本地岗位和远程岗位间的活动交互可以依托数字技术实现高质量协同。

以上这些变化会打破企业内部原有的价值分配与评价体系，对现有的组织团体造成冲击，促使组织形态结构、绩效评价、利益分配跟着做出相应改变，否则数字化转型变革将成为“黄粱一梦”，无法落地。比如，在“集中共享”模式下，企业需要建立资源和能力被调用的内部结算机制，而资源和能力的提供组织在企业价值创造的链条上也能显性呈现价值，不用担心被忽视。再比如，在组织绩效评价上，企业需要树立协同的文化导向，让组织之间可以互相评价，如作战组织评价职能组织，流程下游组织评价流程上游组织，作战组织之间互相评价，等等。

结合前面提到的各种有效消除变革阻力的方法，组织在变革中可以“因地制宜、因时制宜”，有效利用这些方法消除各种阻力，达成数字化转型的目标。

4.2 以项目方式推进变革，突破转型束缚

数字化转型本质上是一场变革，变革如“过河”，从“此岸”到“彼岸”的过程中充满了不确定性。为了确保变革有清晰的目标和预算、明确的起止时间，保证多方参与，华为将变革以项目方式推进。这已被华为实践证实是较为行之有效的方法。

4.2.1 “七横八纵”的变革项目管理框架

图 4-8 是华为的变革项目管理框架，清晰地呈现了变革的“七横八纵”。

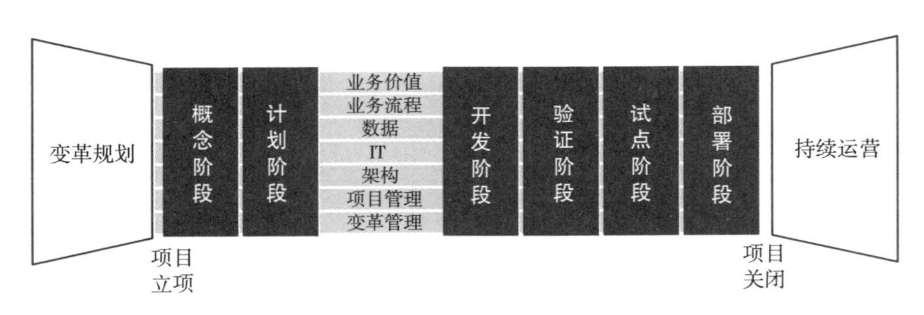

图 4-8 华为变革项目管理框架

“七横”体现了变革项目管理需要包含的各个层面。

- 业务价值：变革解决方案和项目交付始终都要围绕业务价值开展，通过“价值管理”确保项目对准目标不漂移。
- 业务流程、数据、IT、架构：它们共同构成了变革的解决方案。
- 项目管理：实现项目的工程化统筹管理。

- 变革管理：变革中最大的挑战是改变人，需要“变革管理”来解决变革中人的问题。

“八纵”涵盖了完整的变革生命周期过程，使得变革可按照结构化的方式开展。

- **变革规划**。变革项目规划是在业务规划中同步完成的，确保了变革项目始终对准业务战略和业务价值达成。
- **概念阶段**。起点是项目正式立项，该阶段主要是组建项目团队，建立运作机制，进行变革松土，明确变革需求，输出高阶变革方案。对变革项目的管理也是一种投资管理，项目的启动要看项目关键角色和关键资源是否到位，不到位则不批准立项、不启动预算授予。
- **计划阶段和开发阶段**。展开变革方案的详细设计，为防止盲目的 IT 投资，详细方案评审通过后才允许进入系统的开发阶段。另外，随着应用服务化理念的深入，我们在变革项目中引入了敏捷的思路，使得变革方案可以按一个个服务进行拆分，在满足架构一致的前提下，以迭代的方式推进开发工作的开展。
- **验证阶段和试点阶段**。变革方案要覆盖各类场景进行充分验证，再进行试点，以不断完善变革方案，提升 IT 系统的成熟度。
- **部署阶段**。变革方案开始在企业内进行规模化的落地和部署。这一阶段的变革阻碍往往是最大的，需要通过变革管理让大家逐步接受变革，并愿意使用新的方案。
- **持续运营**。变革项目在达成既定的项目目标后就要按计划关闭，但是变革并没有结束，变革方案、能力需正式向业务部门移交和平滑过渡，责任也从变革项目组转移到承接方案的具体业务部门。

我们将对以下 3 个要点进行详细阐述：立一个高质量的变革项目；以价值为纲的项目生命周期管理；运营夯实，防止回潮。

4.2.2 立一个高质量的变革项目

1. 正式立项前先启动预研工作

数字化转型变革项目的立项始终要对准业务战略，并兼顾解决当前的痛点和问题，立项时要回答好以下 3 个问题（Why、What、How）。

- 为什么变（Why）：变革背后的战略意图是什么，正向思考变革会给公司带来什么具体的好处，反向思考不变革会给公司带来什么损失或潜在风险。
- 变什么（What）：明确哪些要变，清晰描述要变成什么样子，达成什么目的。
- 怎么变（How）：通过什么方式来实现变革，需要用到什么能力，要花费多长时间，投入多少资源。

要回答好这些问题，需要在项目正式立项前先启动预研工作，投入少量精兵强将，在 3 ～ 6 个月内完成相关业务调研、问题点梳理、关键利益干系人访谈、技术与内外部环境可行性分析等工作。在这个阶段，如果企业自有团队缺乏经验和能力，请业界专业顾问提供支持也是必要的。

2. 组建一支优秀的项目团队

变革是企业给自己未来做的一种投资，一支优秀的变革团队无疑会为投资的成功提供重要保障。优秀的团队要满足三个基本条件：人员质量高、结构优、投入足。在拟定项目任命的时候，如果不能满足这三条人员要求，企业就不应仓促批复同意立项。

在本章前面我们提到华为选择优秀的业务骨干投入变革，在华为变革的“7 个反对”中就明确提出：“反对没有全局观的干部主导变革”“反对没有业务实践经验的员工参加变革”。公司人力资源部也曾经发文，明确变革项目甄选人员要考评绩效良好、个人职级达到一定要求。正是公司高层对投入变革人员的重视，并且以原则和发文的形式明确，才保证了投入变革项目团队的人员质量。

华为变革的 7 个反对：

- 坚决反对完美主义
- 坚决反对烦琐哲学
- 坚决反对盲目创新
- 坚决反对没有全局效益提升的局部优化
- 坚决反对没有全局观的干部主导变革
- 坚决反对没有业务实践经验的员工参加变革
- 坚决反对没有充分论证的流程进入实用

变革项目组从利益相关方和交付能力考虑，需要组建一支角色齐全的混编团队。

- **从利益相关方考虑**。项目要清晰地识别发起方、交付方和用户方，每一个利益方对项目都有其诉求与考虑。为了使其利益得到关注，项目组中要有每类利益相关方的代表，充分保证各方意见的充分沟通，防止项目中后期出现重大分歧，导致项目夭折或者需要高额的成本和时间进行返工。
- **从交付能力考虑**。项目经理对变革项目交付全权负责，保证项目在规定的时间、预算、质量等约束下按目标产出。总体组由业务、架构、流程、数据、IT、HR 等各类专业人士组成“跨兵种”多功能团队，负责各变革专业方案以及集成方案的设计与开发。具备个人影响力、善于沟通、强于洞察人心的变革经理（Change Manager），对大型变革项目也是必不可少的。一支专业的变革项目管理团队（PMO），可以确保项目内外运作顺畅，工作对准价值目标。

立项之前审视变革项目的任命，不仅要看任命角色是否齐全、责任是否清晰，还要看各个关键岗位人员实际到位情况和工作投入比例是否满足项目运作要求。如果发现项目组关键人员和交付资源整体实际投入不足以支撑工作正常开展，则应不予通过立项，防止公司白白投入成本，但工作无法按计划开展、输出方案质量无法保障等问题出现。此时，项目的资助人（Sponsor）要充分发挥领导力，推动合格资源尽快投入项目，待人员到位、满足要求后通过立项。

图 4-9 是一个数字化转型变革项目的组织结构示例。

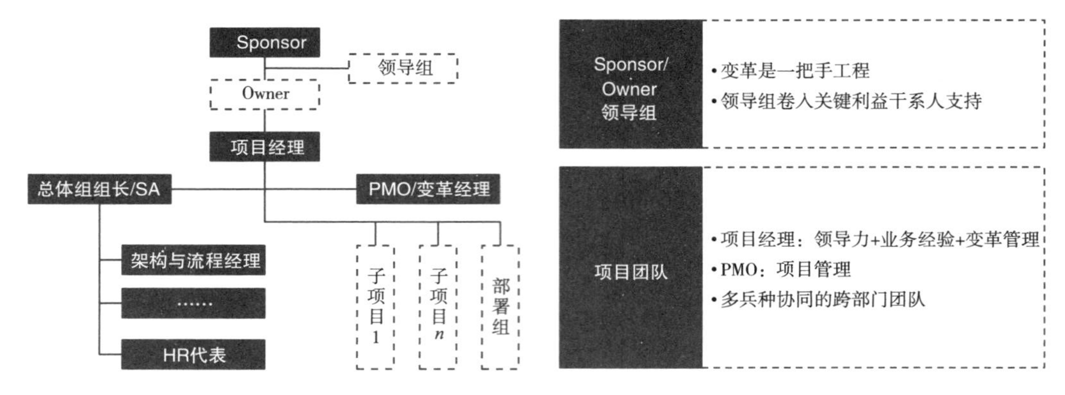

图 4-9 变革项目组织结构

4.2.3 以价值为纲的项目生命周期管理

在数字化转型的过程中，大家经常会有很多困惑，如图 4-10 所示。

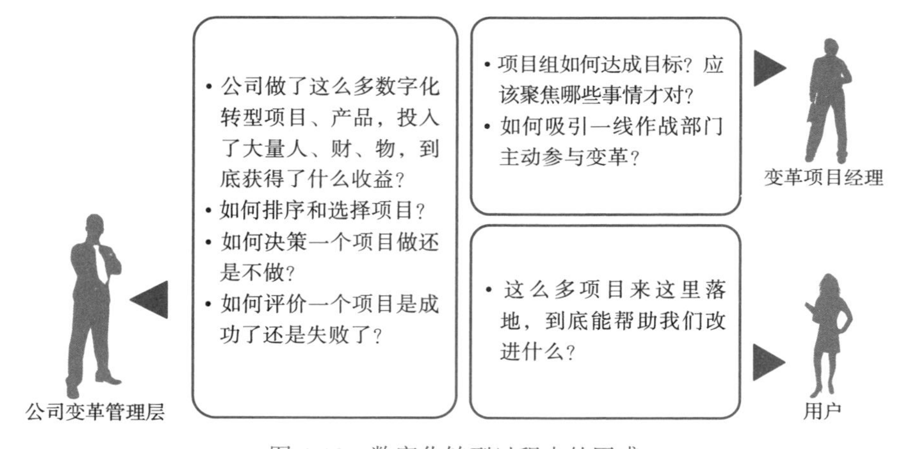

图 4-10 数字化转型过程中的困惑

要解决这些问题，企业需要构筑起一套数字化转型变革项目价值管理方法：

- 建立数字化转型价值度量模型，可以从业务结果、能力建设、管理体系完善等多个维度对变革的价值进行度量；
- 项目立项时参照价值度量模型，清晰陈述项目价值，由立项的决策机构依据项目价值对项目进行投资决策、优先级排序；

- 变革项目的价值需在项目启动规模化的 IT 开发前被锁定，并支持可度量，以在全项目周期进行跟踪和验证；
- 项目阶段的决策主要以价值为依据，如果价值目标确实需要变更，则要遵从既定的变更流程，获得相应的管理层级批准；
- 就变革项目的价值与各方利益干系人形成共识，吸引业务人员与用户主动参与变革；
- 评价项目成败、申请变革激励都以价值为依据。

1. 引入变革价值度量的 TAM 模型

数字化转型变革项目立项时，各利益干系人都关心如何评价变革项目的价值。华为变革团队在总结变革实践后，设计出度量变革项目价值的变革绩效评估（Transformation Achievement Measurement，TAM）模型，如图 4-11 所示。

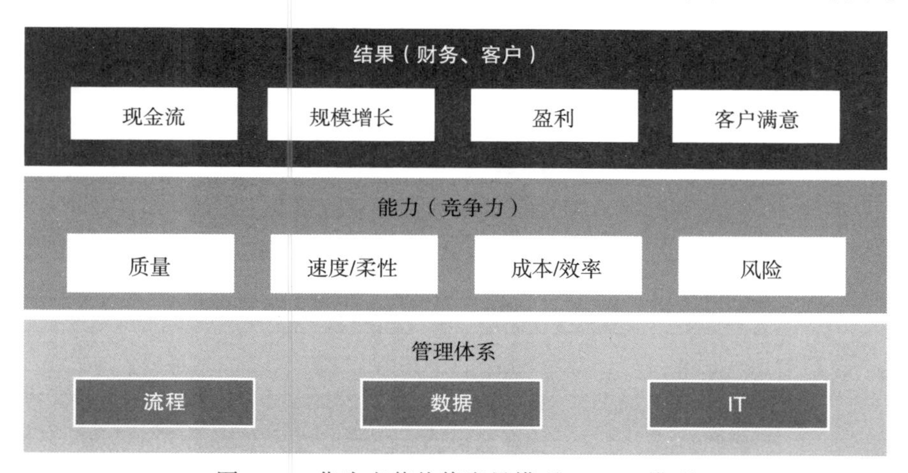

图 4-11　华为变革价值度量模型：TAM 模型

TAM 模型对变革价值的度量不仅包含财务 / 客户层面的结果类指标，还包含支撑结果达成的能力类指标，以及支撑业务能力提升的流程、数据和 IT 等管理体系类指标，是从三个层面展开对变革价值的全面度量。

2. 以“内部交付契约”价值承诺书（Value Book）为抓手，对变革项目进行全生命周期管理

变革项目的价值管理是一个渐进明晰的过程，图 4-12 展示了我们在整个变

革项目生命周期中如何一步步以 Value Book 为抓手，实现从逐步清晰到逐步实现再到评估的价值管理过程。

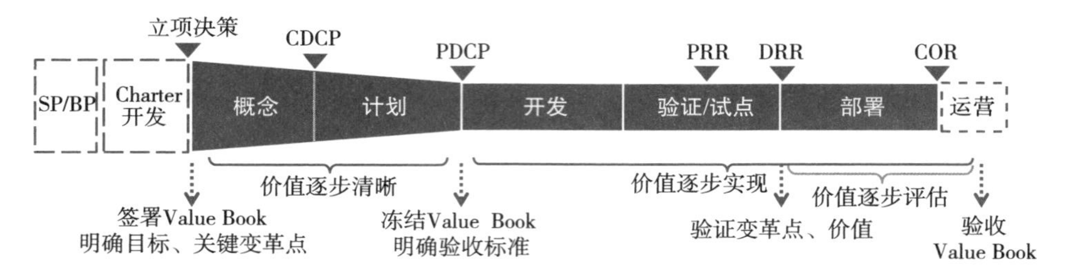

图 4-12　变革项目渐进明晰的价值管理

注：Charter 指业务计划书，CDCP 指概念决策评审点，PDCP 指计划决策评审点，PRR 指试点准备度评审，DRR 指部署准备度评审，COR 指关闭评审。

参考 TAM 模型，在项目 Charter 开发过程中，完成 Value Book 的设计。Value Book 分为两部分，定性描述（目标、范围、变革点）和定量指标承诺，模板如图 4-13 所示。

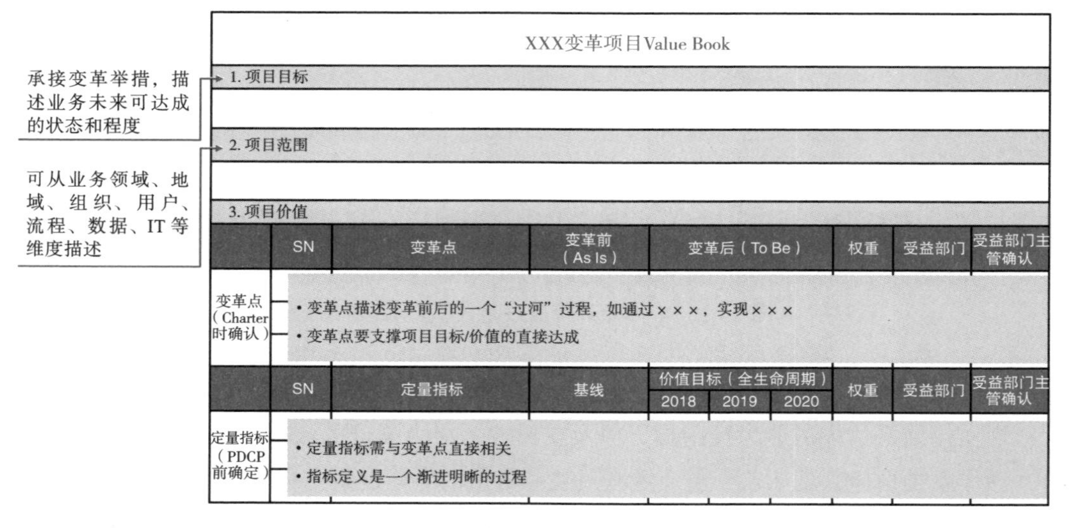

图 4-13　变革项目 Value Book 模板

（1）定性描述

定性描述最重要的是理解什么是变革点，以及如何设计变革点。变革点是支撑项目价值目标的，是受益方在变革后的业务中可以具体感知到的显著变化。变革点的设计要注意 3 个方面。

- 对准业务价值实现，而不是对准任务完成。
- 不是仅从交付视角看，而是要综合发起方、交付方、用户方三方视角。
- 业务人员有明显感知。

那么什么才是好的变革点呢？

首先，满足价值清晰的要求，能够回答为什么要变革（Why）；清晰描述变革什么（What），方便与各利益干系人沟通。其次，满足可交付的要求，可以牵引方案的设计和落地，确保各功能模块可围绕变革点进行开发。最后，要可验证，对变革点在运营中是否落地一目了然。

图 4-14 是“订单自动化”的变革点设计示例。

示例	目标	变革点	详细方案	变革点落地	价值实现
X 国订单处理 效率提升 质量改进	效率提升 质量改进	通过订单自动化，实现释放订单处理人力，缩短订单处理周期，提升订单处理质量的目的	1）订单格式标准化、模板化 2）处理流程规范化 3）订单 Robert 一站式处理，过程质量自动检查	订单自动化率从 30% 提升到 95%	1）释放订单处理人力 XX 2）订单处理周期从 XX 天缩短到 XX 小时 3）订单处理质量提升 X%

图 4-14 变革点设计示例

（2）定量指标承诺

根据变革点对变革项目直接影响的指标进行定义，并给出承诺。定量指标设计要考虑 8 个要素，包含指标定义、目标、基线、达成时间、支撑方案、受益部门、数据来源和计算公式。图 4-15 是华为终端 BG 的“营销服”数字化项目示例，该示例按照 TAM 模型的指标划分方法设计各维度量化指标。

在项目立项之后，随着高阶方案、详细方案在设计过程中对变革场景调研的不断丰富和深入，以及变革项目内外部环境因素的变化，Value Book 中的变革点描述以及部分定量指标可能会发生调整。在这个过程中，变革的价值设计是渐进明晰的，Value Book 要遵从变革项目的变更管理要求，根据变化的影响度，及时向相应的变革管理团队汇报，并获得变更批准。

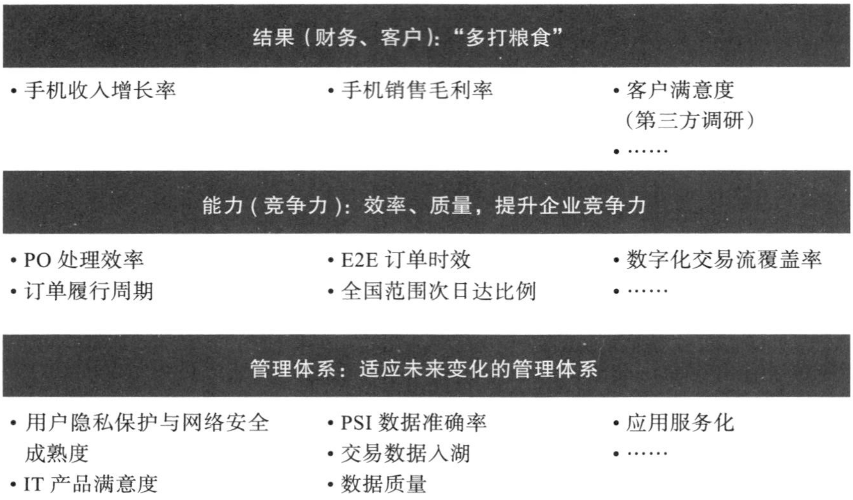

图 4-15　华为终端 BG 的“营销服”数字化项目定量指标

在计划阶段项目完成计划决策评审点（Plan Decision Check Point，PDCP）决策之后，Value Book 版本将作为变革项目的最终目标承诺书被冻结，原则上不可再做变更。此后，变革项目将进入规模化的开发实施阶段，大量的人力资源和预算将会投入，对准 Value Book 中的变革点做方案设计和交付，并不断去实现承诺的量化指标。

最终在项目关闭时，业务验收、第三方独立评估都将以项目 PDCP 定稿的 Value Book 为基准，对项目的成果和目标达成做出评价。转运营时，变革项目组与承接运营方也应根据 Value Book 开展各项交底工作。

4.2.4　运营夯实，防止回潮

前面我们提到项目有明确的起止时间，需要在一定时间内快速集结资源，这就注定了项目具有临时性。尤其在数字技术日新月异发展的今天，一般一个数字化转型变革项目的时间都不会太长，1 ～ 3 年就应该完成能力建设和落地部署。但是，变革是一个改变行为、习惯、组织、文化的过程，这个过程相对来说是漫长的，需要持续不断的运营才能保证变革成果最终转化为“固有”的组织能力，变成“习以为常”的日常。

以华为供应链数字化转型 ISC+ 为例，经过 3 年项目建设，基本完成能力构建、业务验证和部署落地，构建了数字化主动型供应链的能力。项目关闭时，这些能力在全球覆盖、用户体验、业务价值呈现方面还存在持续优化和夯实的需求，因此又规划了 2 年的运营夯实期，如图 4-16 所示。

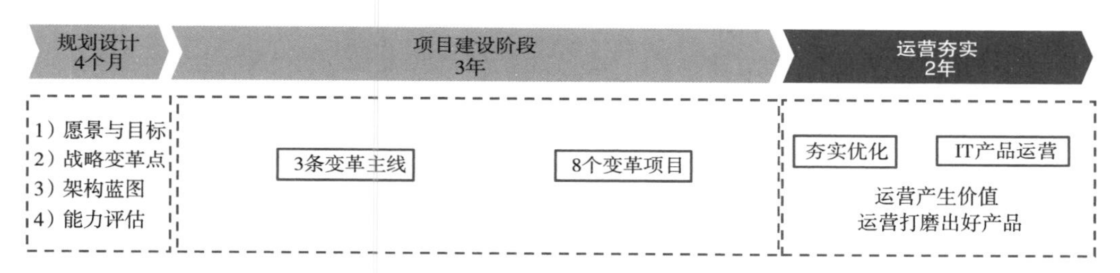

图 4-16 供应链数字化转型 ISC+ 变革周期

从数字化转型的变革项目期，进入运营夯实期，我们重点需要完成以下几个方面的工作。

1）在变革项目 PDCP 时，在方案里做好业务和 IT 一体化团队的建设规划，当变革项目结束后，将 IT 系统交接给业务和 IT 一体化团队持续优化打磨。

2）流程、业务规则、业务方案及项目知识资产，在转运营阶段移交给业务的运营组织。

3）项目组在关闭前要甄选出变革的金种子，这些金种子在项目关闭后进入运营组织，可以在运营夯实期发挥持续看护的作用。

4）Value Book 仍然将作为运营夯实期间进行价值评价的重要依据，每条指标都应有明确的责任部门承接，并定义出运营夯实期的目标、基线、计算公式、数据来源等。

5）运营期业务部门通过数字化转型产生的收益，应拿出一部分投入数字化转型变革方案的持续优化中。

4.3 变革评估，“第 3 只眼”看价值实现

4.3.1 为什么要做变革评估

2021 年，埃森哲公司和国家工业信息安全发展研究中心发布的报告显示，数字化转型成效显著的领军企业达到 16%。这说明至少 16% 的中国企业从转型中获得了显著的收益，但也说明更多的企业还没有转型成功。一方面，数字化转型的结果难以直接显性化，需要一套专业的度量方法系统性衡量转型成果；另一方面，数字化转型投入大，各方利益纠葛，需要有独立的第三方对数字化转型的价值给出专业的评估。

为此，华为成立变革评估部，承担变革体系中蓝军和“第三方”的职责。具体包括：评估项目目标的价值达成情况，揭示目标差距和执行风险，出具第三方评估报告，协助推动改进并形成威慑，营造务实的变革氛围，促进数字化转型价值实现。

4.3.2 变革评估方法

通过前期对部分数字化转型项目的评估，变革评估部发现一些项目存在变革方案无法落地、变革效果打折扣、忽视用户体验等问题。为了更加系统、专业地进行评估，促进变革更好地落地，变革评估部设计了一套评估方法，如图 4-17 所示。

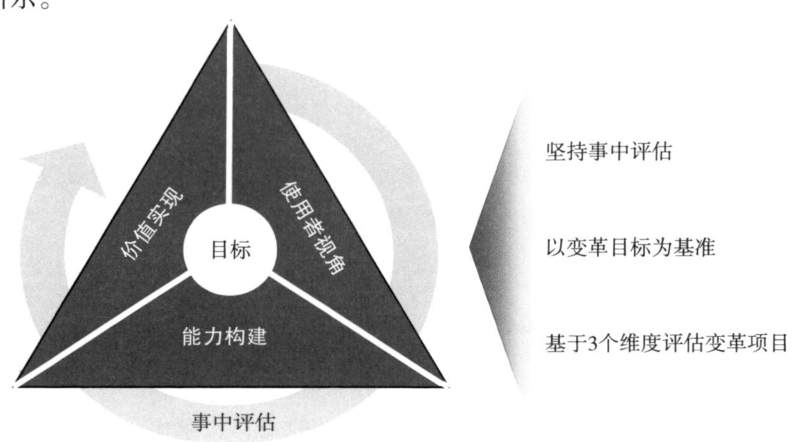

图 4-17 变革评估方法框架

框架明确以数字化转型目标为基准，坚持事中评估，并从 3 个维度评估数字化转型效果，即能力构建（交付件）、价值实现（业务价值）、使用者视角（用户体验）。

- **能力构建**：主要评估项目组承诺的交付件是否按目标完成。
- **价值实现**：评估项目交付后，是否给业务带来变化并产生价值，如业务的效率和效益是否提升、客户体验是否提升，等等。
- **使用者视角**：核心是关注用户体验，看用户是否接受了项目交付的数字化装备，是否获得了更好的数字化体验，是否提升了作业效率，等等。

数字化转型一定要对业务有价值。变革评估用第三方视角评估价值达成情况，帮助企业在数字化转型过程中识别差距并推动改进，助力数字化转型更扎实地落地，避免了“事后”被动造成投资浪费。

5

第 5 章 视 IT 为投资，用产品思维管理 IT

在信息时代，流程是业务最佳实践的总结，大多数非数字原生企业在企业流程化和信息化建设的过程中都积累了大量的 IT 系统。随着企业的发展，IT 系统越来越多，集成关系越来越复杂，业务需求的实现周期越来越长，成本也越来越高。IT 部门天天加班，也免不了被业务部门诟病“慢、贵、难”。

进入数字时代，企业的业务作业越来越依赖 IT 系统，决策越来越依赖数据与算法，这使得 IT 系统不再只是固化流程的工具，而是成为业务开展的“作业平台”。业务的任何变化都需要 IT 系统来承载，这不仅意味着业务和 IT 系统的关系更加紧密，也意味着业务对 IT 的需求比以往任何时候都要多，期望的实现周期更短。不断爆发的业务需求和有限的 IT 能力之间的矛盾愈发突出。

本章将通过华为的实践，介绍如何通过引入产品思维，实现业务和 IT 一体化运作，从而解决上述问题。

5.1 数字时代 IT 系统的重新定位

比较传统信息化和数字化转型下的 IT 系统特征，我们发现业务环境、IT 能力、业务和 IT 的关系都发生了巨大变化（见图 5-1）。

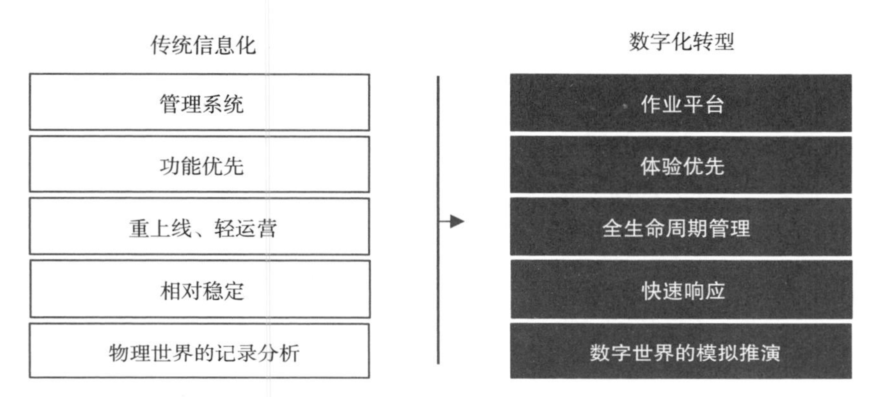

图 5-1　IT 系统特征的变化

- **从“管理系统”到“作业平台”**。传统信息化下的 IT 系统往往侧重于信息记录、流程固化。企业通常的做法是将线下的文档、流程线上化，IT 系统是作为管理系统而存在的。而面向数字化，企业的业务作业、业务运营和决策、团队协同等业务动作已经和 IT 系统集成，IT 系统逐步转变为作业系统。
- **从“功能优先”到“体验优先”**。传统方式下 IT 系统作为工具，满足业务部门提出的由业务流程串联起来的功能性需求，重在功能建设，而且各功能间相对独立，用户入口多，如果要整体完成一项工作往往需要用户在不同系统间切换，费时费力。数字时代下用户对体验要求越来越高，用户在消费互联网的 App 中所获得的海量信息、一站式购物、流畅顺滑的体验，提高了他们对企业内部 IT 系统的期望值。企业开展数字化转型，体验也成了需求方的优选项。
- **从“重上线、轻运营”到“全生命周期管理”**。以往的 IT 系统建设基于功能诉求，以项目方式触发，功能完成上线验收并交付给业务使用即为项目完成。但“数字化只有起点，没有终点”，IT 系统要通过主动感知业务的变化而敏捷迭代和持续创新。IT 系统上线之后，仍需要在后续生命周期环节进行持续运营。运营不是运维，运维是被动式维持，强调的是稳定可用，而运营则是主动经营，更强调体验和效益。

- **从“相对稳定”到“快速响应”**。信息时代的 IT 系统，对准的是信息线上化和流程的固化，从而保持相对稳定。数字时代，业务所面临的不确定性日益增加，IT 系统和业务深度耦合，需要快速响应业务变化，甚至推动业务创新。
- **从“物理世界的记录分析”到“数字世界的模拟推演”**。数字时代 IT 系统的一个重要特征就是支撑业务在数字世界中探索，通过模拟推演找到最优解，再对物理世界产生影响。

通过上述比较我们可以发现，IT 系统的定位在数字化转型过程中正在发生两个大的变化。

- **IT 系统变成业务不可或缺的一部分**。无论是业务日常作业还是管理决策，都需要基于 IT 系统来完成，业务和 IT 系统已密不可分。
- **IT 系统正在成为企业价值创造的驱动力**。IT 系统在企业改善客户体验、提升业务效率、创新业务模式等方面发挥着关键作用。比如，华为的供应链系统通过应用智能算法，为公司带来库存成本、物流成本大幅下降的同时，也帮助公司提升了业务竞争力（后面会详细介绍）。

华为在开展数字化转型的过程中，也意识到了 IT 系统定位的变化。我们认为，企业新产品和服务的推出离不开 IT 系统，甚至数字化转型过程中产生的数字产品与服务可以直接产生客户界面销售收入。IT 系统的管理属性，从面向短期目标、对准功能性的管理，变成了面向价值创造、长期迭代的产品管理。这种变化，**使得 IT 系统非常像是一种“产品”**。

把 IT 系统定位为“产品”后，华为借助自身丰富的产品开发成功实践，明确了“**IT 按产品管理**”的策略。华为有一整套管理体系让其产品持续成功，而其中的关键就是将研发由技术驱动转变为客户需求驱动的产品投资行为（按产品进行全生命周期管理），让纯研发团队开发的方式转变为跨部门团队协同的方式（一体化协同团队）。华为在自身数字化转型过程中，也实施业务 IT 一体化的产品化运作方式，以应对数字化转型下 IT 面临的挑战和机遇。

IT 产品化运作，也有助于解决前面提到的“慢、贵、难”的问题。一方面，引入 IT 产品化的管理方式，实现业务和 IT 一体化融合运作，能缩短业务需求的传递链条，甚至能主动瞄准业务需求进行产品规划，在很大程度上实现对业务需求的快速响应，解决IT交付时间长的问题。另一方面，IT产品团队由于包含了业务、数据、IT人员，更适合引入服务化架构，使得IT系统由做“功能”变为做“服务”，将一个复杂的IT系统拆分为一个个相对解耦的应用服务，使其能够基于业务场景的变化进行快速优化和迭代，从而更加灵活地响应业务变化。

华为通过这种运作方式，获得了业务与IT一体化产品运作带来的显著的业务收益和管理效果。

- **持续的价值创造。**改变了过去面向短期目标的交付方式，通过明确的产品规划牵引产品持续迭代，进行产品的全生命周期管理，与业务共同发展并创造价值。
- **敏捷的业务响应。**IT产品团队的业务与IT一体化运作，缩短了需求链条；服务化架构使交付更敏捷，将过去2个月以上的需求交付周期缩短到周级甚至天级。
- **投入有保障。**将对IT产品的投入视为投资，基于投入产出回报计算投资价值，进行投资决策。IT产品的投资预算基于产品规划来编制，不再受限于业务变革项目。
- **团队有保障。**改变过去项目结束后团队即解散的状况，通过将业务人员和IT人员融合为产品团队，围绕产品构建稳定的团队，保证了知识和能力的传承，也保障了持续的交付能力。

接下来我们介绍如下内容：如何落实IT产品的全生命周期管理；从组建一体化团队的角度，阐述如何在团队和能力上进行业务与IT系统的融合；如何用V模型指导从做“功能”到做“服务”的服务化设计。

5.2　IT产品的全生命周期管理

IT产品贯穿业务战略到执行的全过程，业务战略通过业务变革和持续优化来落地，IT产品不仅承接业务变革的诉求，还承接业务持续优化和运营的诉求。由于需求源源不断，交付压力大，所以IT部门往往把交付放在第一位，于是出现了“只管生不管养”的情况：不断建设，但缺乏系统性的规划，也不重视运营。按产品管理，就要遵循产品的全生命周期管理要求，规划、建设、运营一体，不断循环，如图 5-2 所示，既要有快速、稳定、高质量的交付，也要有产品规划指明方向，还要有持续的运营迭代。

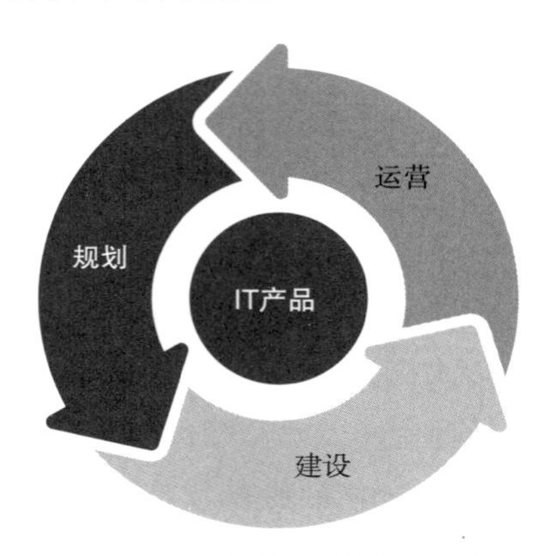

图 5-2 IT 产品规划、建设、运营一体

5.2.1 从被动响应到主动产品规划

IT 产品规划是扭转过去被动局面的关键，从按项目建设、被动接收需求，到主动洞察、技术牵引、产品特性规划、提前准备资源，通过规划牵引产品建设方向。

IT 产品规划的具体内容如下（见图 5-3）。

- **总结前期产品建设和运营情况**：特别关注已建设内容的运营数据，包括业务运营、系统运营和用户运营情况，一方面发现改进机会，另一方面及时清理低流量的应用，保证产品建设有连续性，“不盖烂尾楼”。
- **获取产品规划的输入**：分析业务规划对产品的诉求，分析行业标杆企业的领先实践，分析数字技术趋势和应用实践。数字技术可以帮助业务解决难点问题，譬如区块链技术应用到物流签收场景，信息不可篡改，参与各方掌握的数据要完全一致，此时技术方案比业务上加强监控复核的方案更有效。
- **设计架构、规划产品特性和路标**：畅想产品愿景，输出架构及特性，给出服务地图，识别重点专题任务并细化设计，制订运营目标，估计资源及预算，确认优先级和里程碑路标。产品基于规划任务和业务价值获取预算，在资源有限的情况下，基于价值进行优先级排序和建设节奏调整。

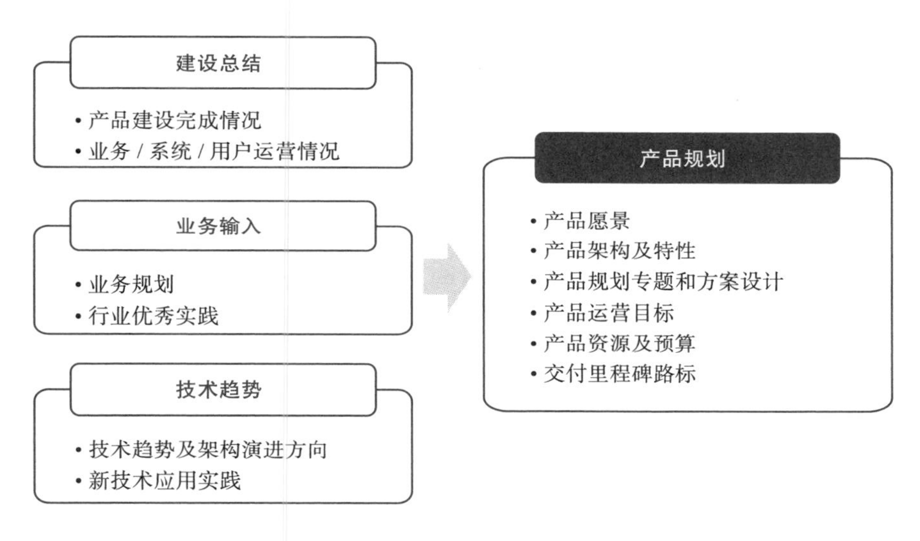

图 5-3　IT 产品规划的具体内容

产品规划是业务和 IT 融合的第一步。不能等企业的业务发展战略都明确了才告诉 IT 产品去落实需求。数字化能力规划属于业务规划的一部分，需要 IT 产品团队参与其中，共同讨论业务设计。IT 产品规划中既包含功能特性和技术规划，又包含业务能力规划，两者紧密融为一体。

5.2.2　价值与体验驱动的产品运营

我们通过规划明确了产品建设方向，还要通过产品运营持续打磨，从运营规划、运营执行、运营分析、运营持续改进入手，实现良好的用户体验和持续的价值创造。产品的价值和体验是需要一点一点积累的，产品运营就是业务价值和用户体验两个核心要素的驱动（见图 5-4），通过运营数据闭环价值，通过用户连接倾听用户声音，基于真实、可信、准确的结果数据和用户使用反馈，持续驱动产品优化与创新。

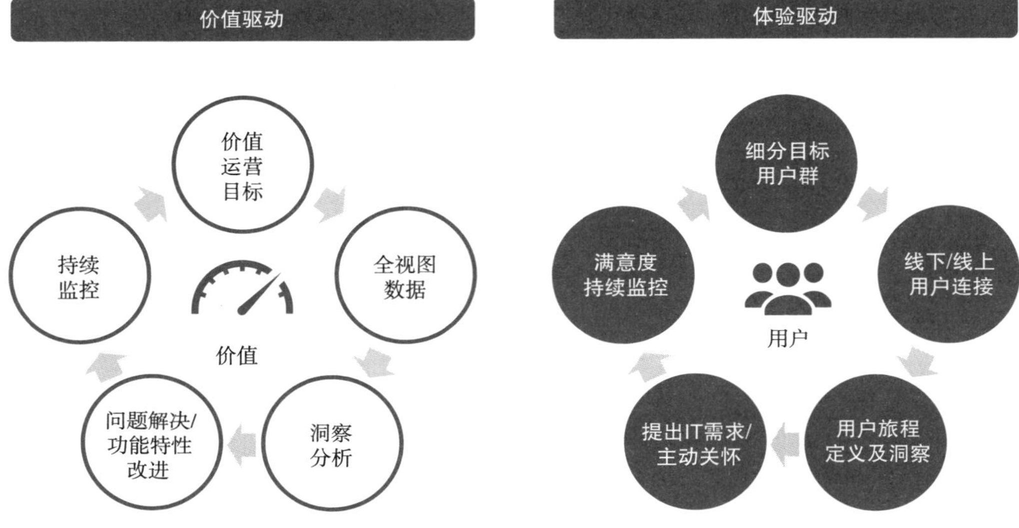

图 5-4 价值与体验驱动的产品运营

- **以价值为纲**：树立产品价值观导向，通过运营数据闭环价值，设定价值运营目标，持续监控，发现问题及改进机会点，闭环管理。
- **以用户为中心**：基于用户画像对用户进行精细化管理，对准用户场景，加强线上 / 线下用户连接，倾听用户声音并快速闭环，提升用户体验。

在产品运营中首先要识别与定义运营目标，应注意不要走入如下误区。

- **目标频繁变更**：建议结合长期目标和短期目标，围绕产品定位定义长期目标（北极星指标），围绕当年重点建设特性设置短期目标（支撑性指标）。
- **过于碎片化，不够聚焦**：改变自下而上收集汇总价值目标的模式，对准核心业务和核心用户群。
- **缺乏挑战性**：根据市场空间（分母）来制订目标（分子），对于已无提升空间或进一步提升代价很高的价值点要及时进行刷新。
- **目标完全和业务挂钩或业务无感知**：业务痛点要与 IT 系统有直接关联，如果属于共同背负的业务目标，需要有 IT 侧的子价值目标作为支撑。
- **难以度量**：数据难以从可信数据源获取或因计算口径导致数据跳变。

价值目标可以是针对某个业务价值目标进行持续优化，譬如针对效率提升目标，不断通过上线自动化、智能化的特性，提升业务作业效率，也可以是监控产品的自身投入，做好页面 /API 资产运营，通过产品推广让更多用户使用，盘活资产，或者下线低流量界面，节省对底层计算、存储资源的消耗。

在具体执行上，我们把产品运营分为业务运营、系统运营及用户运营来开展。

1）业务层面关注所承载业务的流量、流速、流效。

- 流量：IT 系统承载的业务量。譬如在产品新建或者日落的新旧切换期间，多少业务量从老系统中迁移到新系统。
- 流速：业务运作效率。把一个业务在全流程或者某一段业务所涉及的流程活动、决策评审点、等待时间、增值时间等数据可视化，无价值的等待时间是空耗，通过流速就可以主动识别哪些流程节点上有问题需要优化，哪些业务低效需要改善，从而逐步提升效率。
- 流效：业务运作效果，包括业务运作质量、差错率、准确率等。

2）系统层面关注产品的服务水平（如数据服务调用次数）、质量（如页面 3 秒性能达标率、服务调用成功率、生产环境缺陷率等）、工程能力（如需求实现周期、页面一致性等）。

3）用户层面关注用户声音，“用户意见，就是产品改进的方向”，关注用户体验，分析用户行为，组织用户大会等活动，做好用户经营，从“被动服务”转变为“主动经营”，打造有温度的产品。

IT 产品运营持续通过运营数据闭环价值，连接用户，倾听用户声音，驱动产品有效改进，提升业务效率与用户满意度。

5.3　组建业务和 IT 一体化团队

过去业务部门和 IT 部门有一道鸿沟，业务部门抱怨 IT 部门不懂业务，响应慢；IT 部门抱怨业务部门没想清楚，需求变化快。如果业务部门和 IT 部门依然“两张皮”运作，很难从根本上解决“慢、贵、难”的问题。

数字时代 IT 系统成为生产系统，我们对 IT 产品团队的能力要求不仅仅是技术能力，也包括一定的业务能力，如业务模式设计、运营模式设计、流程设计、场景分析等，特别是构建数字孪生来模拟推演，需要对业务有深度的理解（Know-how）。我们的思路是业务部门和 IT 部门融合，打造一体化产品团队，共同设计和交付。

5.3.1 团队融合：配备关键角色

为 IT 产品团队配齐关键角色，是 IT 产品化运作的重中之重。

1. 按角色组建业务和 IT 产品团队

在岗位角色、素质要求和组织队形上，业务和 IT 一体化产品团队与以前的纯 IT 团队有很大的不同，如图 5-5 所示。

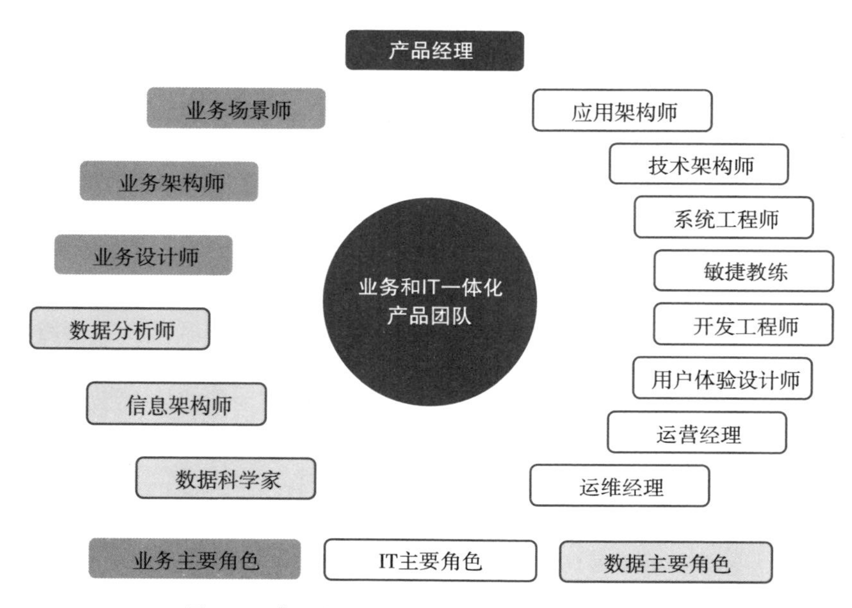

图 5-5　典型的业务和 IT 一体化产品团队阵形

- 业务场景师由业务领域专家担任，对准业务场景输出解决方案，明确需求，对业务战略落地及业务场景目标负责。

- 业务架构师、信息架构师、应用架构师、技术架构师负责架构设计及看护，解决产品架构冲突和技术问题，让产品保持架构先进性，拥有可持续竞争力。
- 数据分析师对数据进行清洗、分析以及可视化处理，数据科学家负责构建算法模型并持续调优。
- 系统工程师（SE）负责产品和模块的特性、功能、集成接口、数据库等的设计、开发、测试和交付。
- 敏捷教练负责指导团队进行敏捷改进，持续优化敏捷运作，提升团队的敏捷成熟度，对迭代交付目标的达成负责。
- 用户体验设计师负责用户体验设计，基于用户旅程，输出用户画像、体验地图、交互界面、用户场景及任务流等。
- 运营经理负责产品运营方案的设计及落地。通过业务运营，确保产品的业务价值目标实现；通过系统运营，确保产品交付的效率和质量；通过用户运营，连接用户，收集用户反馈，不断提升用户体验。
- 运维经理负责制订 IT 产品的运维计划和保障机制，处理系统运行中出现的各种异常。

从组织队形上来看，业务与 IT 一体化产品团队可大可小，可以根据产品架构划分为若干小团队，每个团队负责一个模块的设计、开发和运营，以精干的 Pizza 团队打造小而美的产品。每个层级的团队都由业务部门和 IT 部门融合在一起运作。

2. 落实产品经理负责制

产品经理是 IT 产品团队的核心，是产品成功的第一责任人。IT 产品负责人从纯粹的“需求交付经理”转身为“产品经理”，需要有整体的规划和前瞻性的思考，需要深刻理解业务和技术，能带领团队开拓创新，并带动团队中业务人员和 IT 人员的融合。

我们采用任命和竞聘相结合的方式选择合格的产品经理，倡导竞聘上岗。候选人既可以来自业务部门，也可以来自 IT 部门，出身不限，但要符合素质模型的要求。在产品经理的素质模型里，产品经理除了需要具备产品规划、项目管理、业务领域知识等必备技能和知识之外，更重要的是要有情怀，要有将产品打造成精品的理想，有将产品进行持续演进的使命感，有长期看护的坚守，以及有将产品当作自己孩子一样的情感。

华为建立产品经理负责制，明确产品经理的责任是树立产品愿景，明确产品规划，建设高绩效团队，对准业务价值持续交付和持续运营，对业务价值、投资回报和客户期望负责。同时赋予产品经理管人、事、钱的权利，并基于业务价值达成、用户满意度、产品质量、产品工程能力等设定产品经理的评价模型。

IT 产品团队的融合，不仅仅是产品团队内的融合，也是组织和意识层面的转变。

- 产品经理是产品团队的核心，从华为实践看，优秀的产品经理大多来源于业务部门。是否舍得投入业务骨干到 IT 产品中，取决于一把手的意识和决心。
- IT 主管部门要转变观念，给予产品经理充分的信任，把产品团队的人、财、事的管理权交给产品经理，允许产品经理试错，为产品经理创造良好的生存环境。
- 业务部门也要转变观念，把 IT 部门从支撑的角色转变为业务的一部分。不是把需求扔给 IT 部门实施，而是把 IT 产品团队融入业务中，成为业务的一部分，承接业务战略的落地。

5.3.2 能力融合：业务人员懂 IT，IT 人员懂业务

将业务人员和 IT 人员整合到 IT 产品团队之后，我们还需要进行能力的融合及赋能，使业务人员懂 IT，IT 人员懂业务。

- 业务人员要培养数据意识，学会把文档转变成数据，用数据来定义业务。
- 业务人员需要学习需求分析、架构设计、软件开发等知识和技能，理解软件工程。
- IT 人员要构建产品意识，要有客户思维、用户思维、商业思维，还要提升对业务的理解。理解业务战略方向和业务诉求初衷，才能吃透需求。
- IT 人员也需要掌握业务模式设计、运营模式设计、流程设计、场景分析、

体验设计等。

- IT 人员要提升产品架构设计能力，掌握自动化工具。
- 数据人员不仅要聚焦数据本身，也要成为业务专家和 IT 人员的桥梁，帮助业务人员用数据抽象、描绘业务，并做好数据建模，构建业务元数据，用数据驱动开发。
- 产品团队全员都要有服务化设计的意识，通过业务解耦设计，识别服务，定义服务，共享服务，提升业务响应能力和专业水平。
- 产品团队全员都要培养架构意识和系统思维，确保设计完整性和架构完整性，尽可能避免架构性缺陷带来的推倒重来，避免给业务带来风险。
- 产品团队全员都要学习项目管理方法和变革管理方法，理解如何有效开展变革。

只有做到“业务人员懂 IT，IT 人员懂业务”，才能做到“业务即 IT，IT 即业务”。以华为供应链业务和 IT 一体化产品团队的课程为例（见图 5-6），一系列从理论到实践、从业务知识到数字技术的赋能，让产品团队在训战中互相了解、技能融合，真正实现从“两张皮”到“一体化”。

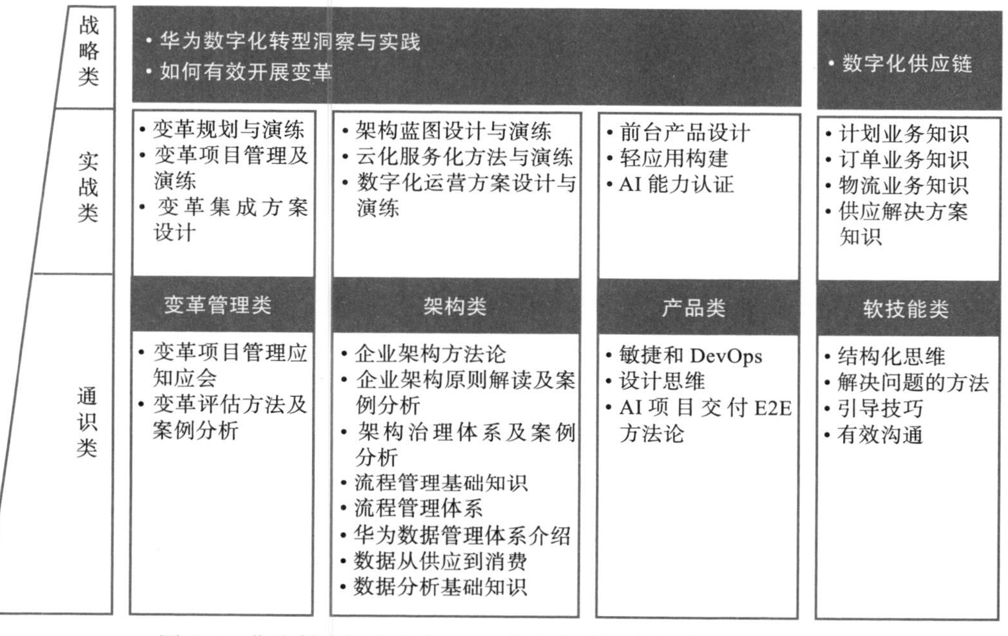

图 5-6　华为供应链业务和 IT 一体化产品团队的培训赋能课程

5.4 用 V 模型指导服务化设计

IT 产品团队要快速响应业务变化，除了开展业务和 IT 一体化融合运作，主动进行产品规划之外，也要对产品本身的架构进行调整，将 IT 系统拆分为一个个松耦合的服务，使服务可以独立交付，并基于业务场景进行灵活编排，快速迭代，进而极大地提升交付效率。

5.4.1 引入服务化架构

华为发布的《企业架构原则》中明确将服务化架构确定为架构演进方向，提出“业务能力组件化、服务化，实现流程灵活编排；IT 能力以服务的方式提供，服务的访问和交互通过接口方式实现”的具体原则，对 IT 产品提出通过服务化架构进行升级改造的要求。

1. 什么是服务化

举个大家都熟悉的面馆的例子。顾客希望能够尽快吃上他想要的面条，正常的做法是面馆提前准备好各种类型的面条、配料、汤料，并且将这些面条（宽面、细面）、配料（牛肉、排骨、西红柿、鸡蛋等）、汤料标准化，当顾客来的时候只要按固有的程序煮面、加汤、加配料即可，不需要临时从和面、擀面、配料加工开始，大大节省了制作面条的时间，确保了顾客能尽快吃上面条，且保证了面条品质基本一致。

这个过程就是对预先定义好的标准化服务进行灵活编排，来快速构建出用户需要的产品。对这家面馆而言，牛肉面是产品，不同类型的面条、牛肉、西红柿是一个个预制好的组件，对企业 IT 而言，业务应用是产品，我们也可以通过预制好各种服务化的组件（见图 5-7）来提升对业务的响应速度和灵活性。

服务化通过对一个复杂的业务流程进行解耦拆分，将流程中的一个个活动抽象出来，进行标准化定义和开发，成为一个个标准的、松耦合的应用服务，再由前端页面对这些服务进行组合、编排。这样构建出的应用可以适应业务的不同场景，灵活响应业务变化，如图 5-8 所示。

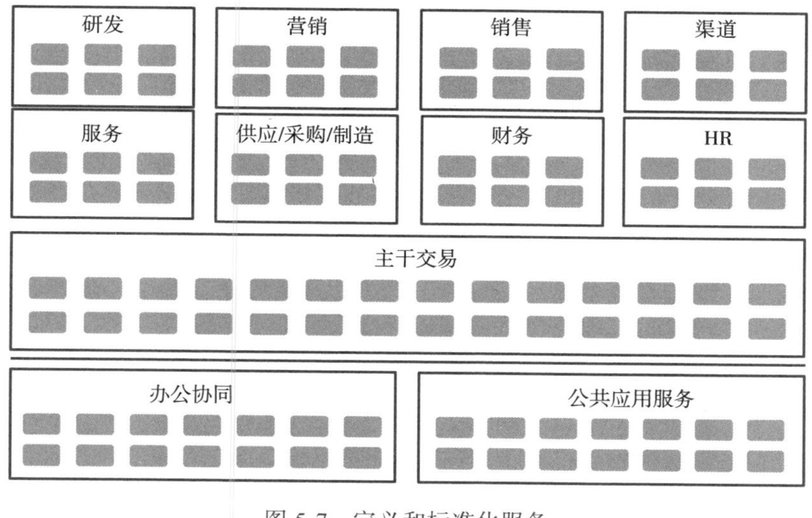

图 5-7　定义和标准化服务

图 5-8　从传统架构到服务化架构

2. 评估 IT 产品的服务化水平

应用服务化对于大多数企业的 IT 部门来说，是个重要的转变。在这个过程中，我们需要一个可量化的目标来牵引 IT 产品团队建设好的服务并持续对应用服务进行运维和运营。为此，我们开发了服务化评估模型来度量 IT 产品的服务化成熟度水平，如图 5-9 所示。

我们从数据、服务、代码、收入与成本 4 个维度来度量服务化建设水平。

- **数据维度**。重点考量数据模型设计质量、数据一致性和数据服务化情况。好的数据模型设计，是一个好的应用设计的基础，高内聚低耦合，很大程度上是体现在数据上的。
- **服务维度**。重点考量服务共享、服务质量和服务响应的情况。服务间通过 API 进行集成与通信，API 是消费方驱动的契约，服务化后，API 的质量关系到应用的稳定性和性能。

- 代码维度。重点看代码规范、超大函数和冗余代码等。
- 收入与成本维度。主要看服务虚拟结算情况、服务成本和硬件成本等。

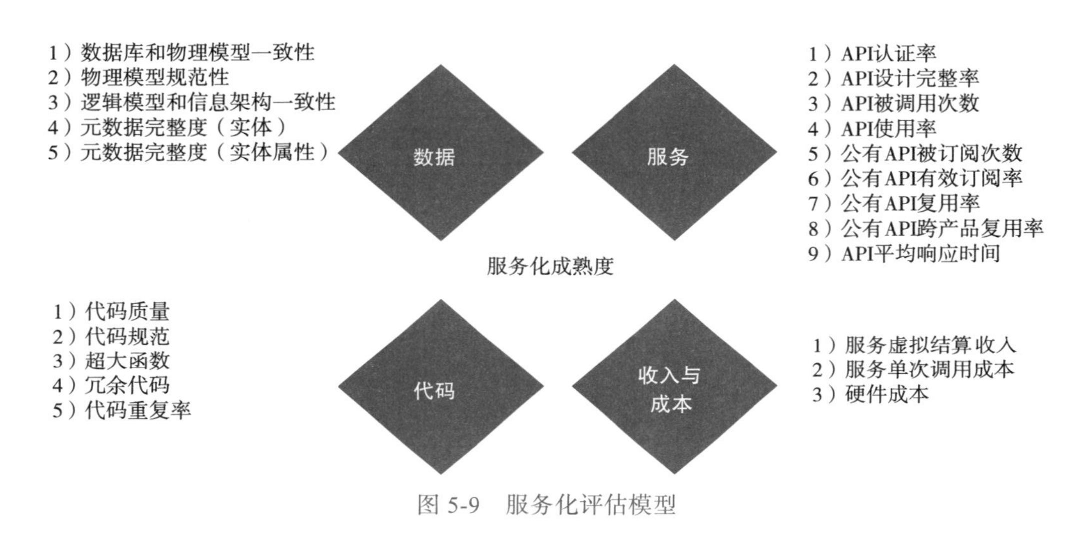

图 5-9 服务化评估模型

5.4.2 V 模型：从业务到 IT 的服务化设计方法

在业务和 IT 一体化团队中，团队人员拥有业务、数据、应用、技术等不同的背景。同一背景的人员所掌握的技能也可能不同，比如 IT 开发人员，有传统企业 IT 背景，也有互联网企业 IT 背景，擅长的开发技术也存在区别。如何让这样的团队用相同的语言和方法来设计业务及 IT 产品，提升设计准确性、沟通效率、开发有效性，是个很大的挑战。为此我们开发了一套业务和 IT 一体化的设计方法，即服务化 V 模型，如图 5-10 所示。

V 模型以服务化理念为核心，以数据为锚点，将自顶向下的业务设计方法和 IT 应用的规划及设计方法相结合。

- V 模型从左边的业务设计开始，到右边的 IT 系统实现，起点是价值流和业务能力。V 模型向上对齐业务战略和价值，向下落地到业务设计和 IT 产品实现。

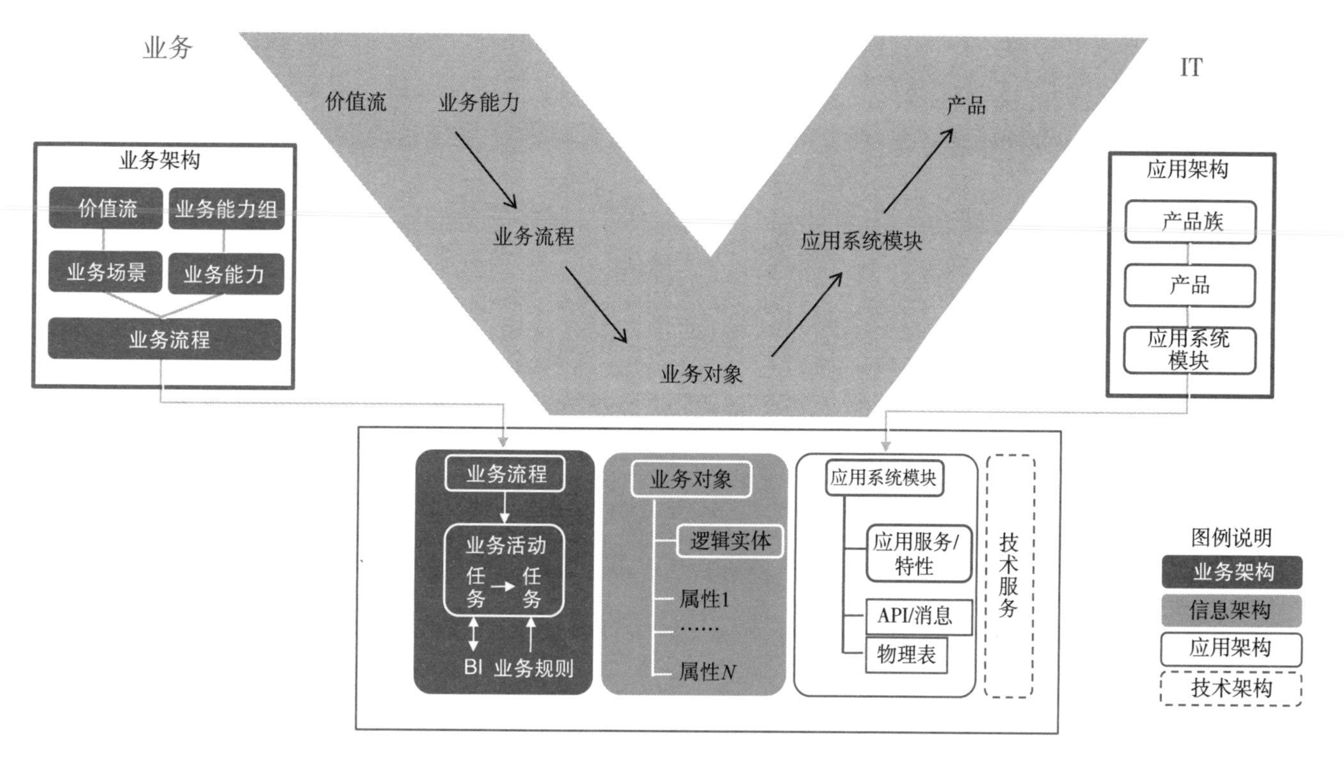
业务
IT
价值流
业务能力
业务流程
业务对象
应用系统模块
产品
业务架构
价值流
业务能力组
业务场景
业务能力
业务流程
应用架构
产品族
产品
应用系统模块
业务流程
业务活动
任务
任务
BI
业务规则
业务对象
逻辑实体
属性1
……
属性N
应用系统模块
应用服务/特性
API/消息
物理表
技术服务
图例说明
业务架构
信息架构
应用架构
技术架构

图 5-10　服务化 V 模型

- 业务和IT中间是数据，要拉齐业务和IT，关键是找到稳定的业务对象（概念实体），并围绕业务对象进行“业务/数据/应用”的一体化设计。应用服务作为三者的融合单元，实现业务、数据与系统功能的全拉通。
- 沿着业务场景和业务流程，对业务活动、任务进行逐层分解，把能力转变为服务，使能力能被各种场景下的业务流所调用。服务化从业务设计开始，不仅是IT的服务化，也是业务的服务化。
- 让不同专业背景的业务和IT专家，用同样的语言、方法规划和设计IT产品，提升沟通的效率和设计的有效性，是业务和IT一体化产品团队工作的有效武器。

1. 服务化V模型中的关键要素

（1）价值流

价值流是一组端到端的活动集合，能够为外部客户或内部用户创造一个有价值的结果。价值流描述企业为他的客户创造什么价值以及如何创造价值。有别于业务流程，价值流是对这个价值创造过程的高阶直观描述。

（2）业务能力

业务能力指为实现某一特定目标的一组人力、流程和技术的集合。业务能力是服务化变革的入手点。数字化转型面向愿景，推动和引导业务模式、组织架构和运营模式。这些变革点可以体现在业务能力的变化中，进而落实到人员、流程和技术工具变更中。

（3）业务场景与业务流程

业务流程是在特定企业环境及资源保障下，为了实现客户价值和企业商业目标而形成的一套规范业务运作规则和机制：通过一系列可重复、有逻辑顺序的活动，按照相关的政策和业务规则，将一个或多个输入转换成明确的、可度量的、有价值的输出。

由于公司业务复杂，同一业务可能存在不同的场景，比如同样是采购业务，有行政采购、生产采购、工程采购等不同的场景，所以为了保证IT产品的设计方案能具备普适性，我们需要识别出不同的业务场景，针对每一种业务场景匹配相应的业务流程。由于同属一类业务，这些业务流程中的活动有一部分可能是相同的，还有一部分可能是相似的，所以在应用服务化设计时，这些不同流程中相同或相似的活动可以由同一个应用服务来支撑。

（4）业务活动

业务活动是流程的基本单元，指某个角色（团队或个人）利用特定的工具和资源，按确定的要求和标准，将明确的输入转换为明确的输出的过程。活动有明确的业务目的以及特定的业务价值。一个活动可以有多个配合角色，但只能有一个主导的角色。活动需有稳定的输入和输出。这里的输入和输出即为 BI（Business Item），就是通常意义上的“表、证、单、书”。

（5）业务对象

业务对象是业务领域重要的人、事、物，承载了业务运作和管理涉及的重要信息，是可以独立存在的数据实体。业务对象在业务领域范围要唯一、相对稳定，不应区分场景，不应区分状态。业务对象可以进一步分解为逻辑数据实体，进而再分解为属性字段。

（6）应用服务

应用服务是一个或一组软件功能，具有明确的业务目的，独立完整。应用服务既是业务要素，又是应用要素。它封装了对业务对象的操作，并支撑一个或多个相关联的业务活动。应用服务需明确服务接口和服务标准。应用服务是业务、信息和功能的聚合。

应用服务不应由业务人员或 IT 人员单独设计，而应由组织业务设计师、信息架构师和系统工程师等共同参与设计。应用服务是对外共享的独立、完整的功能，是服务化设计的核心。

（7）应用系统模块

应用系统模块是为支撑特定业务需求而提供的一组紧耦合的物理功能，可独立测试、发布和部署。模块内高内聚（相同或高度相似的功能应归于同一模块），模块间低耦合（模块间的依赖最小化并通过服务接口集成）。一个或几个关联紧密的应用服务组合为一个应用系统模块。模块的颗粒度不宜过小，否则可能出现服务间过于频繁的信息交互，导致服务运营困难。

（8）产品 / 子产品

作为产品运作管理单元，产品 / 子产品是强关联的一组模块的集合，也是产品团队进行建设、预算、核算、考核、合作分包等管理的基本单元。

2. V 模型的具体设计过程示例

V 模型的具体设计过程如图 5-11 所示。

（1）确定业务能力

价值流和业务能力是起点，所有的业务领域都是为提供某一组特定的业务能力而存在的。开始时需要先识别所处的业务范围，以及业务的外部客户或内部用户是谁，并从如何为客户或用户创造价值的视角，一步步描绘这个价值创造过程；继而识别为了实现业务的价值创造，需要具备什么样的业务能力。

（2）分析业务场景，定义并收敛业务活动

接下来需要基于对价值流的细化，以及对业务能力的描述，识别具体的业务场景和业务流程，并沿着场景和流程，对活动进行逐层分解定义。另外，不同场景可能存在相同或相似的活动，需要将这些活动一一识别出来。

（3）识别 BI，定义业务对象

识别每一个业务活动输入和输出的“表、证、单、书”，定义业务对象。如果一个活动的输入和输出符合业务对象的特征，则可以是一个业务对象。反之此 BI 不能独立存在，需要继续确定所归属的业务对象。

（4）识别应用系统模块，以及应用服务 / 特性

基于业务对象初步识别出应用系统模块，保持两者有相同的颗粒度。然后，基于逻辑实体和活动，识别出一系列应用服务清单，再将应用服务归类于某一应用系统模块。通常来说，同一业务子领域下的应用系统模块组合成一个产品，同一业务领域下的产品组合成一个产品族，使 IT 建设对准业务。

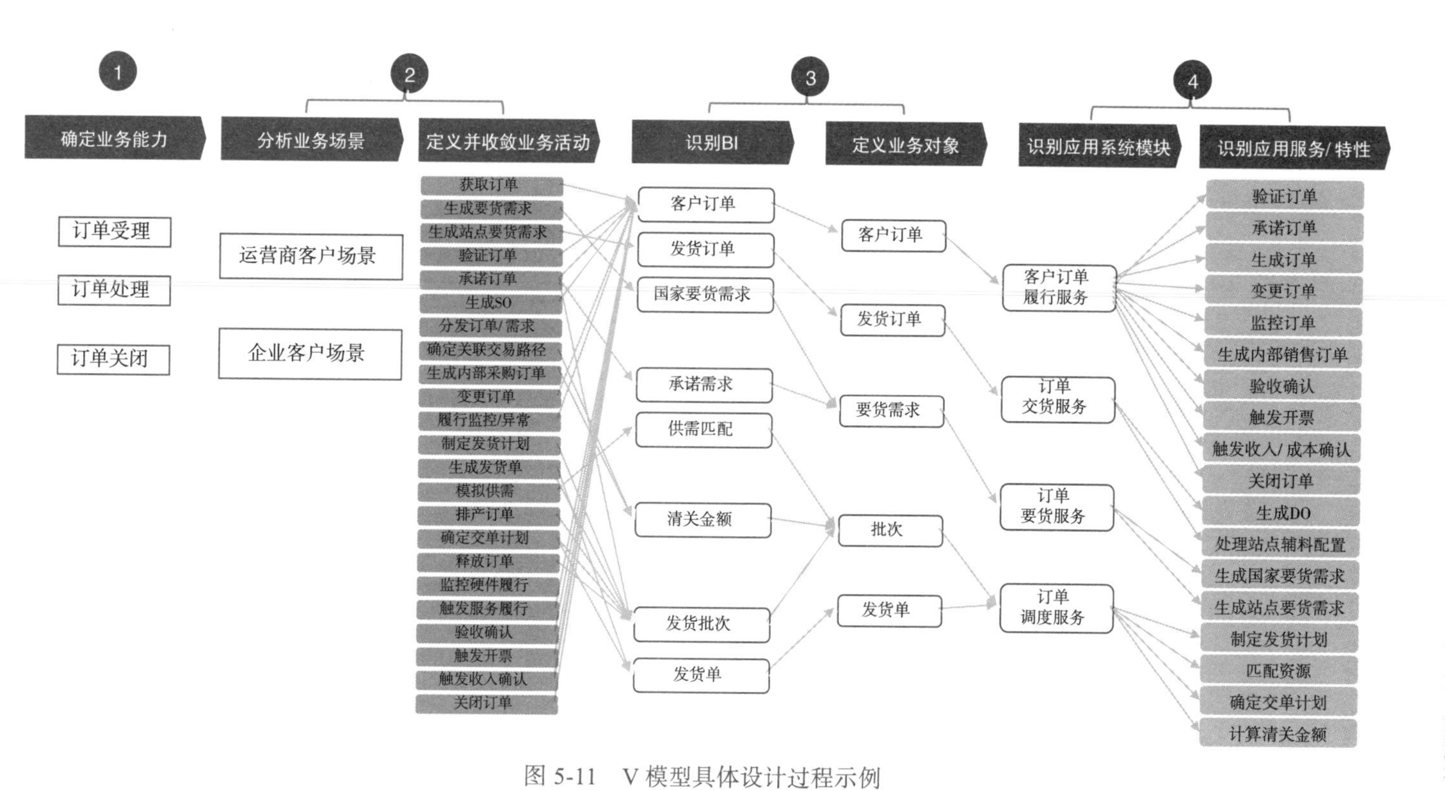

图 5-11　V 模型具体设计过程示例

3. 设计的核心：围绕相对稳定的数据来设计业务和 IT

V 模型的核心是找到数据业务对象，不管业务组织、流程和场景如何变化，其所操作的业务对象相对稳定。可以围绕业务对象来设计作业活动和规则，并识别功能特性。

以供应链仓储的入库业务为例，该业务包含了原材料仓入库、成品仓入库、分销中心入库、国家中心仓入库、站点入库等诸多场景，但所有场景都是围绕“入库单”这个业务对象的“增、删、改、查”，所以要围绕业务对象进行业务和 IT 设计，包括业务活动、活动的输入和输出、作业步骤、作业规则和算法等（见图 5-12），形成可被各种场景调用的服务。

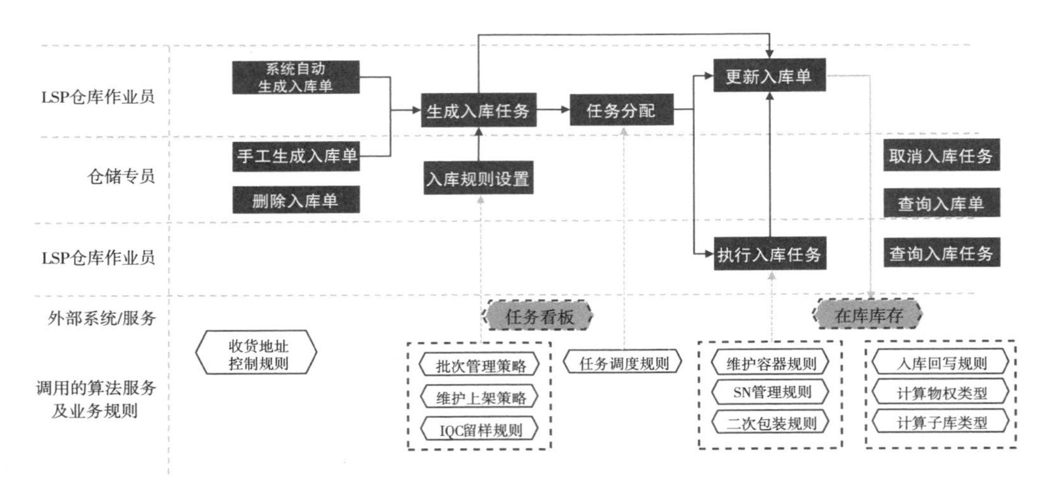

图 5-12　围绕数据进行入库业务设计

2016 年华为 IT 部门开始实行 IT 产品化运作的模式，组建业务和 IT 一体化产品团队，用商业视角来定义产品的价值主张，快速迭代，持续交付，实现业务价值。回顾前期走过的历程，从探索、成型到成熟，IT 产品化运作是一个艰难的破茧而出的过程，目前还在持续不断演进发展中。**在数字化转型环境下，IT 部门不再是支撑组织，IT 人员和业务人员都是主战部队，应实现业务和技术双轮驱动，让业务和技术都成为核心创新力量。**

实践篇

随着数字化转型的逐步深入，数字化将重构企业的业务运作模式，从前期实践来看，这种重构主要发生在业务作业、客户交易、业务运营、日常办公等几类场景中。每类场景，虽然都是以数字技术融入业务为抓手，但有着不同的关注点和开展方式，所带来的业务价值也有不同的侧重。

本篇从华为近些年的数字化转型项目中抽取了部分有代表性的案例，核心内容如下。

- 从传统流程走向数字化流程，数字化重构业务运作模式。重构的过程需要以实现对象数字化、过程数字化、规则数字化为基础，并以 Y 模型来指导重构过程中的业务流程设计。
- 对准业务效率，通过数字化作业消除企业内部运作的高能耗点，重构业务作业模式，实现确定性业务自动化、非确定性业务智能辅助。
- 对准客户体验，通过数字化交易让客户交易处理流程高效、流畅地运转，进而实现华为与客户做生意简单、高效、便捷。
- 对准决策指挥，通过数字化运营实现运营模式的转变，简化管理和决策层级。
- 对准员工体验，通过数字化办公构建全方位的连接和高效的团队协同能力。

第 6 章 数字化重构业务运作模式

数字化转型从企业业务战略出发，通过数字化手段来重构核心业务运作模式，以实现客户交易更简单、内部作业更高效、运营管理更敏捷。

本章将介绍在数字时代丰富的信息交互下，如何重构业务运作模式，业务运作模式的基础是什么，以及如何进行重构过程中的业务流程设计。

6.1 业务运作模式重构是数字化转型的核心

利用数字技术创新业务运作模式，通过重构业务流程提升企业运作效率，成为越来越多企业的选择。

随着业务数字化转型的不断深入，信息获取更加便捷，信息量越来越大，企业可以突破以往距离和时间对业务执行的限制，驱动业务运作模式发生 3 个重要的转变：作业模式从效率到创新的转变、客户体验从功能到场景的转变、运营模式从管道到平台的转变，如图 6-1 所示。

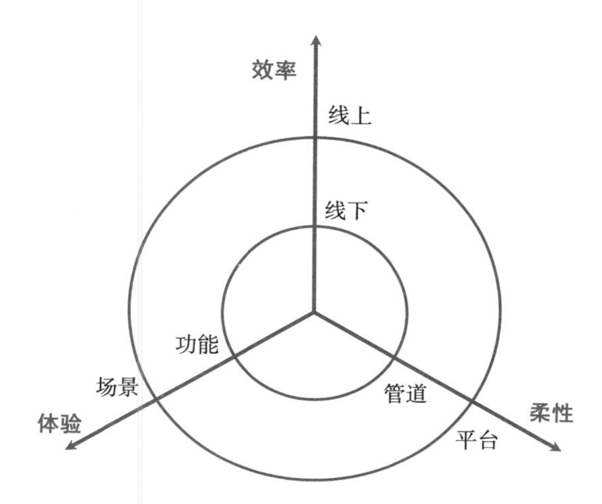

图 6-1　数字化转型带来业务运作模式的 3 个转变

6.1.1　从效率到创新，重构作业模式

很多企业面临的一个关键的战略问题是，如何在业务保持不断增长的情况下，实现人员不随之线性增长。效率问题往往是企业最关注的问题。而流程的本质是要解决“正确地做事”的问题：谁在做事？怎么做事？做事的效率如何？因此数字化转型应该探索如何利用数字技术对传统的业务流程进行自动化和智能化改造，让作业更安全、更高效。

根据业务的不同特点，按照工作复杂性和数据复杂性两个维度，可将数字化使能作业模式重构为 4 种，如图 6-2 所示。

1. 效率模式

对于那些作业步骤确定的业务，通过事先定义好的作业标准、规则和程序，一步一步执行就可以实现预期的结果。虽然可能有异常发生，但这些异常可以被管理，这样就可利用数字技术实现一致的、低成本的自动化执行，提升运作效率。

以“接收并注册客户订单过程”为例（见图 6-3），从接收客户订单到在华为交易系统中注册成功，一共有 9 个操作环节，2019 年之前这个过程平均处理周期为 2.1 天。借助数字技术，有 5 个环节已经完全实现自动化处理，目前这个周期已缩短到小时级。比如其中的“复核 PO 与预 PO 一致”的环节，在数据集成、规则清晰的条件下，可自动比对币种、报价、折扣等信息的一致性。

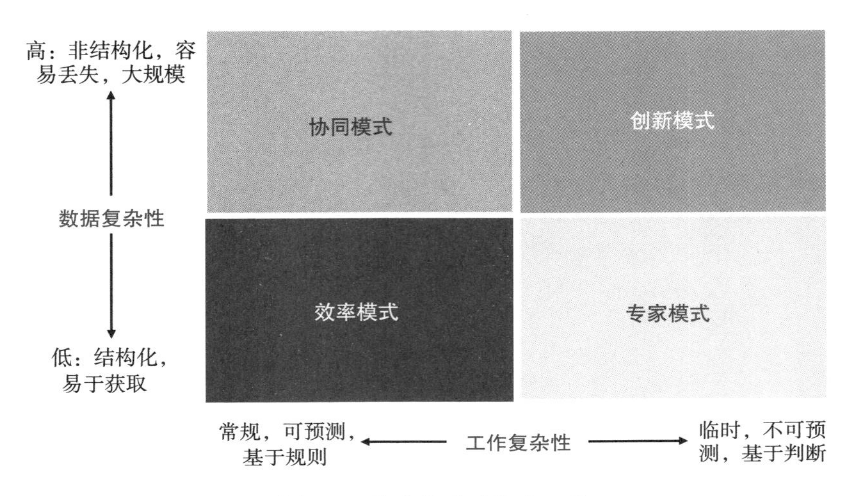

图 6-2　作业模式重构为 4 种

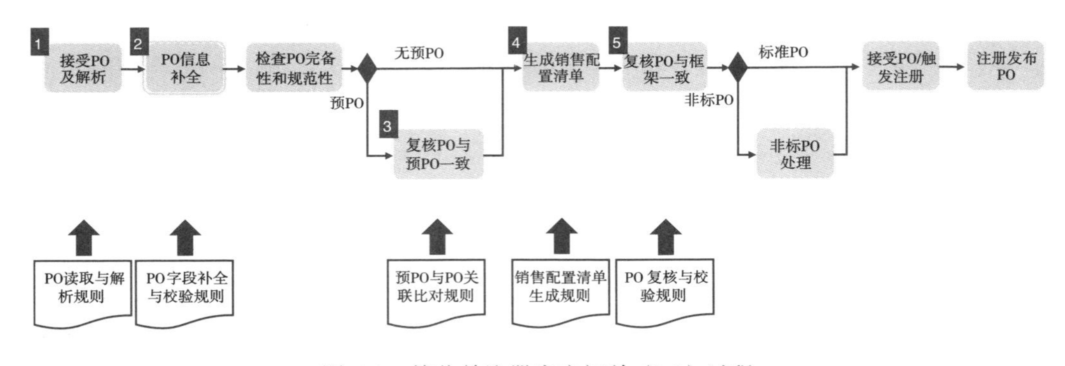

图 6-3　接收并注册客户订单（PO）过程

2. 专家模式

这一类作业是判断导向型，高度依赖于专业知识和经验，基于数据建模技术提供智能化的解决方案，支撑对不确定性业务的决策。

以“判断到底哪个颜色的手机会卖得更好”为例，以往这个决策更多是靠专家和领导的经验。在华为 Mate40 手机上市前，许多人判断白色更受欢迎，但我们依靠数字技术做了严谨的销售数据观测，通过小批量投放市场，分析消费者购买华为手机的偏好，结论是“夏日胡杨”绿色款会更好卖。手机上市后，事实证明确实如此。这就是数字技术带来的决策能力提升，不只是决策效率的提升，更是决策质量的提升。

3. 协同模式

业务中很多的活动是需要多个角色协同作业的，这种协作高度依赖信息及时准确的传递。数据共享技术使得很多原本两两协作的串行作业，变为多方可同时协同的并行作业，打破了距离、时间等各种因素的限制，如图 6-4 所示。

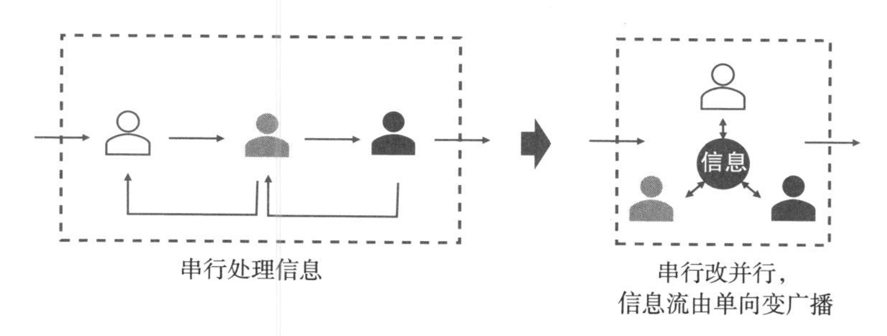

图 6-4　流程由串行作业转为并行作业

比如，华为给运营商提供通信站点安装服务，设备安装完成后要去现场验收，需要客户方代表、基站工程师和华为工程项目代表同时到现场，大家一起检查是否按照质量标准安装。

以前由于工作繁忙或距离较远等原因，实际过程中很难做到三方同时到达交付现场开展验收。于是经常出现验收信息两两传递、确认的情况，任何一方不通过则需要反复上站，效率低下。

现在是如何验收的呢？只需要一个基站工程师到现场打开远程验收系统，开启摄像头，相关方通过网络远程接入，不需要去现场。远程视频验收不仅可以视频通话这么简单，还可以根据站点设置检查项目的电子文档，利用 AI 智能影像技术，自动调出相关的质量标准信息。客户不仅能看到现场画面，还能在画面上看到一些关键的数据参数。如果验收没问题，则能直接在线签署验收意见。华为和客户同时按照验收标准异地验收，信息快速确认一致，改变了原来单向的业务流程，大大减少了各方上站次数，节省了验收成本。

4. 创新模式

对于创新型的业务（例如，新产品的开发、供应网络布局优化等），最大的问题是如何控制试错成本。我们看到一些好的创意往往因为需要消耗巨大的投入成本而难以为继。此时可以通过创新的作业方式，提升创新的可持续性。

以芯片为例，一枚芯片从设计到量产，最贵的地方就在流片环节，相当于传统制造业生产的样机。28 纳米的芯片，在设计之后做出流片，如果发现有问题，则成本大概在 100 万美元左右。而 7 纳米的芯片，其成本大约在 2800 万美元。5 纳米的芯片，失败成本大概在 4000 万美元到 5000 万美元之间。如果没有数字技术做支撑，企业将难以承受这类复杂工艺的试错成本，制造芯片也许就成了一件不可能完成的事。而借助数字化仿真技术，在真正制造实体样机之前，可以在计算机软件上完成成千上万次测试，极大地降低了试错成本。

对于以上 4 种模式的作业，每一种都有其适用性，在优先级选择上，可优先开展效率模式，逐渐向协同、专家模式演进，逐步探索创新模式。

6.1.2 从功能到场景，重构客户体验

随着工业革命发展到今天，社会对知识的管理越来越体系化，使得行业内不同企业的生产能力越来越趋同，特别是头部企业，在技术和产品上很难拉开较大的差距，你今天发布的新产品、新功能，我一个月后也能展现在客户面前。这时，要想依赖产品技术在市场上获得绝对的竞争优势就变得非常困难，必须以极致的客户体验来寻求差异性，增加客户黏性。

1. 场景化就是关注客户，从供给侧向需求侧转变

克莱顿 · 克里斯坦森教授在提出颠覆式创新理论时，认为创新问题的解决之道就是关注客户想要完成的任务。业务运作模式由功能向场景化转变，就是要以客户体验为中心，综合考虑各种场景元素进行创新设计。

供给侧思维强调的是从功能视角看，我们能提供什么。这样虽然实现了内部管理上简单易控，但对外适配客户需求就显得非常刚性。企业想要增加客户

黏性、构建竞争优势，就需要从供给侧向需求侧转变，从客户视角看客户需要什么，以功能的柔性来更好地适配和满足客户差异化需求。

一方面，蓬勃发展的数字技术为以前难以实现的场景化创新提供技术支持，使之成为可能；另一方面，数字技术的下一步发展需要与具体的场景结合起来，才能产生更多的创新。因此，从供给侧向需求侧转变，对业务运作模式做场景化设计，是提高业务效率、提升用户体验的必然选择。

2. 从全生命周期视角，不断拓宽数字化场景的“宽度”

数字化转型初期一般会从业务的关键环节着手，比如我们会优先考虑将客户交易过程搬到线上，以数字技术为客户交易带来更多便利。

餐厅客人可以使用 Pad 点餐，在买单时，可以使用刷脸支付或手机支付，从而大大缩短顾客在点餐和付账时的等待时间。但是，仅止于此并不能完全满足顾客全部的就餐体验。餐厅可以从顾客的就餐记录和评价反馈中分析顾客的饮食偏好，并通过线上推送和预约订餐联动来吸引顾客。同时，餐厅还可以基于数据预测制订合理的采购计划，以保证食材既新鲜又不会浪费，让客户和餐厅都能够满意。

从全生命周期视角来进行场景分析，仅将交易过程搬到线上是一个非常被动的行为，你会发现还有很多场景是不可视的，没有与客户建立连接。因此，我们需要向前延伸到客户交易前的行为习惯，向后延伸到客户交易后的使用感知，构建全生命周期的体验场景，这样才能满足客户不同层次的需求。

以华为营销业务创新为例。过去为了让客户理解产品的功能和价值，一般是由产品经理准备好精美的 PPT 登门拜访客户，但越来越多的客户认为 PPT 只是“纸上谈兵”。为此，华为改变传统的行销方式，用数字技术构建“三朵云”营销平台，包括客户解决方案云、知识云、体验云，为客户打造一种全方位、沉浸式的解决方案体验模式。

比如其中的“体验云”，通过全球体验中心帮助华为成为客户的问计对象。通过体验云，经过授权和许可，客户能直观地远程体验其他领先运营商的现网业务和创新业务构想。同时，体验云实现了专家客户交流远程化，多领域专家在线支撑，提升了沟通效率。此外，通过体验云，客户还可以在线生成方案，以支撑客户的商业构想快速闭环。

“三朵云”以全新的交互方式，让客户体验从功能到价值、从信任到知识的层层递进，真正实现帮助客户成功。

3. 从功能聚合的视角，不断增强数字化场景的“厚度”

围绕场景来设计业务运作模式和流程，一方面是关注最终客户的价值实现，另一方面是关注流程执行者的效率提升，核心是对场景内各个功能组织的相关活动进行整合，以提高协同和作业效率。对准一个场景，围绕用户建立与多个对象的连接，聚合功能，做厚场景。

以华为面向客户的网络升级场景为例（见图 6-5），一次网络升级会涉及升级方案的制订和审批，软件申请、备件申请，以及实施过程中车辆和人员的申请等，以上事宜由不同的职能部门管理，有各自的管理要求。过去，它们是各自独立的流程，员工做一次升级，需要走多个流程，先后填写多个电子流。

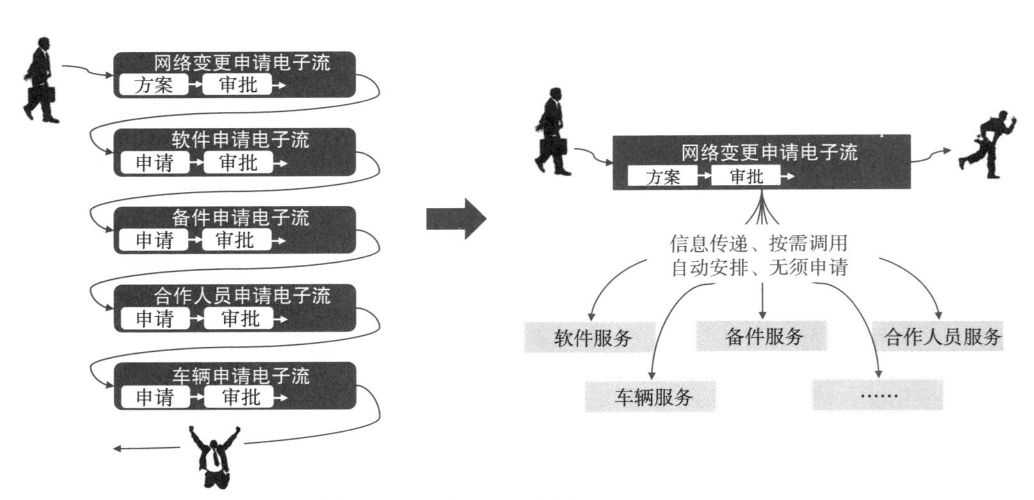

图 6-5　网络变更场景的业务模式变化

当我们切换到“场景化”视角来看待“网络升级”这件事时，发现在这些流程中最核心的是升级方案，其中包含操作步骤、软件需求、硬件需求、车辆 / 人员需求等详细信息。因此，按照场景来重构流程，只需要审批升级方案一次，其他功能流程里的申请、审批活动都可以精简掉，由原来的 5 次申请、5 次审批精简为只需要 1 次申请、1 次审批，其他相关事宜作为服务被调用。只要员工勾选了这个服务，信息会自动传递到对应的服务提供部门。同时，升级方案中的操作步骤也实现了自动化，升级前在实验环境进行模拟验证，以确保正式升级过程的安全可控。这种面向场景的流程设计，真正做到了多功能的融合。

6.1.3　从管道到平台，重构运营模式

管道模式是指业务基于管理层级和功能划分逐层推进的运作方式。企业的项目从头到尾都在管道中，实现端到端的管理。当业务规模不断增长和高度全球化以后，采用这种管道式运作，一方面容易导致资源板结在项目中，很难实现共享；另一方面能力上也很容易出现瓶颈。因此，华为提出了职能部门要从“管控”向“服务”转型，实现向“大平台支撑精兵作战”的转变。

1. 通过数字技术对以项目为中心的精兵作战提供作战平台支撑

为实现快速响应客户需求，华为在管理运作中提出从以功能为中心向以项目为中心转变。项目是公司经营管理的基本单元，项目的作战平台成为企业重要的生产系统。比如，集成服务交付平台（Integrated Service Delivery Platform，ISDP）定位就是项目交付的作业系统，面向技术工程师和项目经理，承载日常的交付作业。这类平台的建立真正开启了面向精兵作战的平台和装备建设的浪潮，之后其他的作战单元如销售项目、研发项目等都开始建立各自的作战平台。

这类平台在支撑高效作战的同时也实现了 4 个透明，有效支撑了整个公司运作模式的调整。

- 过程透明。项目组成员必须基于 ISDP 开展作业活动，项目的业务作业数据均在平台中进行记录，项目组对作业平台中的业务数据的完整性、准确性和及时性负责。所有作业数据对外开放，无须经过代表处、地区部层层汇总处理，数据对各级、各段透明。
- 权力透明。指挥权下移，“让听得见炮声的人来呼唤炮火”，建立一整套授权体系，让项目经理能够基于项目预算及时准确调动后方资源，在授权范围内真正实现端到端拉通。

- **资源透明**。资源快速集结，快速释放。比如蜜蜂在采蜜时，先是各自为战四处侦察，当发现目标后，能迅速集结大股蜂群进行团队作战，目标完成后能迅速解散，投入下一场战斗，效率极高。项目组的“蜂群战术”是基于预算获取资源，主动降低成本，按契约交付，并进行绩效考核。资源部门根据项目组的“呼唤”提供“炮火”支持，对能力提升和资源使用效率负责。
- **管控透明**。授权不代表没有控制，一方面所有管控要求清晰可视，另一方面通过数字化手段保证“战场”信息透明，实现无接触式监管，根据变化进行指导和必要的干预。

2. 利用数字技术，有效支撑职能部门平台化、平台服务化

大平台的建设核心是服务化，在这个过程中，可以利用数字技术通过不同模式的信息流重组来改变原有的业务作业方式，从而建立一个开放的结构，改变原来的层级堆叠、内部壁垒较重的状况，激活各类组织。一方面，让一线组织拥有更大的决策权；另一方面，实现职能组织转型，走向职能部门平台化、平台服务化。

什么是平台服务化？平台服务化是以能力共享为导向，将公司的各项能力沉淀在共享平台上，对外提供服务，支撑一线作战。根据业务的确定性和成熟度水平，在平台服务化的过程中，业务被划分为不同类型的服务，如图 6-6 所示。

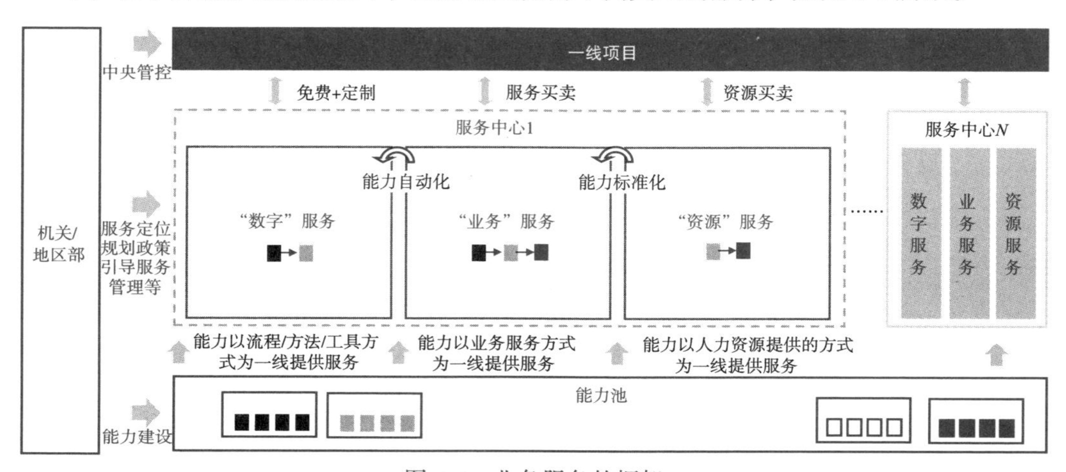

图 6-6　业务服务的框架

（1）资源服务

资源服务是指能力以人力资源的方式为一线提供服务。这类服务不确定因素多，依赖专业人才的知识和经验积累，通常成本高。比如，华为成立了全球服务资源中心（Global Service Resource Center，GSRC），为交付项目提供资源服务。初期，华为在为运营商客户提供运维的管理服务项目时，项目交付资源均是通过向 GSRC 申请，从而实现了资源的共享，解决了资源削峰填谷问题，也在一定程度上解决了资源的能力专业化问题。

（2）业务服务

业务服务是指能力以交付件的方式为一线提供服务。这类服务对交付件的标准化程度要求高，人员集中化、专业化。还是以管理服务项目为例，在通过资源共享服务后，我们发现项目之间的很多工作具有共性，项目之间也可以进行共享。同时，数字化的手段为信息的及时传递和标准化交付提供了可能，因此华为将 GSRC 升级成全球服务中心（Global Service Center，GSC），将一些共性的交付任务集中进行共享，为项目提供标准的交付件服务，实现了“业务”的共享。

（3）数字服务

数字服务是指能力以流程、方法、工具方式为一线提供服务。这类服务通过全要素的数据连接，支撑一线人员自助完成相关资源的协同作业。还是以上述管理服务项目为例，随着标准化交付越来越多，专业化程度越来越高，GSC 将这些标准流程形成了“数字化产线”，为一线项目组提供数字服务。部分服务在提供给华为交付项目组的同时，也开始为客户提供 SaaS 服务。

可以看到，这 3 种模式是递进关系，资源服务标准化程度提升后可以转换成业务服务，业务服务的自动化程度提高后又可以转成数字服务。在模式的转换过程中，对组织运作模式，尤其是一线和机关的运作关系都会发生深刻的变化，最重要的是机关职能部门要实现管控向服务的转变，重点要对能力的提供方式、能力的布局、能力的建设进行规划，而能力建设的重心就是数字化。

3. 利用数字技术，重建扁平化的决策体系

对市场和客户的快速感知、快速响应能力是数字化企业的核心竞争力。传统的作战指挥体系职能分散、层级多、指令下达慢，往往会错失最佳的处理时机。利用数字技术，企业可以快速决策，实现一体化、扁平化的综合作战指挥。

1）数字化的作战指挥系统需要全面准确的感知系统。整合各种业务信息，让实际业务运营的过程信息、结果信息及时透明地向决策指挥层传递。企业通常的做法是建立数字化大屏监控业务运行状态。

2）感知不是目的，行动才是起点。仅有“大屏”还不是数字化，必须要有明确的分析、决策、指令下达、资源调度及反馈的机制才能形成行动，具体有如下两个层面。

（1）高效决策，快速行动

华为过去的决策程序更多采用层级式决策机制，虽然对一线代表处有一定的授权，但一些决策还是要由项目组到代表处、地区部再到总部逐级确定。这种逐层审批的决策机制往往效率低下，且不能有效地规避风险。随着大平台支撑下的精兵作战模式的推行，大部分权力授予了项目组或者代表处，同时也规定所有的销售项目决策必须两级闭环，减少审批层级，基于决策规则，通过技术手段自动卷入相应层级决策资源，大大提高了决策效率。

（2）发现问题自主决策，自主闭环

数字化作战指挥系统不应只服务于决策者，而是要开放给业务处理链条上的所有参与者。就像交通指挥大屏上的事故信息实时推送到导航 App 中，市民可以根据路况信息自行做出决策。

以订单履行为例，以前负责订单履行这块业务的同事，每天都要处理各地传过来的数量庞大的客户合同，他们上班的第一件事就是打开电脑看一下有多少个合同号，然后一个一个点开合同号去查看订单的状态，是正常还是有风险：正常状态订单转给下游处理，异常状态订单反馈给责任部门确认流向，再转给指定责任人处理。全量的信息逐条人工处理，效率非常低。

数字化转型之后，订单履行岗员工的工作内容就变了，每天打开电脑看到

的不是全量的合同，而是那些系统自动标识为有风险或者状态异常的合同，没有风险的合同自动流向下游环节。系统能够主动识别合同的异常来自什么环节，这样一来，员工可以直接行动起来，及时为这些有风险的合同制定相应的解决方案。比如，当客户合同有延期交付风险时，已知合同的短缺物料状况以及替代品信息能够关联显示，那么员工有足够的依据来判断是否将发货方式改为分多个批次发货或者是否使用同类物料代替，来满足客户最初提出来的及时交付的需求。

6.1.4　对准业务价值，找主要矛盾和矛盾的主要方面

每个企业都有很多业务场景，如果能同时开展业务数字化，推动业务运作模式重构当然好，但这并不现实。那么，企业在具体做决策时，对准业务的作业场景，先做哪个，后做哪个？

最简单直接的判断方法，就是抓主要矛盾和矛盾的主要方面。假设你现在是一家酒厂的老板，先不说行政管理、人事管理这些场景，仅仅是酒的产品线，就可以拆分成生产、加工、仓储、运输、销售等环节，让它们同时都实现数字化，难度有点大，那先选哪个做呢？

我们先考虑主要矛盾。对酒厂来说，酿酒工艺非常复杂，生产加工环节的数字化是有风险的，粮食蒸煮、投料、发酵、取酒等，主要靠人工。这通常是一家造酒企业的独门手艺，也是很难数字化的部分。所以，这就不是主要矛盾。而对酒厂来说，不论是已经生产出来的瓶装酒，还是生产酒的原材料，都事关重大，必须得有非常完善可靠的仓储。这就是这家酒厂现在做数字化应该抓住的主要矛盾。比如，可以靠数字化仓库控制，实现恒定的温度、湿度，等等。

如果再往下细分，仓储也有很多业务场景需要考虑，矛盾的主要方面是什么呢？酿酒靠的是基酒，这个基酒就像是酒的坯胎，酒的生产全靠它。所以，仓储中最核心的场景就是确保基酒的安全。如果基酒出了问题，比如被污染了或着火了，那后果不堪设想，危及的可是整个酒厂的生命线。

这其实是个真实的案例。这家酒厂就是华为的客户，华为当时为这家酒厂提供了一套数字化安防系统，不仅能感知到仓库的温度和湿度，还能对电力、

消防等多个维度实时监控，更高效地保障基酒仓储的安全。

在开展业务运作模式重构之前，应找准业务场景，抓主要矛盾和矛盾的主要方面。这样一来，企业就能有节奏地解决面对的问题，不至于乱了阵脚。而且矛盾存在的地方，往往也是最容易出效果的地方，解决好了，也会为后续的数字化工作提供样板。

我们认为"找主要矛盾和矛盾的主要方面"的三个线索可以概括为如下内容。

- **高频：**高频度重复发生的业务场景，每次发生的步骤、逻辑和结果是相同或类似的。
- **高能耗：**那些影响成本的关键场景，即海量重复的业务作业中投入资源多但效率较低的环节，资源往往随着业务量线性增长。
- **高风险：**那些人工作业产生错误的概率很高，或者后果严重的场景。

这些场景通过作业的自动化和智能化、业务流程重新设计，以及包括业务集中化和改变决策机制等运营模式的调整，可以大幅提升业务效率，降低业务风险，是我们数字化转型的突破口。我们将在第 7 ～ 10 章中介绍华为的部分案例，详细讲解数字化重构业务的过程。

6.2 "3 个数字化"是业务运作模式重构的基础

华为对数字化转型的理解是把一个企业的上下游，包括所有客户、供应商、合作伙伴、企业内部所有业务及资产、用户等，以光速连接起来产生的一系列化学反应。正是这种化学反应深入业务的不同层面，带来了作业模式、客户体验和运营模式的重构。

在这个化学反应中，首先是全量全要素的业务对象，只有实现业务对象的数字化才能实现围绕对象的精益协同；其次是反应过程，对象的连接就是业务过程，只有过程数字化才能打通业务的设计态和运行态，实现业务全生命周期过程的协同；最后，控制化学反应的发生程度需要有"催化剂"，这个催化剂就是从业务逻辑中抽象的业务规则，只有规则的数字化才能利用数据和算法的力量对化学反应起到“催化”作用。

因此，业务数字化转型的可能性与深远程度，取决于是否实现了业务对象、业务过程和业务规则的数字化，在这 3 个方面数字化越充分的业务领域，越可能通过业务运作模式重构产生更大的业务价值。

6.2.1　对象数字化：业务对象的全量全要素联接

对象数字化的目标是在数字世界中建立物理对象的数字映射。这种映射不是传统意义上基于流程要求的少量数据的映射，而是这个对象的全量、全要素的数据映射，使得对象在数字世界与物理世界中趋于一致。

以站点业务对象为例（见图 6-7），信息时代可能只记录简单的基本信息，而要实现更多的自动化作业，则需要越来越多的信息量：支撑站点勘测可能需要图像信息；如果要实现在线验收，则需要更多的视频信息；如果要辅助安装和设计，则需要的信息量会成倍增长。

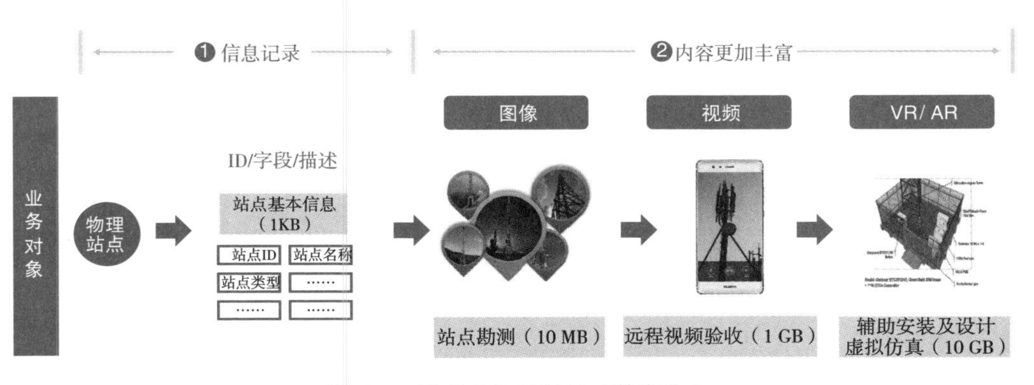

图 6-7　站点业务对象的“数字化”

实现业务对象的全量全要素联接的关键要点如下。

- **关键数据到全量数据**。在业务过程中识别并定义业务对象，全量记录作业过程中产生的所有结构化、半结构化和非结构化数据，与“过程数字化”结合起来，实现“活动即记录，记录即数据”。
- **类别到实例**。越来越多的业务对象由原来只管理一类对象扩展到管理具体的实例，实现业务对象实例的数字化。比如器件，以前只归类管理到每一类器件，数字化后可管理到每个器件的实例。

- **覆盖全生命周期**。记录业务对象从规划、设计到运行的全生命周期过程数据，从而实现物理世界和数字世界的业务对象的状态连续、一致。以产品为例，我们不仅要有其设计态的数据，还要管理其运作状态的数据，实现全生命周期的数据闭环。
- **更多的对象与对象之间的连接**。建立业务对象与业务对象之间的连接，构建更丰富的人与事、人与物、事与物之间的数据模型，为业务分析、业务事件处理提供了更多的数据支撑。

在对象数字化的全量全要素的建设过程中，我们要充分收集周边领域对数据的诉求，“价值驱动，以用促建”，持续丰富数据的全方位信息；同时在对象数字化之后，要实现数据的透明、共享。

6.2.2 过程数字化：业务过程的可视、可管理、可追溯

过程数字化的核心目的是要通过数字技术优化或重构业务过程。它不仅将业务过程（全部或部分关键业务活动）由线下转到线上，更是通过引入数字技术提升企业对业务的认知，优化或重构流程，使用户体验更好、作业效率更高、业务决策质量更高。

以投标业务场景为例（见图 6-8），实现过程数字化的可视、可管理和可追溯的关键要点如下。

1. 作业过程线上化

业务作业过程线上化是过程数字化的最基本要求。以投标业务场景为例，我们将越来越多的线下作业（如文档比对、概算等）搬到了线上，一键自动生成，带来处理速度和准确率的极大提高。并且，生成的信息不是存放在个人的电脑中，而是全在线供不同角色按需调用，解决了线下各种信息沟通不畅的问题。这样丰富的信息连接，使得作业系统可以基于确定的业务规则进行智能决策，进一步提升流程的执行效率。

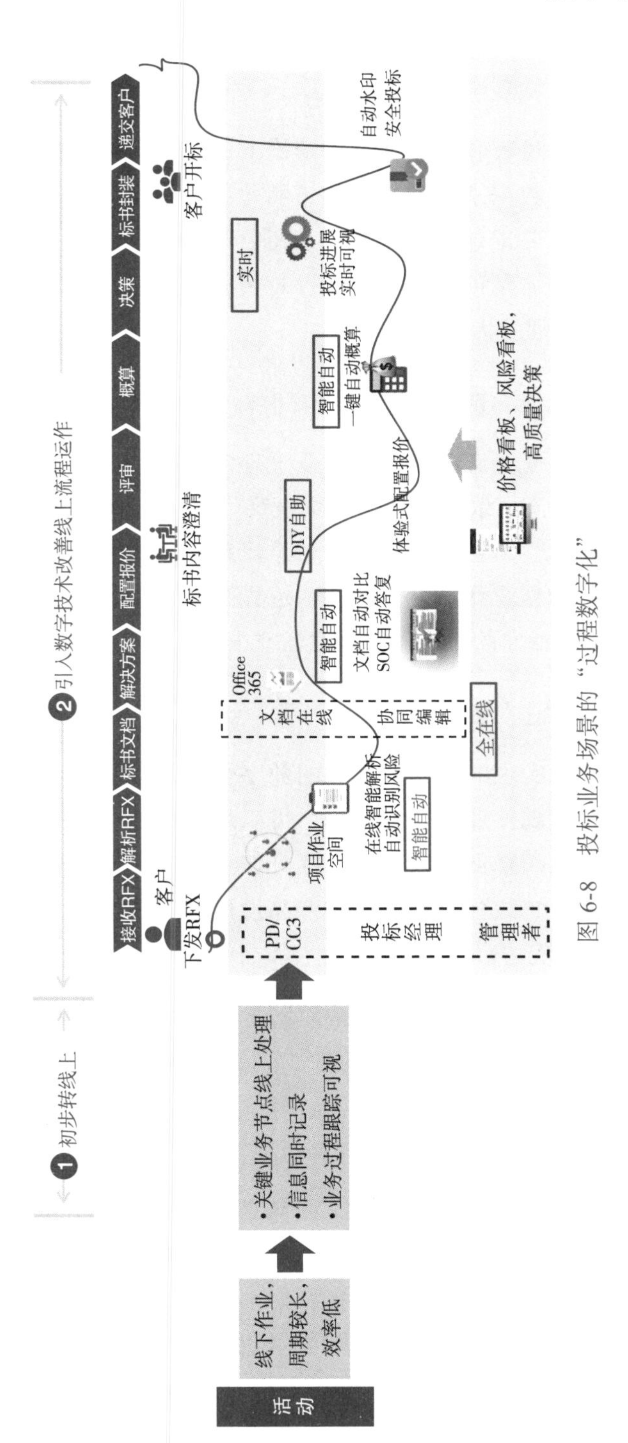

图 6-8　投标业务场景的“过程数字化”

2. 作业过程透明，实现全程可追溯

我们不仅要将业务过程和输出结果搬到线上，还要记录业务活动的执行轨迹，一般可以通过观测数据来实现过程的透明化记录。比如上述投标业务场景的文档自动比对，不仅要记录最后的结果，还要记录每次比对的结果，经过几次反复后，这样的过程才是可追溯的。通过对过程的还原分析，我们能够精确发现流程设计或业务规则的优化点。

3. 作业过程中信息流、资金流和实物流同步

实物流、信息流、资金流的协同是企业管理的基础，过程数字化必须保证信息流与资金流、实物流一致，做到“账实一致”，这对业务流程设计、信息化程度提出了更高的要求。企业经常出现“信息流跑不过实物流”的情况，这是因为信息流与实物流的作业活动是分离的，过程数字化要实现信息的实时同步传递，才能避免信息流触发的各类延误、遗漏或丢失。

4. 从“过程的数字化”到“数字化的过程”

过程的数字化首先实现的是作业过程的数字化记录，但随着对象数字化的深入，在虚拟世界中实现作业过程的仿真，可以反向作用到物理世界，大幅缩短业务的响应时延，从而降低作业成本，提升作业质量。这种用数字化手段模拟作业过程的方式越来越成为趋势，比如产品设计的模拟仿真，产品制造的产线模拟、装箱模拟、流程仿真，等等。

实现过程数字化要对准 ROADS 体验优化业务过程的各个节点，以实现端到端效率和用户体验的提升。

6.2.3 规则数字化：业务规则的显性化、结构化、可配置

业务规则是企业内部定义业务事实、约束和控制业务行为的标准或声明。任何企业、组织的内部管理中都存在业务规则，并且通常都是以文件来管理。随着企业的发展，这些内部文件往往越来越多、越来越杂乱，打补丁式发文的情况并不鲜见，使得这些规则治理和执行起来非常困难。在数字化的背景下，更多的组织开始意识到规则数字化的必要性。

规则数字化是指将业务规则显性化、结构化定义，实现业务层面的清晰管理；进而将业务规则内部的判断逻辑转换为机器可读，借助算法实现确定规则自动判断执行，提升流程自动化水平。

以给站点安装作业分配工程师为例（见图 6-9），我们首先要将工程师和站点匹配的规则显性化，并解构为工程师技能、站点类型、工程师离站点距离的匹配规则，然后用算法自动派单给最合适的工程师，减少人工干预。

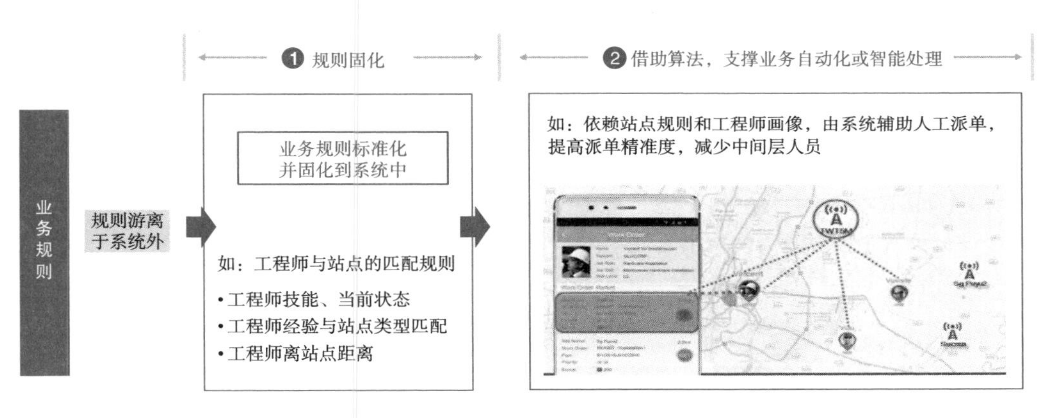

图 6-9　站点工程师匹配的规则数字化

实现规则数字化的要点：业务规则管理的方向是显性化、结构化和自动化。要实现上述目标，如下 3 个环节缺一不可。

1）将显性和隐性的规则结构化描述，让用户能够快速准确获取规则。具体来说，就是要从相关制度文件中，拆解出一条条业务规则。例如，从《华为公司考勤管理实施细则》中我们可以拆解出“工作时间管理规则”“加班管理规则”“假期管理规则”等不同条目。为了避免这些业务规则的散乱，还需要对规则进行分层分类管理、版本控制。一个统一的结构化业务规则管理平台是非常有必要的。

2）要将业务规则的“语文题”转换成可执行的“数学题”。我们通常可以通过规则引擎等技术手段来完成这个转换。其中的关键点是要识别业务规则涉及的业务对象，并将业务逻辑“翻译”为计算机可识别的表达方式。

3）规则需要通过运营不断调优。在规则数字化之前，规则的执行状况只能通过对业务执行结果的统计来分析，往往是亡羊补牢，尤其是高风险业务的损失往往不容小觑。规则数字化后，系统可以对业务执行过程的遵从性提供及时告警，同时通过对告警实例的组合分析，促进业务规则及时地优化调整。

尽管规则数字化可以为企业带来显著的好处，但将所有规则进行数字化并不实际，也不可取。我们需要找出关键的业务规则，例如那些对业务有重大影响、高度不稳定、跨多个应用程序或流程、对监管要求至关重要的规则，并以此作为开展规则数字化的切入点。

6.3 Y 模型：业务运作模式重构的方法

业务运作模式重构的关键是业务架构设计。华为在实践中总结出了 Y 模型方法（见图 6-10），用于指导业务架构设计，作为 V 模型（详见第 5 章）的组成部分。

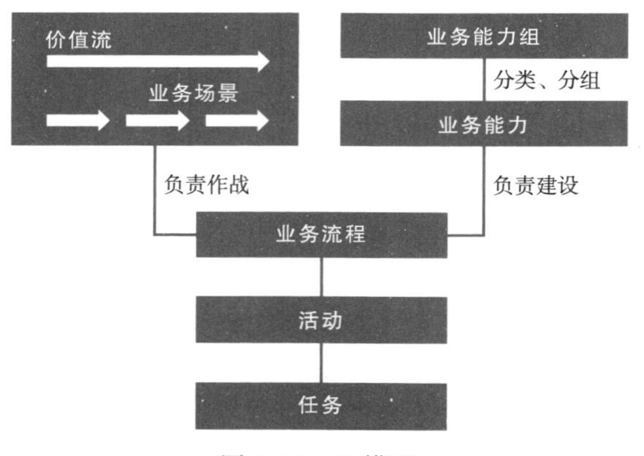

图 6-10 Y 模型

- 价值流和业务场景的识别和设计，重构客户体验。
- 能力的重新规划、布局和全方位的提升，重构运营模式。
- 流程的分层解耦设计，重构作业模式。

6.3.1　聚焦客户体验，识别价值流和业务场景

Y 模型用价值流来描述企业为客户创造价值的端到端过程，所有和客户相关的价值流，天然是从客户到客户的。准确识别价值流非常重要。价值流是一切工作的原点和基础，企业内部的各个组织紧密地围绕价值流作业，就不会偏离工作的方向。

由于存在不同的业务环境，所以价值实现的过程可能会有差异。业务场景就是用来描述这种差异的，通过定义业务在当前或未来的形态，帮助人们理解各业务要素之间的关系，更好地推演“可能的情况是什么”，为重构客户体验提供高质量的输入。因此，价值流必须按照业务场景进行管理。

企业为客户创造价值的过程（价值流）要对准客户获取价值的过程（客户旅程）。在设计价值流时，我们通常会将客户旅程和价值流进行映射，以此来确定价值流和业务场景。以运营商业务为例（见图 6-11），我们在设计价值流时基本遵循以下步骤。

1. 分析客户旅程

梳理客户旅程是提升客户体验的重要步骤，要端对端地对客户旅程进行分析，覆盖所有关键的活动。

运营商客户从规划到运营的客户旅程包括 3 个主要的阶段。

第 1 个阶段是业务规划和预算制订，这个阶段要想清楚建什么？主要活动包括战略规划、联合创新、业务规划、网络规划、预算批复等。

第 2 个阶段是采购招标，这个阶段要搞明白怎么建？主要活动围绕寻找合适的供应商展开，包括招标、合同谈判、合同签订等。

第 3 个阶段是按计划、高质量地完成网络建设并投入运营，持续产生价值。

通过对这 3 个阶段的主要业务活动的梳理，我们就能对客户的业务过程以及每个阶段重点关注的内容有全面的理解。

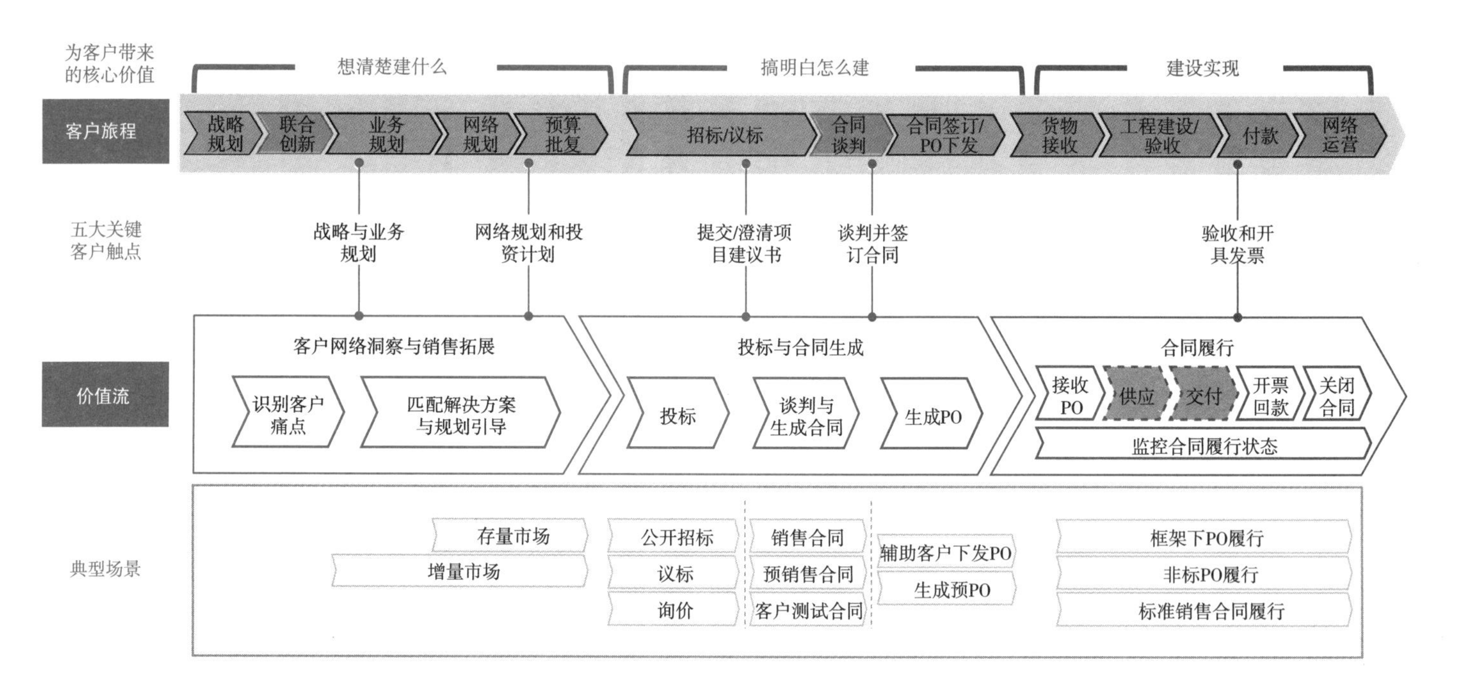

图 6-11　运营商业务价值流和场景示例

2. 定义价值流，匹配客户旅程的关键活动

企业通过一系列连续的增值活动为客户创造价值，这些活动构成了价值流的阶段，并提供一个递增的价值项（value item），最终实现为客户交付完整的价值。价值流的阶段划分尽量与客户旅程的阶段划分相匹配，直接对应或建立明确的映射关系，便于企业内部各个业务单元围绕明确的客户价值集成，实现合理分工和高效协同。如图 6-11 所示，匹配运营商的客户旅程，供应商的价值流定义也包括 3 个阶段：即客户网络洞察与销售拓展、投标与合同生成、合同履行。

3. 识别客户旅程的关键接触点

客户从了解产品到使用产品的过程中，要与企业发生多次互动，通过接触点向企业提出需求、获得产品、反馈问题并得到解决。对于企业来说，这是了解客户需求、维系客户关系的窗口。

客户旅程中的关键接触点，往往决定了产品的下一步走向以及供应商、合作伙伴后续是否还有合作的机会，因此把握好关键接触点的客户体验就至关重要。图 6-11 展示了运营商客户在网络建设旅程中与供应商的 5 个关键接触点，比如，在规划阶段会要求供应商提出规划建议，支撑最终的预算。在这个接触点，供应商通过与客户互动，能够及早地了解客户的战略与痛点问题，并进行解决方案匹配，对于获得运营商的认同非常关键。

4. 识别和定义业务场景

价值流从宏观上描述了企业为客户创造价值的过程，但在具体执行时，我们需要根据业务的差异性进行场景划分。

业务场景在数字化转型的不同阶段的关注点不同：在战略规划阶段，通过场景分析，概要性地描述未来的业务状态，明确业务范围和能力要求，有利于在各利益干系人之间沟通、达成共识；在详细设计阶段，业务场景关注作业层面的、流程层级的需求，有助于理解业务问题。

一般来说，识别业务场景的方法有以下几种。

（1）沿着客户旅程，识别端到端的业务场景

端到端场景分析有助于从最终客户价值交付视角对业务过程进行整体分析，避免因陷入细节而导致业务场景之间出现遗漏或不集成的情况。例如，运营商业务可以从合同类型等维度划分为以下业务场景。

场景1：存量市场的框架合同下PO模式。这种场景是最常见的，客户与供应商签订框架合同，根据客户建网计划滚动下发PO（采购订单）。在这种模式下，商务条款相对稳定，合同履行高效。

场景2：增量市场的预销售合同模式。这种场景是为适应市场发展（例如5G市场），更好地拓展市场，在销售合同正式签订前，基于产品配置确定且风险在合理控制范围内的前提下，采用预销售模式，提前备货供货，以满足客户业务快速发展的需要。

（2）沿着价值流阶段识别业务场景

沿着价值流阶段识别业务场景是另一种常用的方法，用于分析作业层面的业务运作问题以及差异化的解决方案。以投标与生成合同阶段为例，合同的类型包括销售合同、预销售合同、客户测试合同，这是三种典型的签约类型。合同类型的差异将影响合同的履行方式，因此按照合同类型划分为不同的业务场景。

识别价值流阶段下的业务场景可以采用"5W1H法"，即分析业务活动执行的动机（Why）、角色（Who）、对象（What）、时间（When）、地点（Where）、业务执行方式（How）。

5. 业务场景设计

我们通常用图和文字结合的方式描述业务场景，将场景包含的要素和关系可视化、结构化地展现出来。业务场景包含以下要素：组织/岗位、角色、活动、规则、数据、应用、技术，通过这些要素之间的时序和关系来描述业务当前和未来的状态。

在设计业务场景时，可以从以下几个方面综合考虑利用数字技术提升客户体验。

1）信息汇聚。信息能不能按需实时获取？信息在业务场景中要打破边界，做到集成、共享，客户、伙伴、用户等都能按需实时获得所需的信息。数据一次创建、多次复用，减少重复作业。

2）角色整合。角色能不能整合？当一个业务活动有多个角色参与时，如果角色设置过于分散，尤其是面向客户时，则应该对角色进行整合或团队化运作，以实现与客户接触的简单高效。

3）作业自动。作业活动能不能自动化？针对高频、高能耗和高风险的活动，利用数字技术，实现业务活动从线下到线上，从人工到自动的转变。

4）管控极简。管控类活动能不能去掉？建立明确的业务规则，通过分级分层的授权或者事后稽查的方式，在风险可控的前提下，减少管控类的活动，优先保障业务操作的连续性。

5）流程并行。作业时序能不能串行转并行？采用社交化手段，实现团队扁平化运作，将两两协作的串行作业，变为多方协同的并行作业，打破距离、时间等各种限制。

6）业务服务化。业务能不能服务化？业务场景的活动设计，可以通过调用其他业务的服务来实现场景的流程简化。

6.3.2　对准价值实现，规划和布局业务能力

Y 模型的右侧是业务能力。同一业务场景需要调用不同的能力，同一个业务能力也可以在多个业务场景中复用。价值流和能力的关系可以形象地描述为战区和军种的关系，“战区主战”，对取得胜利的结果负责，“军种主建”，有海军、陆军、空军、火箭军、战略支援部队等军种等供战区调用。

业务能力是企业自身拥有或者从外部获取的特定能力，用于实现某一特定目的，包括所需要的流程、数据、IT 系统、技能、资源等。对企业来说，能力的规划、布局和建设是构筑竞争力的基础，会深刻影响组织的运营模式，尤其是一线和总部的运作关系。因此在业务架构设计中我们要重点识别一个企业应该具备哪些能力，并设计能力对外提供的方式、能力应该分布在哪些组织等。通常包括如下 5 个步骤。

1. 初步识别业务能力

业务能力识别可以采用以下 3 种方式，这 3 种方式通常结合使用。

1）基于价值流自上而下进行业务能力分析和识别。先确定企业级的业务能力，每个能力都可以进一步分解。

2）基于已有流程的活动，自下而上归纳、抽象出业务能力。

3）基于业务对象定义业务能力，围绕一个业务对象的操作进行聚合，形成业务能力。例如“合同管理”业务能力，就是以“合同”这个业务对象为中心，将合同的谈判、注册、发布等活动聚合为业务能力。

在识别业务能力时，我们还可以借鉴业界标杆的实践经验，包括行业能力参考模型、成熟的软件包等，以对初步识别的业务能力进行校验。

2. 对业务能力进行整合和重构

本步骤关注的重点是去重、共享、明确能力间的边界管理，需要从多维度、多视角审视。

（1）颗粒度划分调整

业务能力的颗粒度划分需要综合考虑独立性、稳定性、管理等因素。如果业务能力不能独立运作，说明定义得太细了，比如把一个活动定义为能力，该活动只是在业务执行过程中发挥作用，并不能创造独立价值。如果一个业务能力分解后仍然可以独立运作，或者有多个责任主体，那么该业务能力可能需要继续拆分。

（2）对能力进行分层分级划分

有两种常用的分层方式：一种是按照责任层级划分为战略（Direct）、控制（Control）和执行（Execute）3 层；另一种是按照能力类、能力组、能力进行划分，其中能力组可以根据需要划分子组，建议最多不超过 4 层。

业务能力的模型可以从两个维度来描述（见图 6-12）。一是在能力发布时就需要定义的基础信息，包括能力名称、描述、层级、能力责任人、度量等基本信息。二是通过迭代方式逐步实现能力的建设和优化，包括能力实现的组件、能力提供的服务以及评估能力的成熟度。

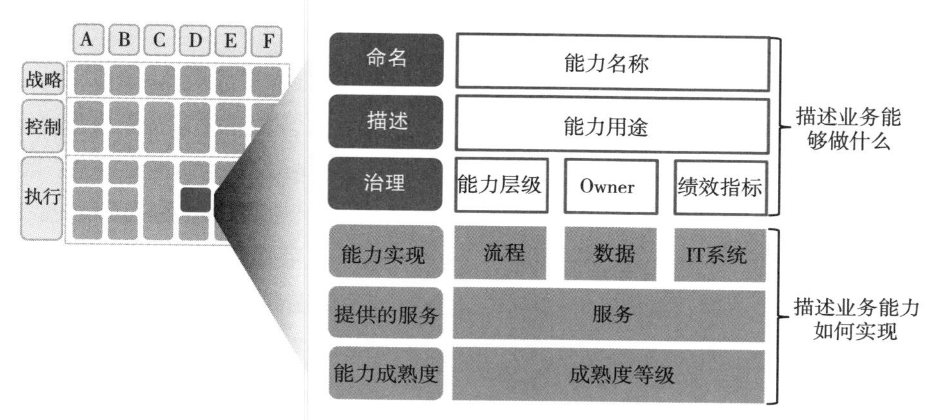

图 6-12 业务能力构成要素

3. 业务能力的数字化建设

企业数字化转型的核心就是利用数字技术全面提升业务能力，并通过业务能力的灵活组合，实现更加敏捷、高效地运作。

一个业务能力由流程、数据、IT 系统和相应的资源、知识与技能共同实现，而业务能力的数字化就是围绕实现能力的组件来展开的。通常我们会考虑“四力”。

（1）数字的联接力

如前节所述，对象数字化、过程数字化和规则数字化是业务模式重构的基础，在识别了能力以后，我们首先要考虑的是这些能力所涉及的业务对象如何构建全量全要素的联接，业务过程如何实现可视、可管理、可追溯，业务规则如何实现显性化、结构化、可配置。

（2）流程的再造力

业务的执行过程能不能产生新的“化学反应”，从而发生颠覆性的改变？随着 3 个数字化的能力提升，过去的业务流程中的步骤是否还有必要存在？是不是可以转换形式？执行角色能不能由 IT 系统代替？相应的组织、岗位和运营机制是否需要改变？等等。比如交通事故处理流程，如果过程和车辆损失情况都被数字化，信息可以远程连接到交警和保险的平台，则原来需要原地等待交警的事故处理流程就可以大幅优化，减少交通拥堵。

（3）装备的数智力

IT 装备等资源能不能利用云计算、大数据、AI、物联网等新兴技术变得更加自动化和智能化？

（4）知识的洞察力

能力所需的知识和技能能不能利用社交化、知识图谱等技术构建人与业务、人与知识的网络，加速知识沉淀、分享？知识和技能传递能不能由“人找知识”到“知识找人”？

4. 业务能力的平台化、服务化

企业实现业务能力的平台化、服务化，是为了实现对多业务形态和多业务场景的共享支撑。在业务规划时，企业通过价值流和业务能力的映射分析，选择把多个业务场景所需的业务能力优先沉淀在共享平台中，进行服务化的改造。业务能力对外提供服务的方式包括“资源”服务、“业务”服务、“数字”服务 3 种类型，每种类型服务的数字化关注点有所不同：

1）“资源”服务的数字化重点是资源的在线、可视，实现资源的快速获取、在线反馈、在线评价，并通过及时激励机制，驱动资源的快速迭代优化；

2）“业务”服务的数字化重点是对外提供服务的接口标准化、数字化，发布清晰的服务标准、指引和模板，服务在线申请、进度可视；

3）“数字”服务的数字化重点是平台和工具服务的开发和运营，为用户提供实时、按需、全在线、自助、社交的服务体验。

5. 业务能力的部署

组织结构通常与业务能力紧密结合，很多时候，组织结构中会有多个业务单元参与创建或交付单个业务能力。一个常见的错误是将组织结构图直接转换为业务能力框架，从本质上讲，能力具有更高的稳定性，而组织结构会常常发生变化。数字化使业务能力可以突破时间和地域的限制，为业务能力的布局提供了更多选择。通常业务能力的布局主要需要考虑以下因素。

（1）业务标准化程度

标准化程度高、海量的业务通常采用共享中心、集中作业的模式，由一个组织负责建设业务能力，提供业务服务，发挥规模优势。

（2）客户接触密集度

与客户密切接触的业务通常是人工活动占比高的业务，例如销售、工程交付等业务，与客户直接接触的业务能力往往靠近客户布局，支持的业务能力布局在后端，通过平台提供服务。

（3）政策及法律法规

业务能力的布局要符合业务所在国家和地区的政策和法律法规，例如会计政策、数据安全和隐私保护政策等，以此决定业务能力是在当地构建还是通过大平台提供。

（4）资源可获得性和成本

业务能力布局要根据业务需要考虑资源是否可获取，例如研发能力的布局要考虑高科技人才的分布状况，支持和服务类的业务能力要考虑成本是否最优。

6.3.3　流程的分层解耦设计

价值流和能力是在宏观和高阶层面描述业务，而业务流程将它们落到可执行层面。

企业的价值流来源于其商业模式的设计，通常以外部视角来描述为最终客户创造价值的各种方式。当企业将其商业模式转化为运营模式时，这些价值流可以转化为一组端到端的业务流程。

业务能力是企业业务的“一页纸”快照，代表了企业运行其业务所拥有的全部能力。单个业务能力通常通过一系列业务流程促成或交付，对应于承载价值流的端到端流程，这类流程被定义为使能流程。

定义流程的目的是获得成功的可复制性，而对流程的数字化升级，无疑是给业务换上了高性能引擎，既大幅提升了作业的效率，又增加了流程执行的灵活性。

流程数字化的前提是分层解耦。流程分层解耦的本质是将流程要素对象化，将带有线序的过程和可被编排的活动相对解耦开。活动就好比乐高积木的零件，而流程就好比用零件拼搭起来的玩具模型。因此活动负责应对业务的“稳定性”，流程负责应对业务的“灵活性”，如图 6-13 所示。

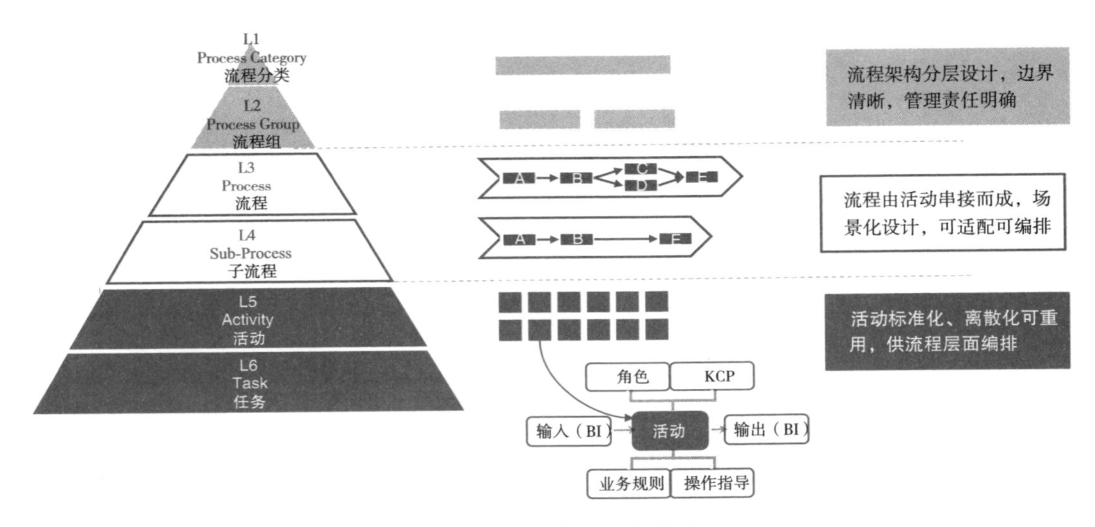

图 6-13　流程分层解耦模型

“活动”是流程分层解耦的关键。我们首先将活动从流程中解耦，然后将活动的要素，包括输入 / 输出（Business Item，BI）、角色、业务规则等结构化，如图 6-14 所示。

以 IPD 为例，通过对现有流程进行清理、识别和去重，最后确定了 1000 多个活动，300 多个角色，1000 多个输入和输出。这些活动就是后续研发作业数字化的目标。

基于流程的分层解耦，我们就可以支撑开展“对象数字化、过程数字化、规则数字化”了。

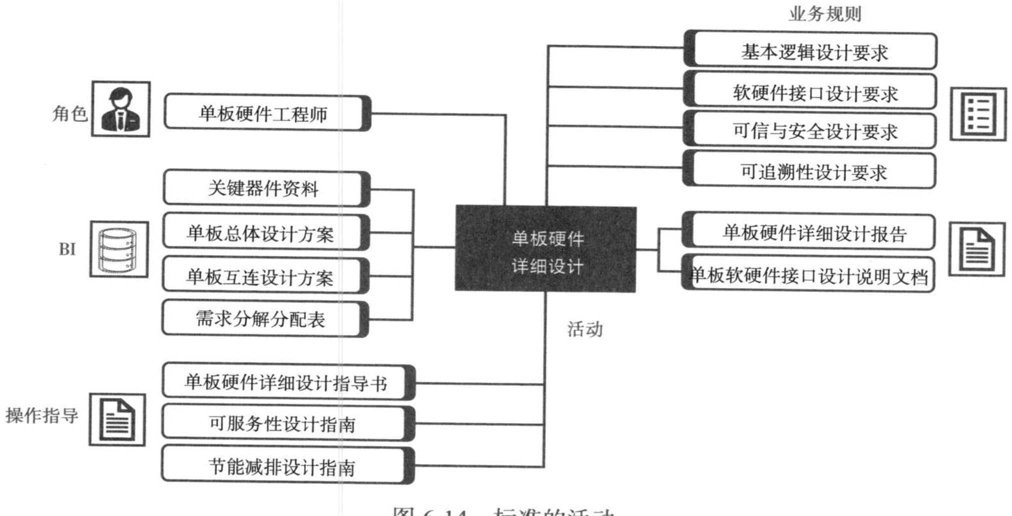

图 6-14　标准的活动

- **活动的解耦是过程数字化的基础：**过程数字化就是活动的线上化、自动化和智能化。
- **BI 的标准化是对象数字化的基础：**对象数字化就是基于 BI（业务输入 / 输出）的抽象，不断丰富业务对象的信息量级。
- **规则的显性化是规则数字化的基础：**规则数字化就是从业务流程中把业务规则抽取出来结构化管理，以灵活的规则配置驱动流程适应业务的变化。

6.4　始于流程，终于流程，将数字化成果内化到管理体系中

华为认为流程是为了实现客户价值和企业业务目标而形成的一套规范业务运作的规则和机制，是管理体系的核心，是改善客户体验、提升客户满意度、多打粮食的关键，也是公司长治久安的基础与保障。华为的管理理念是“建立以客户为中心、以生存为底线的无生命管理体系”，该理念无论过去还是现在都没有变化。因此，是否将数字化转型对业务运作模式重构的成果内化为管理体系的能力，也成为检验转型是否成功的重要标准。

华为 20 多年以来建立的流程是数字化转型的基础和保障。重构业务流程，不是说把传统信息化时建立的东西都废掉，而是要发挥各个流程所积累的优势，取长补短。数字化转型不仅仅是 IT 的变化，更重要的是利用数字化手段重构业务流程。所以对于业务流程的改变都必须落入管理体系中进行有效管理。

1）数字化转型的业务设计必须符合管理体系的建设目标和要求。

- 有利于管理体系“简单、实用和均衡”目标的达成。“简单”就是要减少流程控制点。“实用”就是为了作战，建立适合的流程，急用先行，不要优中选优。“均衡”就是要均衡发展，抓短板，强化公司整体核心竞争力。
- 有利于“以最简单有效的方式实现端到端流程贯通”。要以客户视角建设和优化流程，用流程驱动公司端到端管理，实现全流程贯通。既要帮助业务有效、高效地运作，又要合理设置流程中的关键控制点，更好地控制风险、防止内部腐败。既要主干稳定，又要末端灵活。
- 有利于“满足客户需求的流程化组织”的建立。任何组织只有在流程中创造价值，才可能获得成长的机会。数字化转型对业务模式的影响，最终必然落实到组织设置中，应能使组织设置更加合理，组织能力更加匹配业务需要，运作更加顺畅。

2）全球流程管理体系（Global Process Management System，GPMS）确保数字化转型成果得到持续运营。

- 流程责任人制度是流程管理体系的基本保障。流程责任人必须是业务主管，其在流程责任上超越部门职责与权力边界，以全局最优的视角来建设和运用流程。
- 以流程架构承载业务运作模式重构的成果。华为认为流程架构是落实“用流程驱动公司端到端管理，实现全流程贯通”的保障，用“Y 模型”设计出来的业务架构，最终必须落实到流程架构中，以避免在组织中筑起“部门墙”而形成内耗并降低协同效率。
- 没有运营，流程就没有生命力。华为建立了一整套流程运营机制，定期系统性审视流程运行情况，可以保证数字化转型的成果落入流程管理体系后得到有序管理，并通过持续运营不断提高运作效率和质量、降低运作成本和风险。

华为强调变革由业务主导，并由业务负责持续看护和固化，业务主管同时也是该业务的流程责任人，强调只有这样才能真正实现数字化转型对准业务，避免把数字化转型做成一场 IT 信息化建设。

第 7 章 数字化作业：减少业务高能耗点

企业创造价值的效率及所产生的效益，很大程度上取决于各个职能部门的循环往复的日常作业是否高效。

在数字时代，我们重新思考早已习以为常的作业模式，通过数字化转型，可以消除企业内部业务运作的高能耗点，构建出更简单、更高效的工作方式，使业务周期短、响应快、效率高，并使企业能够以更加敏捷的方式应对内外部的挑战。

本章以华为供应链业务为例，介绍作业环节的数字化转型实践。

7.1 传统作业模式面临的挑战

进入信息时代，计算机和互联网加速了作业中的信息处理和传输，信息化的先行者由此获得了相对的竞争优势。但是，信息时代仍然有其局限性，如人工完成作业后再将作业结果记录在 IT 系统中，通过 IT 系统流转到下一个环节。相对而言，这是一种信息滞后、串行的作业模式。甚至随着 IT 系统的增多，还造就了一个个信息孤岛，使得人工耗费在信息反复查询和确认、系统间来回切换等低增值的重复劳动上。

现在，客户对于响应速度和服务质量的要求越来越高，作业模式面临更加严峻的挑战。

7.1.1　信息流跑不过实物流

实物流、信息流、资金流的协同是企业管理的基础，实物的流转过程和结果能否及时、准确地反映在信息流上，将对整体的流程效率和经营结果产生极大影响。

但是，在传统的作业模式下，信息流却往往跑不过实物流，甚至远远滞后于实物流。实物的流动速度取决于运输工具的速度，而信息流的流动速度理论上等同于光速，为什么会出现信息流跑不过实物流的情况呢？在业务实际运作中，我们往往由于物权的交接、责权利的划分，导致流程设置复杂，订单、物流单据、验收单等各种信息的每一次流转和交接都需要经过相关人员的审核和审批，大量的时间被消耗在单据传递、验证、审核以及等待之中。

例如，一个设备服务合同，工程交付早已完成，但客户的到货验收文档却需要经过送货司机返回物流服务提供商（Logistics Service Provider，LSP）、LSP 的相关人员审核文档并扫描上传、华为运输专员查收并审核等环节，往往耗时多日，导致收入延迟入账。

华为全年有数亿条实物交易记录，物料存货是否安全、流转是否流畅、收发是否有序等都直接关系到公司的运营安全和客户满意度。信息流和实物流不同步，会导致企业不知道系统的“账”是否正确、不清楚经营数据是否准确，使公司经营面临巨大的风险。

7.1.2　资源耗散在高能耗点

高能耗点是指海量重复的业务作业中投入资源多但效率较低的环节。高能耗点的特点如下：

- 业务量大，耗费资源多，资源跟随业务量线性增长；
- 作业重复，作业方式有固定步骤和规范；
- 线下手工作业为主，工作效率低；
- 涉及多角色串行作业，作业环节之间等待时间长；
- 作业效率的可提升空间有限。

面向全球客户，华为构建了一个涵盖原材料到货、加工制造、国际运输、国家派送的全球复杂网络。从海外供应商发货，从保税仓进口后送入原材料仓库，转入制造工厂，加工成产品后再从深圳或者东莞发往世界各地，经历国际运输、进口清关、国家仓、站点仓等节点，最后被安装到站点并为客户提供服务。

这样一个端到端的物流网络，覆盖了全球200+ 个中心仓，7.5+ 万条物流路径，每年交付数百万订单，发货数百万立方米。如此巨大的业务量，意味着其中某个节点以及节点之间的实物流、信息流和资金流的流转，都可能是海量的重复作业。

在传统作业模式下，作业环节的高能耗点比比皆是，任何一个单点改进都会带来巨大收益。譬如，存货周转天数每减少 1 天，就能够为公司节省数百万美元。这就是数字化转型的机会。

7.1.3 复杂的异常处理

在传统模式下，作业流程按职能分段设计，业务正常运作时，作业信息一环一环传递，顺畅运作；出现异常时，这种分段运行的作业模式难以快速定位和解决问题。由于每个作业环节只能看到自己的数据，其他环节作业过程不可视，所以往往需要线下拉通多个环节和多种角色人员，查来查去，在反复沟通中对问题进行定位，并确认问题的影响和应对方案，解决过程冗长而复杂。

“没有我们交付不了的项目”是华为一线客户界面、交付体系和供应体系集体的骄傲，但高水平交付的背后却隐藏着复杂的沟通过程。

总是会有这样的情形：客户向客户经理询问某个订单为什么延期了，客户经理找到供应经理，供应经理抓起电话追踪货物进展：中心仓是否已向客户发货？已发货的是哪些产品，发了多少？承运商是哪家 LSP ？现在货物运到什么地方了？未发货的产品预计什么时间可以齐套？区域供应中心是否已经向中心仓发货？部分长货期的产品还在生产环节，能否从其他区域调货？诸如此类问题需要多方询问，才能查到订单进展信息。

由于做不到数据可视，企业对突发情况往往做不到及时响应。例如，如果一个小器件出现了质量问题，由于几乎每块单板都用到了这个器件，需要对大量风险物料和单板做质量隔离并返工维修和替换，影响到几十万块单板，涉及几百个项目的上万个合同批次。订单人员需确认被质量隔离的单板被用到了哪些项目，确认自己所负责的合同和订单的交付进度会受什么影响，什么时候可以返修完成，什么时候可以重新发货。同时还有各个代表处、产品线的其他相关角色卷入其中，大家都很关心自己受到多大影响以及何时能够解决，涉及大量交叉沟通，效率可想而知。

7.1.4 “人拉肩扛”已无法应对外部环境的复杂变化

随着业务增长和组织扩张，组织内作业越来越复杂，加上外部环境复杂多变，靠“人拉肩扛”已经无法应对。

2019 年，美国将华为加入实体清单，限制华为对含有美国技术的器件进行采购和销售。由于含有美国技术的器件受到供应约束，日本、韩国等地的供应商都受到影响，带来了复杂的器件替代和版本切换关系，加上百万级的产品 BOM 行，就是亿级的计算量，这已经远远超出了人脑所能够处理的极限。如果依靠传统的“人拉肩扛”，哪怕堆上再多人，也无法有效完成如此复杂的计划，只能依靠专家经验，在有限的时间内做出一个相对可以接受的决策。

在新冠肺炎疫情期间，不管是供应商的生产，还是物流运输，随时都可能受到影响。在任何一个疫情突发的情况下，企业都需要快速知道受影响的分销商、工厂、仓库、承运商，并最快给出应急解决方案，这只有借助数字化才能做到。

7.2 数字化提升供应链作业效率

消除高能耗点，提升业务运作效率，是数字化转型的目标之一。数字化作业的模式转变遵循一种基本的方法模型：

- 首先，识别业务中的高能耗点，确定主攻方向；
- 其次，实现对象、过程、规则数字化，做好数字化基础工作，基于数据实现业务过程可视，高效运作；
- 最后，在上述3个数字化的基础上内嵌算法，实现确定性业务自动化处理，不确定性业务智能辅助，持续提升业务自动化和智能化水平，提升业务决策和执行效率。

7.2.1 识别供应链全流程中的高能耗点

虽然企业的数字化转型需要有远大的愿景，但并不意味着要全面铺开。数字化转型的价值显现，一般会从一个单点的业务切入，逐步扩展到端到端多点协同的流程改进，最终扩展到整个企业全局的系统性改进。在数字化转型初期，我们可先识别作业高能耗点，通过提升作业效率，获取转型的收益，帮助业务树立对数字化转型的信心。

沿着业务流程梳理业务活动，通过列出业务活动中所处理的业务量及在该活动中所投入的人员数量，进行高能耗点识别，如图7-1所示。

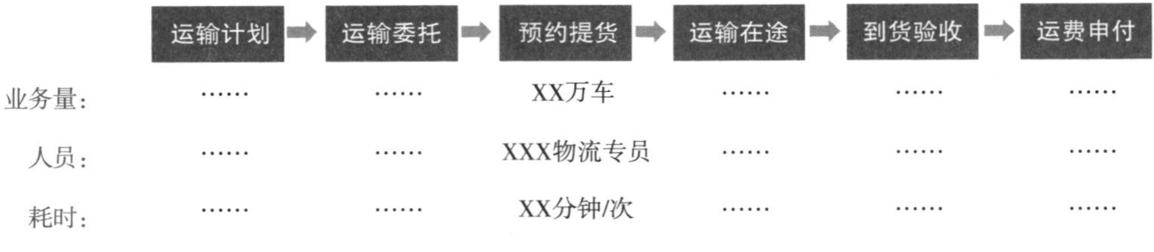

图7-1 运输作业高能耗点分析

例如，在运输业务中，预约提货环节全年大约有几十万车业务量，每次预约提货手动处理需要几十分钟，存在实装率低、多次卸货重装、绕路提货等问题；在运输到货验收环节，全年有百万量级业务量的信息签返。这些作业活动的数字化改造，能够大幅提升面向客户的交付履行效率和公司内部运作效率，从而体现为公司市场竞争优势的提升和经营结果的改善。

对于识别出来的高能耗点，我们可以将其作为数字化转型的机会点，从潜在业务价值和技术难度两个方面进行评估（见图7-2），对其进行优先级排序，设定数字化作业转型的路标。对于潜在业务价值高、技术难度低的高能耗点，我们可以将其作为数字化转型的主攻方向，优先进行实施。

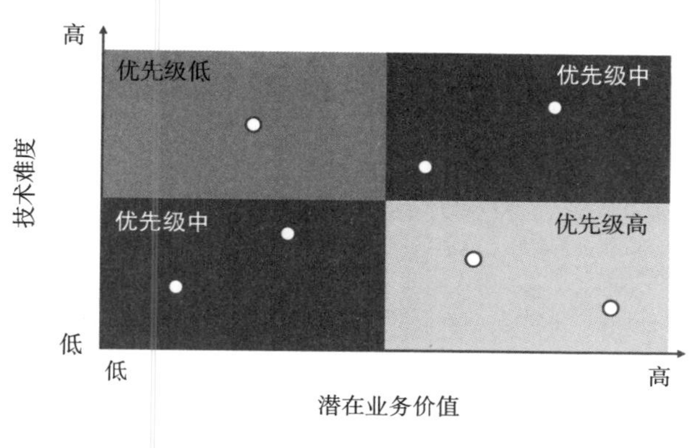

图 7-2　主攻方向分析

7.2.2 “人—仓—货—车—船—单”的全面数字化

业务作业环节的数字化，首先需要具备基础的数据。就如第 4 章提到的，我们需要围绕业务活动，识别业务对象、业务过程、业务规则，进行数据建模，这是将数字化转型机会点转变为切实可落地的解决方案的关键基础。

1. 业务对象数字化

以供应链的物流业务为例，其作业的对象是“人—仓—货—车—船—单—装备”，如图 7-3 所示。

这些业务对象数字化，从数字化作业需求出发，通过多种数据感知和采集技术，补齐“物”的基础数据，提高物的数据准确性，加快物的数据采集和传输。例如，可采用 RFID、地理位置定位设备、高清摄像头等实现轨迹数据自动采集，通过服务化系统对业务过程数据进行记录，通过购买第三方数据获取风险信息等，如图 7-4 所示。

2. 业务过程数字化

业务过程数字化，除了可将业务作业活动由线下转到线上，还将实现业务作业全流程的可视、可管理、可追溯。例如，应用地理定位、移动互联网等技术，可以实现原材料来料数量和进度可视、仓库作业进度和异常预警可视，交付项目组和分包商等多用户自提和派送进度查询及可视，等等。

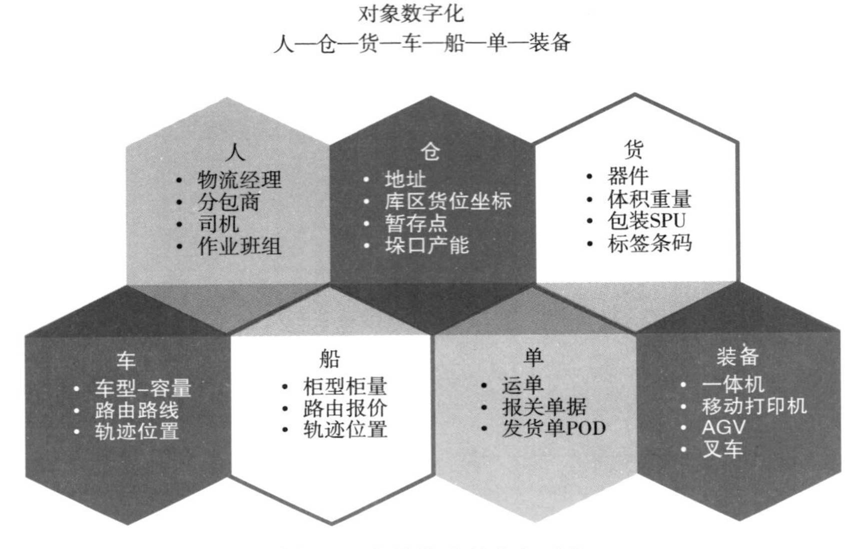

图 7-3 物流作业的业务对象

华为除了构建自身的数字化基础之外，还引入第三方海运、空运实时位置数据，关联运输工具和华为货物信息，实现海运船舶以及国际陆运、空运的位置和轨迹实时可视。

3. 业务规则数字化

业务规则体现了业务设计的逻辑以及效率和成本的优化考量。比如，在运输委托活动中，如果运费按照流量（立方米）来计价，那么按照订单下达运输委托即可；如果按照整车或者集装箱来计价，那么就需通过对上游订单进行“凑堆”来追求经济性。因此，业务规则数字化本质上是对业务处理逻辑进行统筹设计，这不仅是实现单点业务作业数字化的基础，也是未来从单点规划转向全链路规划，从局部最优走向全局最优的基础。

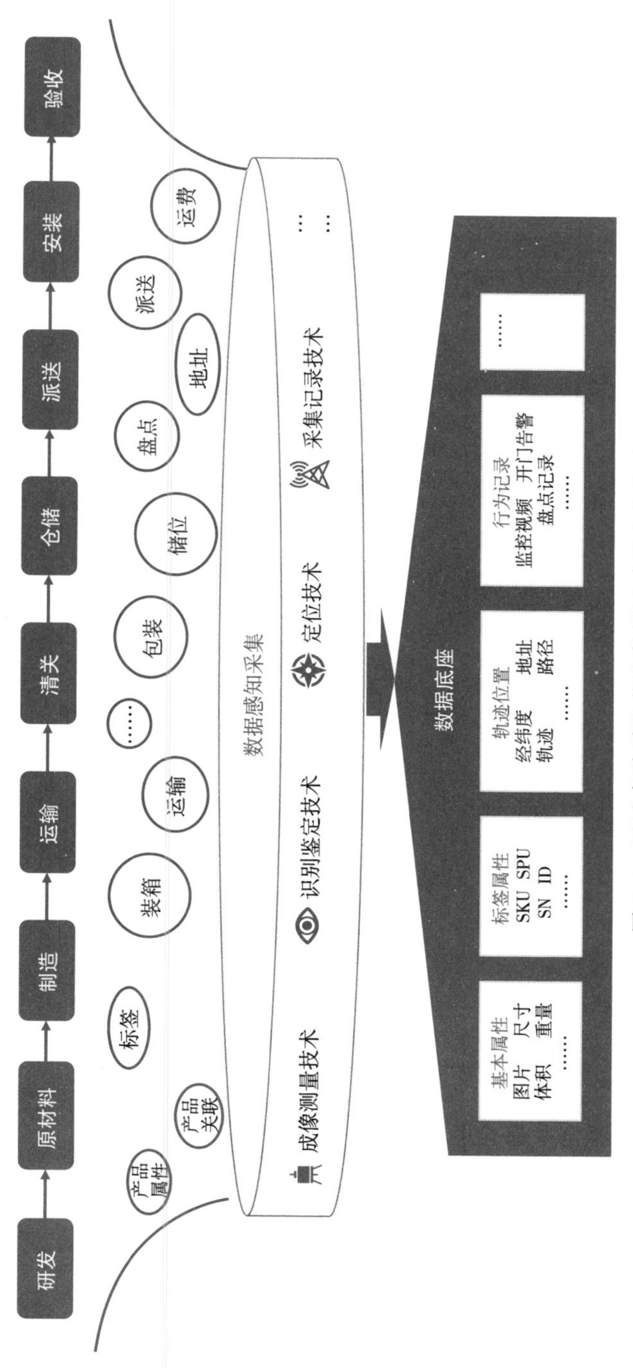

图 7-4　通过多种手段获取数据构建数字化基础

4. 提升数据质量

要实现全面数字化，我们不仅要关注对象、过程、规则的数字化，还要关注数据质量，否则数据不可用。我们有一个案例。

物料长、宽、高、重的信息广泛被应用。在售前阶段，可以根据货量预估数据计算物流成本，支撑售前报价；在生产发货阶段，可以根据重量、体积信息预订物流资源（车辆或者舱位）。此外，物料的信息还可用于物流报关、仓储储能预警等多个作业环节。

但是信息很不准。在产品数据管理（Product Data Management，PDM）系统中，物料（Item）的长、宽、高、重的数据有预留字段，但属于非必填项，大部分数据缺失，已填写的数据也难以保证准确性。由于物料类别数量巨大，清理起来难度非常高。据统计，2018 年有尺寸数据的占比不到 60%，尺寸准确的仅占一半。此外，公司还存在不少比例的本地采购物料、国家专有物料、临时物料等，相关基础数据都是缺失的。

为了完成这一工作，研发、制造、供应商多方协同，采取了短期集中数据采集和长期例行采集管理机制结合的方式：一方面，在制造现场，投入几十个人力现场采集，同时由相关供应商协助完成存量编码数据的清理；另一方面，将长、宽、高、重的数据作为 PDM 系统的必填字段，纳入 QC 质量标准，控制新增数据质量，并通过运营手段，识别缺失数据，推动采集，持续完善数据。

有了长、宽、高、重的基础信息，生产发货阶段的“货量预估服务”就可以在各个场景应用了，包括报价阶段的发货量预估、生产发货阶段的发货量预估，预估准确率在 80% 以上，如图 7-5 所示。

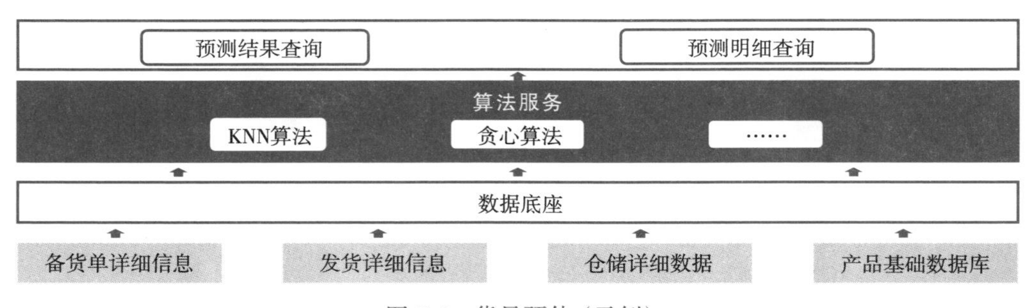

图 7-5　货量预估（示例）

5. 对象、过程、规则数字化的综合应用案例

在供应链物流业务中，每年发生的各类风险事件大约有数百次，且风险事件依靠人工收集，很难及时发现。需要人工在多个系统中查询和整理数据，联系对应的业务接口人确认风险带来的影响，导致风险信息的发送严重滞后；响应方案处理多在系统外，没有解决方案数据支撑，凭经验处理，并很难有留存记录。

为改变应对风险的被动局面，华为引入了外部风险数据，包括运营（空运、海运的航班取消或塞港等）、危险（危险品运输、仓储设施损坏等）、社会政治（港口劳工纠纷等）、自然（大雾、台风、地震等）等类别的外部风险数据。同时开发基于二分查找、排序组合和动态规划的算法，建立风险预警模型，分场景逐步实现风险系统及时感知，智能主动预警。

在 2021 年 3 月的苏伊士运河堵塞事件中，作为一家跨国公司，华为也不可避免地受到了影响。受益于我们的数据基础，我们当天就确定了有 28 艘船、400 多个货柜、100 多个客户受到影响。为了解决这个问题，我们通过大数据分析和预案模拟，在空运、海运、铁路运输等数万条路径、百万级组合中选择最佳路径和解决方案，启动中欧班铁方案并锁定专列资源，将欧洲工厂的收货和生产能力提升 30% 以上，4000 多个客户订单紧急补货、优先排产并与客户保持及时沟通，最终将 80% 的订单延误控制在 2 周内，客户界面基本没有受到影响，如图 7-6 所示。

图 7-6　风险自动预警处理

7.2.3 万物互联，实现物流网络实时可视

华为物流业务，通过“人—仓—货—车—船”等业务对象基础数据之间的全方位联接，做到从供应商的原材料仓库，到工厂制造，再到海关、国际运输、海外本地仓储、派送的实物流全过程的实时可视和信息共享（见图 7-7）。在每一个物流节点，数据集成共享，协同优化，实现内部高效作业；在物流节点之间，通过数据共享，打通上下游作业环节及外部合作伙伴，实现全网集中调度，减少等待、集结、迂回，实现各环节之间无缝衔接，高效协同。

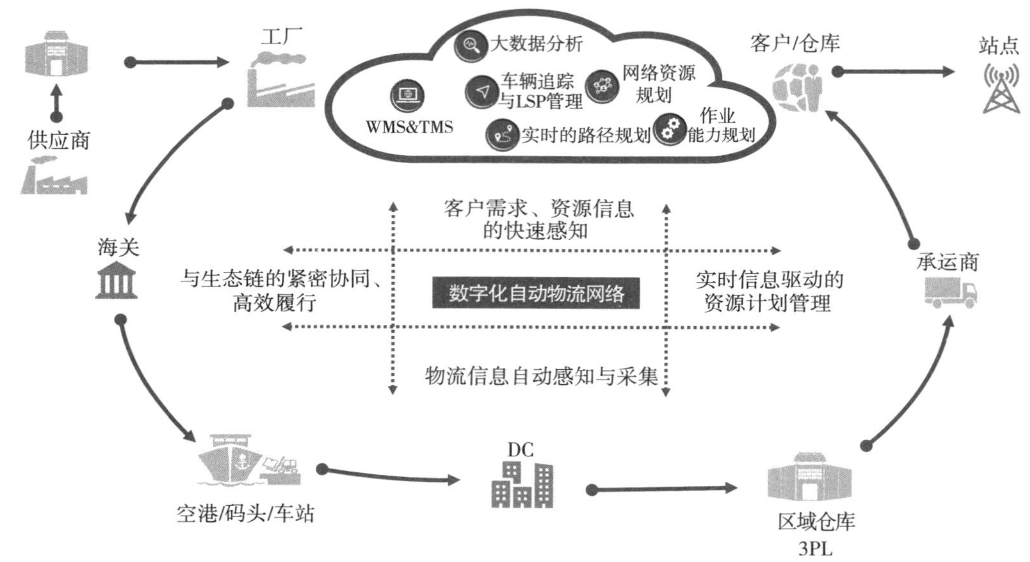

图 7-7 万物互联、实时可视的物流网络

7.2.4 确定性业务自动化，机器代替人

有了数据基础，我们就可以针对确定的、简单的、重复的海量作业，综合利用软硬件自动化技术，实现作业活动的自动化。从数据复杂性的视角出发，识别重复性、规律性的信息和单据的处理活动，将业务规则总结出来并嵌入 IT 系统，由系统作业替代传统的人工作业，实现信息、指令、单据的生成→分流→传递→审核过程的自动化，从而提升信息和单据处理的效率、质量和安全性。同时，配合自动化设备，例如自动导引车（Automated Guided Vehicle，AGV）、

自动称重、自动装车等，实现实物处理的自动化。

华为在仓储业务中大量应用了自动化技术，通过服务化系统实现作业指令和单据的自动化处理，通过 AGV 等自动化设备实现实物的自动搬运、拣选等。例如，在我国香港原材料仓，应用 OCR 技术自动识别来料编码和数量，自动入库；应用自动化设备实现自动测量、称重、贴标，自动分拣，自动感应装车清点，效率提升 20%。

荷兰配送中心是欧洲供应中心在荷兰成立的一个流通加工中心，物流业务涵盖港到仓、仓内存储、流通加工以及物流配送等功能模块。由于荷兰地处西欧，仓库租金高，人工成本贵，因此实现信息流和实物流的快速高效流转，持续改善效率和成本就显得至关重要。

逆变器产品囤货占据大量存储面积，且单批次要货量大，需求紧急，但传统模式下实物需经过收货、上架、拣料等十多个流程作业节点，效率低下。对此，荷兰配送中心针对逆变器这种大批量快速履行产品的订单，设计了车到车直接对接的模式，也就是将普通模式的“收、存、发”3 个步骤，变为物料从送货的卡车卸货之后，不经过存储，直接理货到发货车上。送货的车直接对接发货的车，只有“收、存”两个步骤，实现实物快进快出，货不动人动，使得全流程作业节点减少了 10 个，实现最少的存储和搬运，有效降低了作业周期，提升了订单履行效率，进而节省了仓库存储面积，减少了人工作业成本。

7.2.5 不确定性业务智能辅助，人机协同

不确定的业务，需考虑更多的环境因素，在复杂的业务规则下取得多目标下的绩优结果。在传统模式下，通常需要由具有丰富经验或者专业技能的人员进行思考和决策。在数字化作业模式下，则可以基于数据，构建算法模型，实现智能分析、模拟仿真和辅助决策。

- **智能分析**：通过数据建模，将业务活动中需考虑的环境因素和约束条件纳入系统，可视化呈现其作用结果和影响链条，帮助业务人员了解业务全景，并作为模拟仿真的基础。
- **模拟仿真**：系统自动依据某种设计目标，模拟各种决策因子组合下的业

务结果，给出推荐方案。

- **辅助决策：** 算法模型推荐的方案，可经过人工验证，通过“系统 + 人工经验判断”的方式，辅助人工决策。更进一步，在算法模型模拟结果的准确度较高（远超出纯人工判断的准确度）的情况下，可考虑直接采用系统模拟仿真的结果，由系统自动决策，指令直达作业现场，提升运作效率。

华为供应链通过分析从原材料入库到站点安装的全过程，识别业务活动智能化的机会点，构建了大量的智能算法，提升了决策效率和作业效率，如图 7-8 所示。

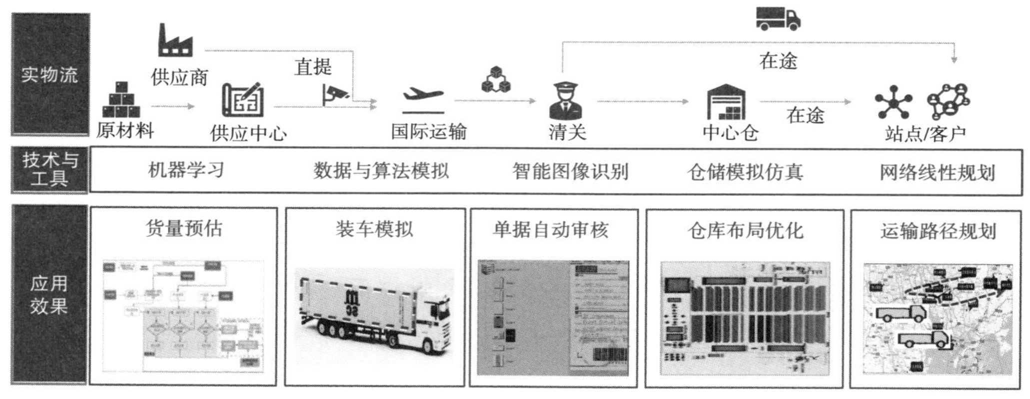

图 7-8　华为供应链实物流算法沙盘（示例）

以物流装车为例，华为的物料有上百种包装材质，上万种包装形态，物料大小、重量不一，装载方案依赖人工经验，难以精确预估，集装箱的实装率一直提不上去，而实装率每提升 1 个百分点，每年就可以节省数百万美元运输费用。而且在高峰时段，物流专员人均每小时需要处理数十个装车预估方案，所以经常出现人工处理不及时的情况。由于预估准确率不高，现场装车也经常出现装车返工、发货延迟的情况。

华为构建了装车模拟算法，根据货柜运输的箱子箱型、包装形态、重量、材质等，考虑物料是否可堆叠、车辆左右重量平衡、提货点先后顺序等条件，计算出最佳摆放方式和装车顺序，最大化提升集装箱利用率，节省运输成本；通过可视化给出预装载备货指引和货物装载指引，提升货物发运效率。装车模拟算法通过模拟，预估所需车辆和集装箱数量，并对分布在不同提货点的货物，给出最优提货线路建议，如图 7-9 所示。

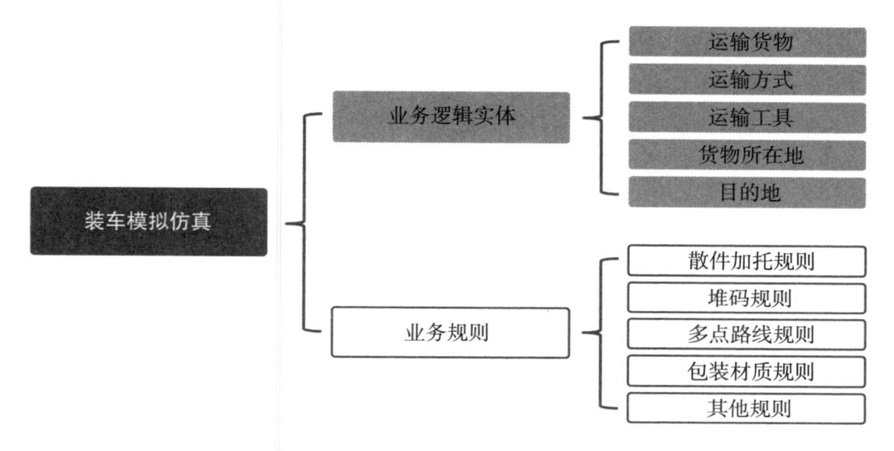

图 7-9　装车模拟业务逻辑和规则（示例）

装车模拟服务上线后，取得了显著的业务结果。

- **装得好**：预估准确率大幅提高，减少人工复核。
- **装得快**：拣料员提前在备货区摆好直接装车，省时省力；在搬运散件时，精确计算托盘的数量，高效备货。
- **装得省**：物流专员可提前模拟并确定最佳装箱方案。2018 年由于集装箱的利用率提升，共节省数百万美元物流费用。

7.3　数字化重构供应链作业模式

数据基础的构建及其在企业范围内的充分共享，使企业各作业环节从以往线性、串行的链条结构，转变为网状互联结构，而当每一个作业环节在获得了“数据自由”之后，就可以基于这些数据，叠加大数据、人工智能、物联网等数字技术，实现数据智能分析、业务智能决策和自动执行。

企业对数字化的追求，不仅在于业务的自动化和智能化，更在于能够以一种创新的方式重新设计作业模式，重构业务流程，使串行作业转变为并行作业，线性多点交叉沟通转变为基于数据共享的状态可视和指令直达，通过业务模式重构获取新的竞争优势。

7.3.1 一站式的供应链作业平台

从作业人员的视角看，新的作业模式设计，要体现在“将复杂性留给系统，将简单留给用户”的实际作业界面上。

传统信息化建设往往是按照职能领域进行条块划分，每个领域建设若干个系统，会形成一系列烟囱。一线作业人员往往需操作十几个系统，而完成一项工作需要在 7 ～ 8 个系统之间来回切换，且各个系统之间数据源不统一，数据不一致，需手工进行数据转换和导入导出，费时费力。

数字化作业基于一线人员的作业场景，拉通各系统数据、功能和操作页面，面向用户角色进行汇聚，实现一站式作业，简化操作，提升效率。

这种转变和政府办事方式转变很类似。过去人们去办事，各个部门之间数据不通，要来来回回跑多个部门去盖章；后来变成了“一个大厅，多个窗口”，虽然数据还是不通，但可以不用跑多个地方；再后来变成“一个窗口一件事”，数据在后台打通，面向来办事的市民，一个接口完成所有事项，数据跑而人不用跑；最后实现政务数字化，办事人员不用跑窗口，可以在线办理业务，甚至可以做到事前提醒。

华为首先通过数据和权限的拉通，构建统一入口，在“一站式办事大厅”中集中呈现代办事项、风险预警和异常提醒等信息。针对典型的业务角色，梳理用户旅程，将围绕一个业务对象的相关作业活动聚合到一个卡片或页面，形成类似于手机 App 的场景应用，做到“一个窗口办一件事”。将一个角色的场景应用集合到一起，形成专属的“角色桌面”，并配备社交协同、RPA 和模拟分析工具，实现复杂作业的智能提醒和推荐，如图 7-10 所示。

这样，对一个作业角色，日常 KPI 管理、需要处理的业务单据、信息的过程可视、异常预警等，都在一个桌面上一览无余，一站式处理所有业务，并面向这个角色进行信息聚合，满足作业岗位高效作业的需求。

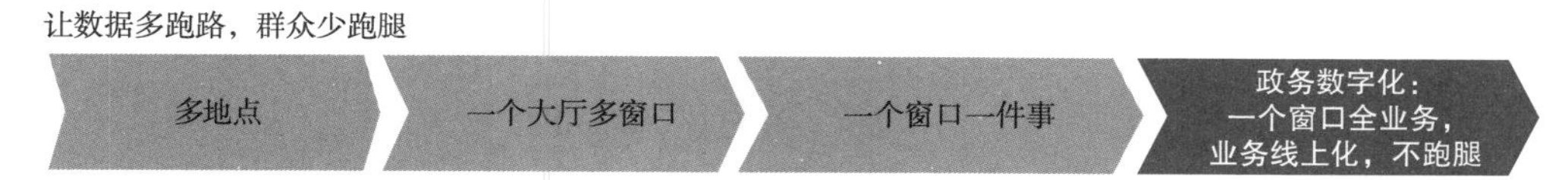

供应链的一站式产品建设历程：

历史
按领域烟囱式建设

第一阶段
构建角色频道

第二阶段
业务操作聚合，察打一体

第三阶段
人、信息、业务的全连接

图 7-10　供应链一站式“角色桌面”建设历程

7.3.2　灵蜂自动物流中心

灵蜂自动物流中心（见图 7-11）在端到端作业场景上综合应用各种自动化设备和智能算法，实现了资源准备、收货、发货、作业场景的业务模式重构。

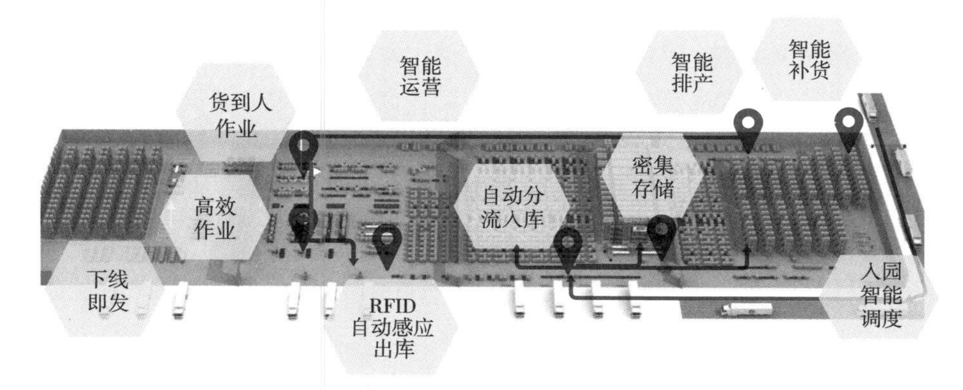

图 7-11　灵蜂自动物流中心

1. 资源准备环节，从经验判断到模拟决策

传统的事务执行和决策只有少量的数据分析支撑，主要依赖经验和直觉判断，而数字化作业更多利用云计算、算法建模、大数据分析技术，以及智能搜索、决策管理、机器学习等人工智能技术，构建端到端的供应链业务模拟仿真

能力，使业务决策更加快速、科学、准确。

例如，在资源准备环节，首先通过销量预测模型和补货模型，对资源进行整体规划。在订单处理环节，通过 What-If 模拟、MIP 算法、智能匹配等算法模型自动执行订单承诺、齐套检查和订单释放。当物料到达仓储之后，通过多层货架算法以及移库算法来完成物料的准备，将物料放到正确的位置上。在生产作业环节，通过库存定位算法、智能排产算法、波次组建算法、AGV 调度算法等，实现作业智能调度。同时，通过资源仿真等算法，针对人、机、仓、货、车等资源，监控资源使用情况并预测资源瓶颈，实现资源最优配置。

2. 生产理货环节，从“人找料”到“料到人”

在生产理货环节，传统方式是提交拣料单给仓库管理员，由仓库管理员根据拣料单的物料需求去仓库对应的物料存储货架上找到相应物料，完成拣料环节之后送到产线或者理货岛。

传统信息化将单据电子化，所有入库、出库的数据都有系统承载，但是交接、搬运环节还是靠人工传递。数字时代，客户、产品、订单、发货批次、拣料单等数据完全共享，以前收货、上架存储、拣料出库、理货、发运是相对独立的串行活动，现在完全可以联动起来。灵蜂自动物流中心基于一百多个工序节点数据，应用 AGV、密集存储、自动测量、RFID 等自动化装备，实现了来料自动入库、智能移库、成品下线自动测量、自动扫描出库、自动送料到理货岛。甚至不用理货岛发出指令，系统会自动计算发货订单优先级而将对应的物料送到作业人员面前，实现作业模式从“人找料”到“料到人”，人机高效协同。

3. 收发货环节，从收、存、发串行作业到下线即发

数字化改变的作业方式不仅包括仓库内部管理，也包括与外部的协同。以前理货包装完成之后，才会安排物流承运商的提货，然后由承运商安排司机，司机预约提货时间（避免扎堆到发货口等待发货），最后装车发货。

这种串行作业方式也可以重新设计，从订单开始，基于客户需求倒排发货时间，再把指令下放到生产环节，根据 SLA 安排生产作业波次，根据理货包装完成时间提前安排车辆提货，从原来的串行等待发货，转变为生产理货完成下

线即发，从仓库到理货包装到装车发运“零等待”，节省了成品存储场地，提高了全流程的作业效率。

4. 现场管理环节，异常自动预警

作业现场管理的场景也发生了变化。以前，作业过程是否正常、作业结果是否完成，需要作业人员在现场进行监控，以便发现问题并及时处理和解决。“管理在现场”“走动管理”的管理理念，就是这一时期的特色，但由于现场的异常状态需要依靠巡逻、上报、监控来发现，依赖现场管理人员的经验、能力及责任心，这种方式如今已显得落后。

数字时代的作业方式可以依靠数据进行重新设计。基于数据的透明可视、系统的自动监控，现场异常的发现不再依赖人的识别和判断，而是由系统自动预警，并且推送给相应的责任人。譬如，某次后台系统故障，导致仓库里所有AGV 无法正常调度，停在原地不动。传统方式是等待现场值班人员发现问题并上报，现在系统可以实时监控到调度异常，及时报警并将异常信息推送到管理员手机上，马上触发应急处理机制，快速解决问题并恢复现场运转。

综上所述，通过一个自动物流中心的作业场景重新设计，应用自动化设备、算法、IT 服务等各项能力，作业现场已经从传统的人拉肩扛方式，转变成人机协同的数字化作业模式。

7.3.3　打造全球供应网络的数字孪生

我们把一个复杂的供应网络的数据全量全要素地搬到线上，在数字世界里构建物理世界的数字镜像（见图 7-12）。通过在数字世界建模，把算法应用到不同的场景里，模拟物理世界的运作，调整生产工艺、参数和影响因子等，根据数据分析和推演的最优解，找到业务最佳结果，推动业务持续创新。

我们用一个例子来说明。

华为运营商业务在 T 国进行重大项目交付时，由于项目大规模上量，项目物流配送需求量大，高峰期每天近 400 张发货单，要求供应链部门提供高效、低成本的供应保障。T 国中部平原地区物流资源丰富，北部山区和东北部高原物

流资源匮乏，站点派送条件差；南部是热带岛屿和狭长的海岸线，物流资源同样紧缺。

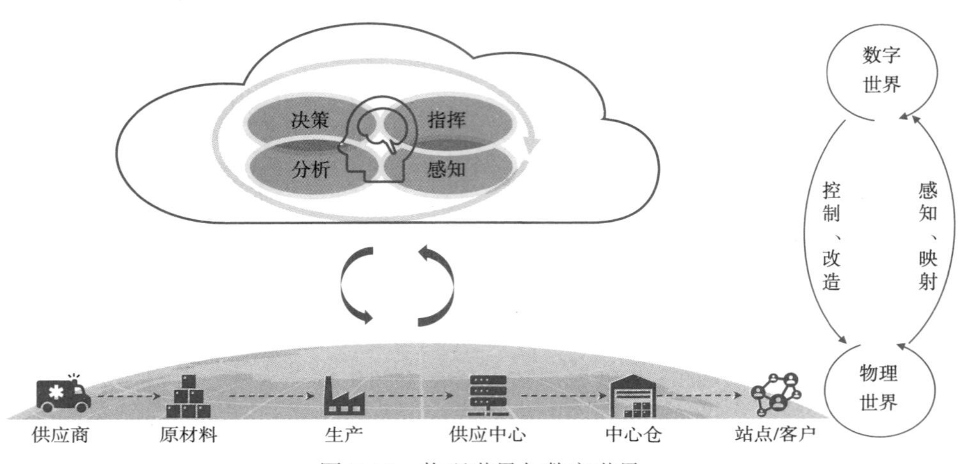

图 7-12　物理世界与数字世界

基于 T 国实际业务情况，我们根据海关、暂存仓、分包商仓库地址、关税政策、物流资源、运输路线、运力运费、运输需求及历史运输数据等进行物流网络的数字建模，对暂存仓和分包商仓库选址进行模拟分析。模拟结果显示，面向 T 国 D 客户的物流网络布局从此前的 5 个暂存仓增加到 7 个，并将部分暂存仓选址进行调整优化，在实现相同配送时效的服务水平下，物流成本反而降低了。此前我们假设面向 T 国 A 客户的配送网络采用分包商仓库，而根据模拟结果，理论分包商仓库与暂存仓选址高度重合，因此将分包商仓库整合到暂存仓，进一步降低了物流成本。

这种业务运作模式的再造，就是数字化带来的价值，即不断追求业务的最优解。

第 8 章 数字化交易：让做生意简单、高效

交易流（指从客户招投标开始到厂家开票结束的交易处理流程）对于大多数的 To B 企业而言都是核心业务流之一。交易流既包括实物流，又包括信息流，它既关乎客户的满意度，又直接影响企业经营业绩的好坏。因此，它是否高效和顺畅，往往会反映一家公司的管理水平。

非数字原生企业的交易类型和我们日常接触的 To C 电商交易存在明显差异。电商场景下，每年双十一都会有大量数据瞬间涌入，需要前所未有的强大的数据吞吐和处理能力，但是每笔交易的商品和交易步骤都是标准的，换句话说，To C 场景的挑战在于简单的事情如何在短时间内做亿万遍。而 To B 场景与此恰恰相反，交易的数量没那么多，但交易对象和交易环节更加复杂，它的挑战在于如何把复杂的事情同样高效地做一万遍。在现实世界中，我们还很难找到一家传统的非数字原生 To B 企业通过交易流的数字化转型取得与 To C 企业程度相当的成功。

2018 年 4 月，华为变革指导委员会启动运营商交易流数字化项目，计划采用新的变革组织方式与全新的方案架构来进一步提升华为与运营商做生意的数字化水平，探索“To B 交易 To C 体验”的实现路径。历经 3 年，项目于 2021

年一季度完成交付，交易流变革基本达成预设目标。本章将就此变革过程的方法、方案、效果及展望等进行简单介绍。

8.1 To B 交易体验成为重要竞争力

对交易流数字化的讨论需要从交易流的定位开始，定位决定我们的目标、投入以及方法，而对交易流定位的核心在于我们如何看待交易体验。

交易体验是客户在交易过程中，在每个交互的环节上感受到的供应商提供的服务质量。不同厂商对交易体验的重视程度不同，导致它们的客户对交易体验差异十分巨大。

在 To C 领域，交易体验已经被普遍重视，并被作为一种核心竞争力来打造，而在 To B 领域，情况并非如此。To B 企业的投资决策者一般认为，在 To B 领域，交易金额相对较大但交易次数相对较少，而交易体验仅仅带来双方交易作业人员局部效率的提升，创造的价值不显著。因此改善交易体验对大部分 To B 企业而言，并不在其优先投资清单内。

这种对 To B 交易体验的看法也许在过去相当长的时间内是正确的，但是随着数字时代到来、人力成本的持续上升以及习惯了 To C 交易体验的“新生代”客户逐渐成为主流，交易体验已经成为 To B 企业竞争力的重要组成部分。

8.1.1 ROADS 体验创造客户价值

我们可以通过 ROADS 体验（参见第 3 章对 ROADS 体验的描述）作为衡量标准，来描述一下什么是一个好的交易体验，并进一步解释为什么它可以为客户创造价值，以及创造什么样的价值。

交易流的 ROADS 体验适用于交易的所有参与方，包括客户、供应商以及内部员工。图 8-1 以客户视角为例解释了 ROADS 体验的具体呈现。

客户	交易流可以实时响应指令，这些指令包括下单、PO 查询、交易变更、验收开票等	客户可以按照自己的管理水平与交易习惯定制所需的交易流程，如交易环节	所需的交易信息全在线；所需的服务全在线	客户可以自主完成交易，自助获取服务	围绕交易执行的各个环节，可以快速实现社交协同

图 8-1　交易流的 ROADS 体验

从客户角度出发，交易处理过程本身的价值包含 3 个方面：

1）是否能买到合用的产品（这里指在一定范围内自己可定制）；

2）交易过程是否高效，投入的人力是否更少；

3）从客户下单购买到投入使用（Go To Market，GTM）的时间是否足够短。GTM 越短，意味着客户满意度越高，产生收入的速度越快。

以上可以简单总结为 3 个评估维度：合适的产品、高效的处理、快速的 GTM。如图 8-2 所示。

图 8-2　客户价值的 3 个评估维度

交易的 ROADS 体验是实现以上目标不可或缺的 5 个方面，这在 To B 和 To C 领域都同样适用。以“合适的产品”维度为例，一个好的客户体验包括：

- 厂商新产品上架的同时，客户便可见可买（Real-time）；

- 产品可以接受按需定制（On-demand），也就是客户提需求，厂商定制；或者客户可以自己动手定制（DIY）产品规格；
- 如果这些挑选或者定制产品过程中出现任何问题，客户随时可以就问题连接到对应的人，进行社交协作（Social）；
- 产品的信息全面数字化（All-online），既有常规基础的图片、配置、报价、评论，也有支持更好体验的 VR 模型、AR 模拟、相似推荐等。

通过以上例子可以看出，从客户视角来看，ROADS 体验在交易流的实现过程，是自己的交易需求被更多接受和更快满足的过程。因此当一个厂商提供深度的 ROADS 交易体验时，他的客户就可以据此创造更多的价值。

2018 年，华为在西欧某国上线了交付和验收环节的在线协同工具，以实现交易的“高效处理”：客户可以在线审批、远程视频验收、定制进展通知等，使客户的交付体验得到了极大提高。2019 年，习惯了华为交付模式的客户将这个工具的特性作为标准服务条款写到它的新招标书里，希望其他厂家也能提供类似服务。这也从侧面反映交易体验在客户价值创造方面的重要性。

8.1.2 To B 交易体验提升空间巨大

与 To C 的电商交易相比，我们往往会发现大部分 To B 企业的交易流程更长，复杂的高耗能节点更多，对客户体验的提升潜力自然也更大。但是由于很多高耗能的 To B 交易环节由基层员工处理，在问题严重到一定程度前，往往没有引起管理层的重视。因此，企业越早认识到 To B 交易体验提升的巨大潜力，越有利于提升竞争力。

1. To B 交易链条长，可提升的空间大

To B 交易体验之所以提升空间大，主要是因为它的流程长，交易节点多。尽管在大的环节上，我们可以把 To B 交易和 To C 电商交易建立一一对应关系，比如下 PO 就等同于电商交易中的购物车下单；交付等同于小件的邮寄上门，大件再加上门安装。但是两者也存在显著的差异。To B 交易相比 To C 交易具有规模大、定制多、审批多等特征，它在每个大环节下面需要增加更多的小环节去处理。例如：合同框架需要定制，下单需要多人审批，交付需要分批次，验收

需要对齐订单，等等。

以华为某一运营商客户的交易流为例，客户与华为有近 10 个交易触点，客户内部和华为内部在这些触点之间又有各自的内部交易处理节点。如果我们将所有这些点打开，往往会发现每个环节的作业会牵扯多个角色，执行多个流程，处理多种信息，输出多个文档，等等，如图 8-3 所示。

2. 部分交易节点能耗高，可提升的空间大

本章序言里提到，To B 交易的挑战是将复杂的事情重复做一万遍。To B 交易复杂的主要原因是交易对象复杂。对于 To C 交易，产品即商品，厂家提供什么，客户买什么，整个交易流从头到尾基于标准的商品（例如 Mate 40- 黑色 -256G），买卖双方均基于这个标准商品，交易过程简单、流畅。而对于 To B 交易，以华为为例，厂家定义卖的产品，客户定义买的商品，两者并非全是一比一的对应关系。客户要的商品与华为交付的产品之间需要转换、拆分、组合，再叠加上分批运输、分批交付、分批验收、分批开票，以及逆向的变更和退货，这就可能造成部分交易节点的处理达到无比复杂的程度。

以华为 Y 国 X 项目客户的开票环节为例，在交易流数字化之前，客户与华为的开票采用传统的线下文档传递来进行，一般的作业流程是华为收集各种验收文档，按照站点打包，然后提交发票给客户审批，由客户找到对应的订单并逐单核对。而开票文档是一个基站一张票，每张发票的支撑文档最少有 80 多页。在客户 4G 网络大建设时期，开票打印所需的纸张最后多到无处安放，到最后一直铺到办公室走廊（见图 8-4）。整个过程中，双方在每个节点上都要在不同的交易颗粒度之间做相互转换、对比、修正，耗时耗力，而且难以保证准确度，造成部分款项无法及时收回。

鉴于此，华为与客户共同进行了交易流的数字化改造。一方面，双方归纳、简化交易对象，并实现在线管理；另一方面，双方系统实现在线智能对接，各种交易文档在线结构化传递，并使用了 AI 技术提高效率。例如发票评审，原先是纯手工生成、传递、审批，现在可以自动化生成、在线发送、AI 识别需要注意的审批异常项，使得各个环节的交易效率都得到了极大的提升（见图 8-5），其中最为直观的是客户开票人数从 100+ 降到 10 余人。

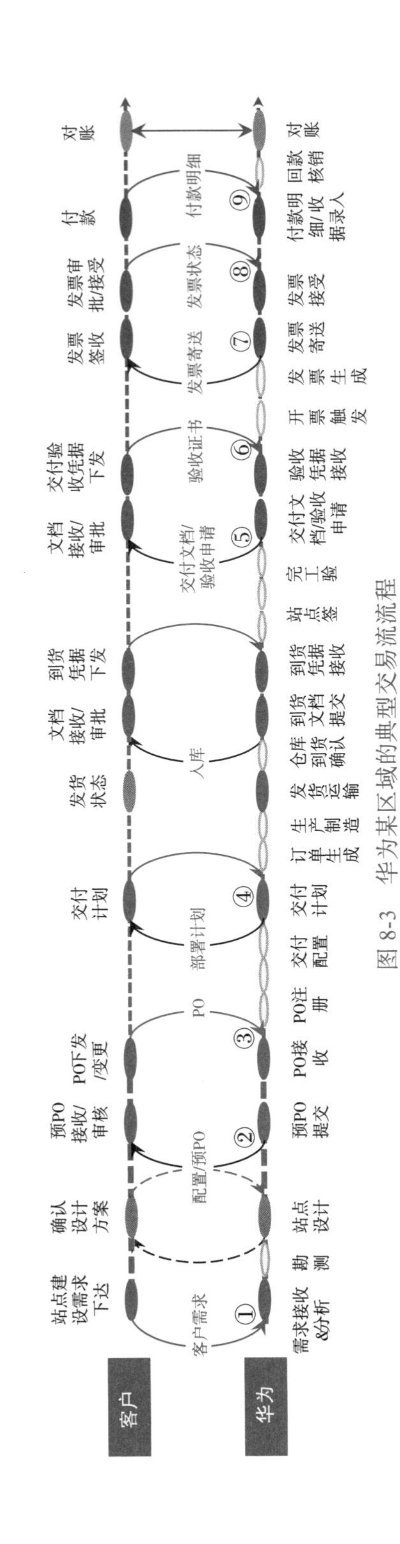

图 8-3 华为某区域的典型交易流程

图 8-4　Y 国 X 项目的开票打印所需纸张

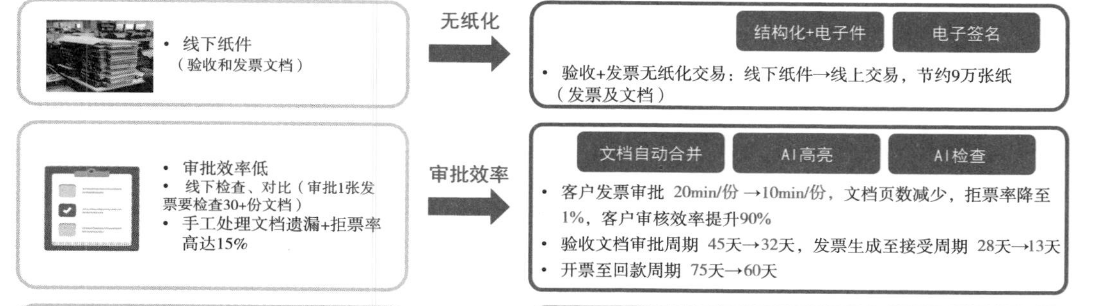

图 8-5　交易流数字化给客户的开票环节带来的改进

最后需要指出的是，To B 交易体验没有统一的收益标准，它会随着客户不同甚至合同不同而不同。它一方面取决于交易的对象，另一方面也取决于客户目前的数字化水平，但就我们对全球客户的对接实践来看，大部分的交易流程都存在诸如上述案例中的待优化交易环节。

8.1.3 提升客户体验带来真正的双赢

在前面描绘的华为某区域交易流程图里，我们实际上已经看到交易体验是一体两面的。交易双方是围绕同一个流程作业，因此势必是相互影响和联动的。所以，瞄准客户体验实施交易流数字化转型，会在提升客户体验的同时，同步提升华为内部管理水平和员工作业效率。围绕客户 ROADS 体验构筑的能力，同样可以应用在企业内部交易作业环节上；客户因为体验提升获得的 GTM 指标改进，同样会表现为企业自身存货周转天数和应收账款周转天数的改进上。

2019 年，华为在西欧 S 国与三个主要客户分别实施了交易流的数字化改造，改造的核心内容就是将过去线下表格 + 邮件传递的传统交易环节改为全在线的结构化 B2B 对接方式，这些环节包括预 PO（客户下达正式 PO 之前的 PO 草稿）比对、PO 生成和注册、订单发布、交付信息集成、验收 / 开票准备等，改造后的交易体验对客户而言是颠覆性的，如图 8-6 所示。

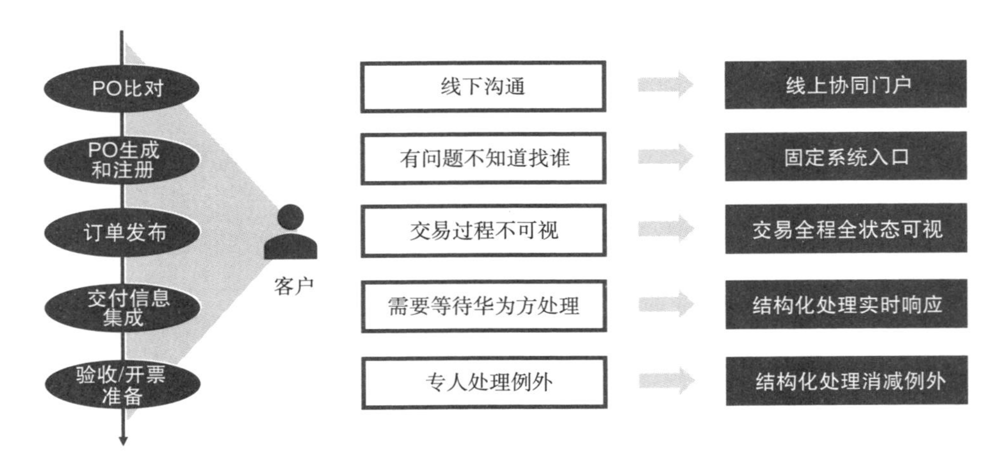

图 8-6　S 国客户的交易体验提升

而对于华为而言，通过瞄准客户体验提升的数字化改造也带来了内部管理水平和经营情况的大幅改善。

例如，实现了对客户的在线实时响应，也就意味着实现了内部的作业自动化，各种自动化率的提升也实现了存货周转天数、应收账款周转天数的缩短和人力的节省。对于销售规模过 30 亿元人民币的华为 S 国子公司而言，交易流数字化改造最终产生的收益对子公司的利润贡献可以达到 10% 以上（如图 8-7 所示）。

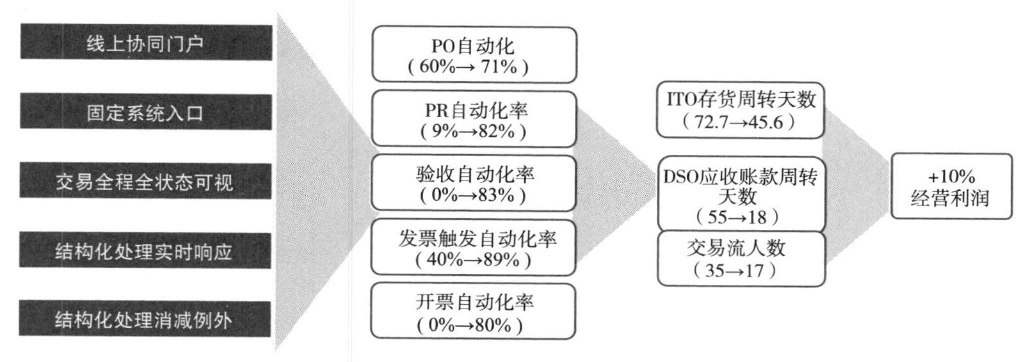

图 8-7　华为 S 国子公司的交易流数字化改造收益

8.2　交易流数字化的设计过程

正是由于 To B 交易体验的重要性，交易流的数字化也成为华为公司数字化转型的重要组成部分。它所承担的使命，便是通过客户 ROADS 体验的牵引，优化和重构企业交易端到端的流程与 IT 系统。

本节就华为交易流数字化的整个过程中的重点内容做一个简单回顾。

8.2.1　基于设计思维的客户交易体验重构

在上节中，我们介绍了提升客户交易体验的重要性与必要性，那么该如何基于这个目标设计出合适的交易流方案呢？

首先，交易流数字化的方案应当从客户的交易旅程设计开始。客户交易旅程的体验要求，决定了我们要怎样重构流程与 IT 系统。另外我们还需要一套确定的方法来保证重构设计。这便是基于设计思维（Design Thinking）的客户交易流体验重构与服务化设计方法论。

设计思维是一套完整的方案设计方法论。它有两大核心理念：以人为本的设计（Human Center Design）和同理心（Empathy）。与以问题为中心的传统设计思维不同，它是以人为中心，从服务对象最根本的需求出发，结合各种技术可行性，快速迭代测试，最终提供超出用户预期的体验。

这个方法让华为交易流的设计由用户（客户）驱动而非管理驱动。交易流方案设计的第一件事情，便是从客户的视角出发，按照ROADS体验的要求，重构其与华为做生意的完整交易流程。这个流程涵盖了To B交易流的端到端环节，其中包括交易在线审批、在线管理、在线下单、在线查询等各环节To C的交易体验。

图8-8便是客户与华为做生意的To B旅程概要设计。这个客户旅程与以往最核心的重构便是在线协作。也就是说，与过去交易以线下作业为主不同，我们希望可以提供客户端到端、全在线交易解决方案：所有交易环节都可以在线上进行（All-online），并可方便地进行社交协作。有了全在线和协作，客户的整个ROADS体验便有了坚实的基础。

通过对所有在线交易环节的客户旅程的分析和汇总，我们最终归纳了几类核心To B交易体验功能（见图8-9），其中一些新功能带给客户的体验是颠覆性的。

以交易可视为例，下发PO之后，客户通常非常关心PO的物流状态，尤其是一些紧急的扩容项目。在过去，客户需要这部分信息时只能问华为接口人，而在新的方案设计中，我们希望可以做到像To C的电商交易一样，给客户提供一个在线自助查询平台，供客户查到详细的订单履行状态。

客户旅程的体验需求，最终被分解为相应的华为能力。还是以交易可视为例，满足这个客户体验，华为需要具备的能力包括PO/PO行的结构化、PO行与实际货物的关联关系结构化、货物生成信息集成、货物地理信息集成，等等。把分析出来的能力，按颗粒度和业务分类集成在一张图上形成业务能力地图，在业务能力地图中标识变革点对应的待增强或新建的业务能力，就完成了从客户体验到华为能力的转换过程。

图8-10是华为交易流的能力地图，从上往下分为三层。

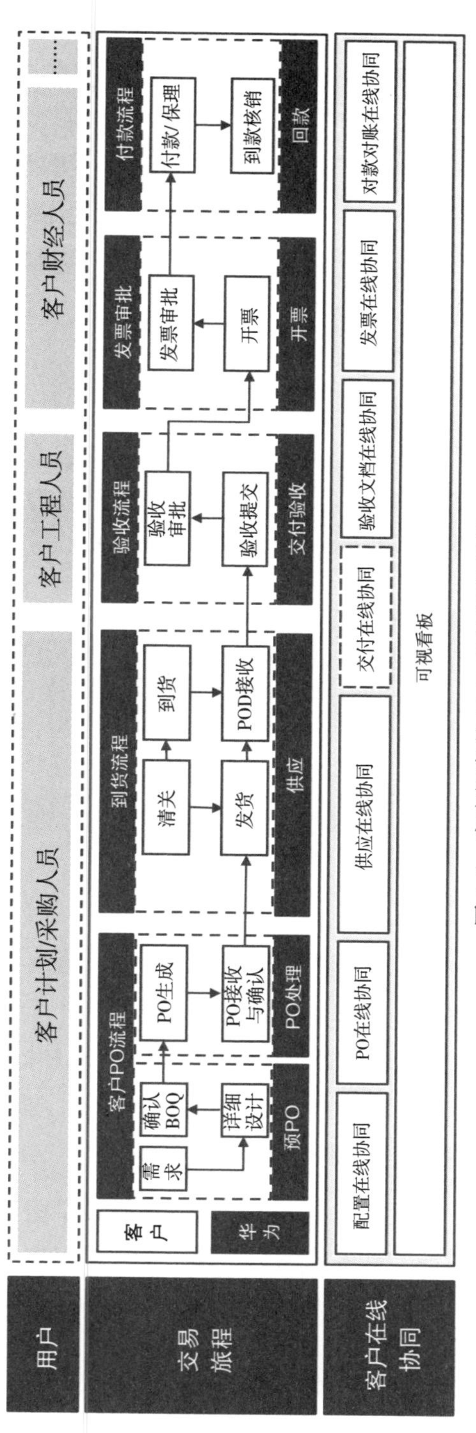

图 8-8　客户视角的 To B 交易流程环节

图 8-9 客户侧感知的 ROADS 交易体验

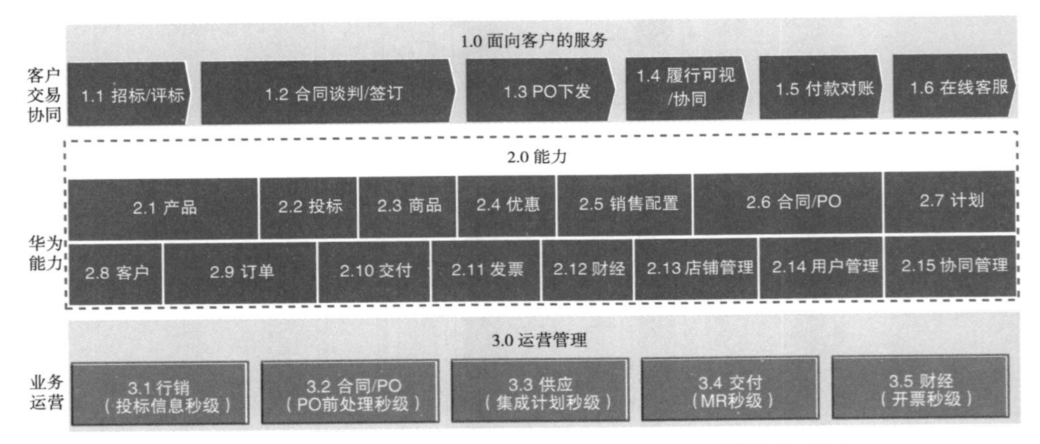

图 8-10 从客户交易旅程体验转换而来的华为交易能力地图

- **客户交易协同：** 客户可直接调用的能力（功能体验）。
- **华为能力：** 华为内部 E2E 的交易能力。
- **业务运营：** 能力运营的能力，用以持续指导优化和提升以上能力。

8.2.2 从能力地图到服务化架构设计

能力地图为解决方案设计提供了一个非常清晰的牵引起点。而服务化架构设计的方法，则把业务能力到架构输出这样一个“艺术性”较强的工作，变为一个有节奏的、相对确定的设计过程。参照第 5 章的 V 模型方法，项目组明确了服务化架构设计步骤，如图 8-11 所示。

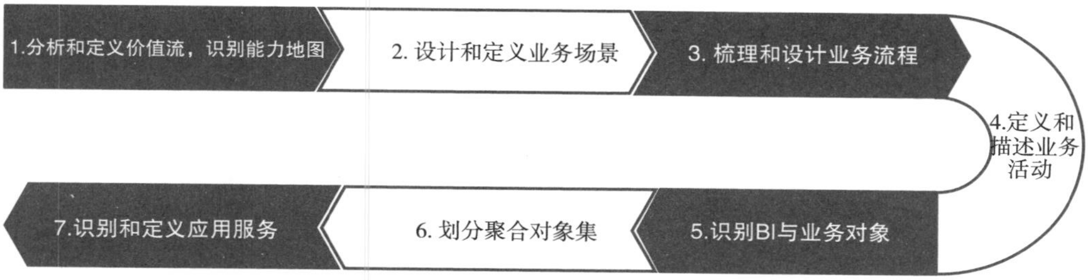

1.分析和定义价值流，识别能力地图
2. 设计和定义业务场景
3. 梳理和设计业务流程
4.定义和描述业务活动
5.识别BI与业务对象
6. 划分聚合对象集
7.识别和定义应用服务

图 8-11　交易流服务化架构设计步骤

1）**分析和定义价值流，识别能力地图**。基于愿景与架构蓝图分解，充分考虑关键利益人的诉求，设计价值流。价值流是面向客户，创造或传递令客户满意的价值的一组端到端的活动集合。通过能力地图支撑价值流的实现，价值流与能力地图是服务化架构设计的起点。

2）**设计和定义业务场景**。沿着业务流的关键节点识别出每个节点的关键场景因子（包括交易对象、配置方式、交易价格、合同类型、履约方式等），例如交易对象有硬件、软件、服务等因子，对应不同的交易通道，根据场景因子排列组合出业务场景全集。业务场景兼顾现状与未来，未来可能发生的场景也要纳入业务场景清单中。

3）**梳理和设计业务流程**。每一类业务场景对应一个端到端的流程视图，例如标准销售合同和框架合同内下 PO 便是两种不同的业务场景，需要分别设计相应的业务流程。

4）**定义和描述业务活动**。沿着流程视图，从用户视角梳理各个流程的业务活动，每个业务活动都要有明确的角色、输入和输出，例如浏览商品、下单、查看 PO 进展，等等。

5）**识别 BI 与业务对象**。梳理所有作业流涉及的 BI，并判断 BI 是否可为业务对象。业务对象是企业重要的人、事、物，是业务和 IT 管理的核心对象，承载了业务运作和管理涉及的重要信息，例如商品、销售配置清单（Bill of Quantity，BOQ）、优惠，等等。

6）**划分聚合对象集**。基于流程视图，按照业务对象有向图（见图 8-12）的形式展现各个业务对象之间的关系。在这张关系图中，关系紧密、具有相同或类似职责的业务对象划分为聚合对象集。比如围绕客户 PO 这一关键业务对象，识别与其强关联的其他业务对象，就可以划分为一个对象集，这个集合具有高内聚、低耦合的特征，是应用系统模块划分的主要输入。

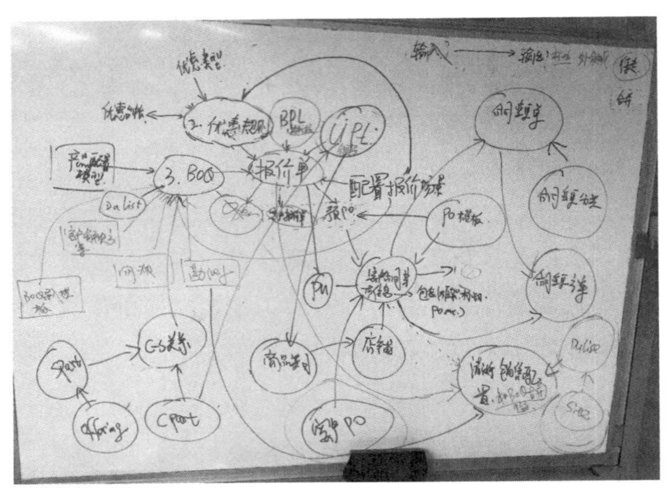

图 8-12　讨论中的业务对象有向图

7）识别和定义应用服务。考虑到交易流需要支持多种应用场景的情况，设计合适颗粒度的服务是非常关键的成功要素，而业务对象和限界上下文可为此提供重要参考。一般而言，一个服务要避免跨不同业务对象，且尽量避免跨不同限界上下文。

需要特别指出的是，与以往的项目不同，此次架构设计过程采用由业务人员主导、IT 人员协助的模式。业务人员相较 IT 人员对业务场景有更深的理解，能很好地保证架构方案面向区域和面向未来的灵活性，这对交易流方案是至关重要的。

经过以上步骤的梳理，我们得到了如图 8-13 所示的交易流架构。架构分为三层，自下而上分别是交易服务、作业前台和客户适配层。它很好地满足了预想的架构需求：作业前台对准客户体验，流程可编排、可定制；交易服务层实现数据同源，能力服务化。

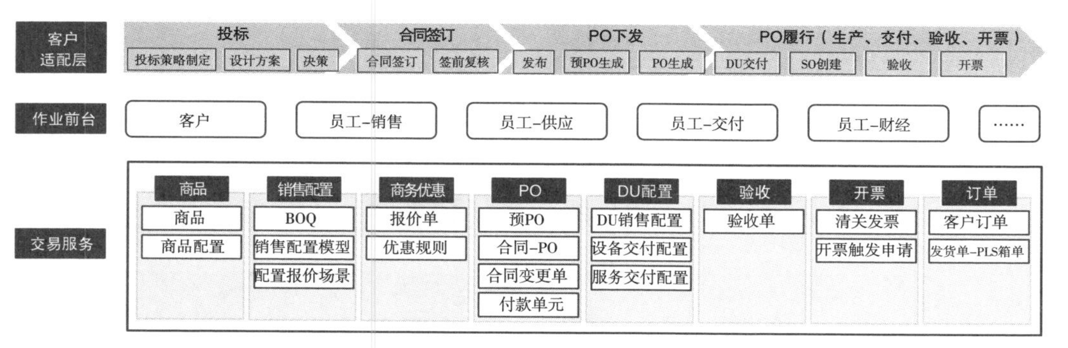

图 8-13 To B 交易流架构示意

1）**交易服务**。华为运营商交易流项目围绕 8 个业务域 20 个业务对象构建 39 个应用服务。它们与其他项目组构建的服务一起构成了如图 8-13 所示的交易服务。这些服务在全公司范围内共享，既服务于本节介绍的客户交易流，又服务于其他业务场景，如财经经营分析；既有纯数据服务 API，又有包含 UI 卡片的集成模块。

2）**作业前台**。基于公共交易服务，项目组同时构建了基于角色的作业前台。这里既包含客户使用的客户在线协同系统（Customer Collaboration Online，CCO），又包含销售人员使用的配置报价系统（Configure Price Quote，CPQ）等。这些作业前台全部基于服务化架构设计，支持灵活的个性化作业流程编排。

3）**客户适配层**。作为 To B 交易流，每个客户的实际交易流都有一定的差异性，因此为了追求最好的交易体验，我们需要在交易服务和作业前台的基础上，增加一层客户适配层。前两者集中建设，在全公司范围内统一，且相对稳定，可视为交易流的主干，而每个区域组织都可以根据客户实际的作业流程在主干之上进行适配，识别出来的差异点通过开放定制平台进行灵活定制，进而实现客户个性化的交易体验。

8.3 交易流数字化的难点与应对方式

有了通用的架构设计方法，并不意味着把交易能力框架落地是件容易的事情。每个业务领域都面临自己独特的挑战，在 To B 交易领域，以下 3 个难点是普遍存在的，如图 8-14 所示。

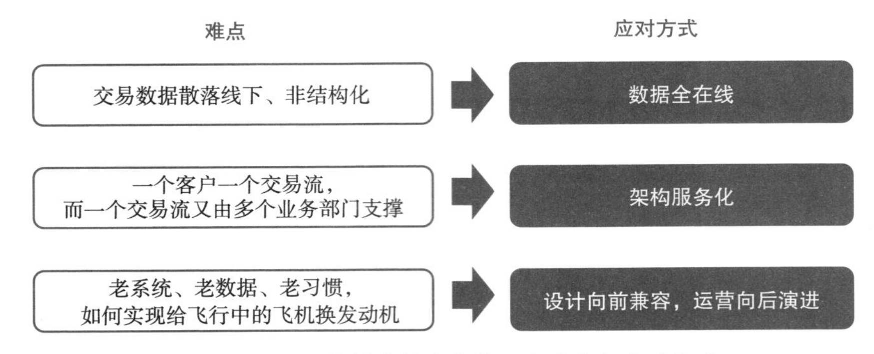

图 8-14　To B 交易流数字化的 3 个难点与应对方式

- 数据非全在线。在 ROADS 体验中，一切的基础就是数据全在线，但对于非数字原生的企业而言，在很多情况下数据都是缺失的。例如，在华为的场景里，合同优惠作为一个核心交易数据，迟迟没有被数字化。
- 外部多客户、内部多部门。一方面，华为需要适配每个客户的采购流程，形成事实上的“一个客户一个交易流”；另一方面，每个交易流都需要公司多个业务部门进行支撑。如何搭建这样一个多部门服务于多客户的方案场景，是方案架构面临的一个巨大的难题。
- 旧城改造。新的交易流并非凭空而来，原有交易流上存在大量的老系统、老数据甚至老的作业习惯，改造起来难度大，阻力也大。

这 3 个难点就是我们在做 To B 交易流数字化改造时，与 To C 交易流的核心差异，相应地，处理好这 3 点，也是 To B 交易流数字化成功的关键。以下我们着重在方案实施层面介绍一下如何应对。

8.3.1　如何把交易数据从线下搬到线上

数据全在线（全量、全要素）是所有体验和效率的基础，要实现交易流数字化，需要首先让交易数据进 IT 系统，这是所有非数字原生企业在做交易流数字化的时候要解决的第一个关键难点。而在所有交易数据中，最为重要的是交易源头数据进 IT 系统，也就是初始交易销售界面数据进 IT 系统。一旦源头交易数据进了 IT 系统，就相当于牵牛抓住牛鼻子，后面的生产、交付、验收、开票、收入确认等各交易环节的交易数据都是对源头数据的进一步加工。

为此，我们以售前交易数据结构化为例，谈一下交易数据全在线的几个关键问题。

1. 收益和成本决定什么数据进 IT 系统

交易源头存在大量的交易数据，这些数据按业务阶段可划分为投标、合同、PO、变更等各个销售阶段的数据，按业务领域又可以分为技术、商务、风险、假设、合规等数据。那么究竟哪些数据需要进 IT 系统呢？

从数据使用者角度而言，当然是数据越多越好，但是对于数据生产者而言，也就是对各类作业员工而言，把原来线下的数据搬到线上，在大部分情况下会带来额外的作业负担。因此，如图 8-15 所示，我们需要从收益和成本两个维度来考虑究竟什么数据需要搬到线上。一般来说，只有收益大于成本的情况下才要考虑，也就是图 8-15 中的“性价比线”之上的这部分数据，这些数据被我们定位为需要实现线上结构化的高优先级数据。

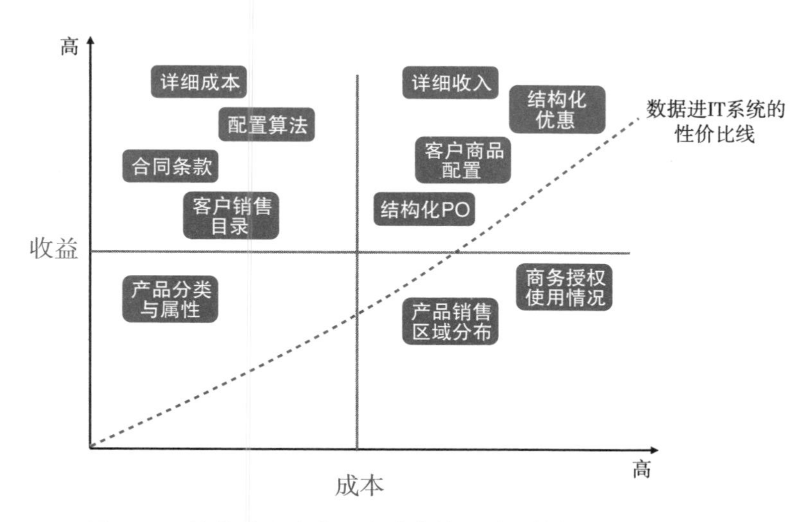

图 8-15　从收益和成本两个维度筛选需要结构化的交易数据

在绘制数据收益和成本图时，首先从收益维度，我们可以按照以下 3 类用途来评估这些数据的重要性（确定它们在纵轴上的位置）。

- **合规要求所需要的数据：**例如最为基本的收入、成本。
- **业务管理所需要的数据：**例如商务授权使用情况、产品销售区域分布等。
- **有助于高效作业的数据：**例如授权、配置算法、客户销售目录等。

然后，我们需要对这些数据在当前作业工具中的现状进行逐一分析，来看一下它们在横轴上的位置。这样，就可以得到较为清晰的数据上线规划。

以华为标准的 PO 头管理为例，它的属性有 77 个字段，但是用以满足合规要求的必填的字段只有 17 个，包括客户、框架合同号、金额等。而除此之外的其他管理字段则由子公司自由选择是否填写，例如交付作业相关的区域、产品类型等。这些字段是否需要上线，都可以通过图 8-15 所示的方法进行分析和判断。比如“区域”字段，如果该本地子公司需要通过区域来分发 PO，管理交付资源，那么 PO 头的区域字段就属于高收益、低难度的待结构化数据，就需要搬到线上。

2.“作业即记录”实现数据进 IT 系统

数据进 IT 系统还有一个绕不过去的问题，就是数据的生成者并非数据的受益者。例如，交易源头的销售数据在企业内由销售部门负责，而销售部门所需的交易数据在很多情况下只需要粗颗粒度的，如合同总价，部门 KPI 里只有销售额的目标。而下游的财经部门则不同，它们需要的数据颗粒度越细越好，比如合同里硬件卖了多少，软件卖了多少，A 产品线卖了多少，B 产品线卖了多少，合同整单优惠 20 万元，是附着在 A 产品上的还是 B 产品上的，等等。

要解决这个问题，最彻底的方案还是实现“作业即记录”。如果仔细观察销售配置报价作业细节，我们往往会发现在作业过程中，所有数据都已经生成，只不过大多以非结构化形式存在，而后者无法满足下游部门需求。

图 8-16 就是华为“销售配置报价数据处理”在交易流数字化改造前后的状态。改造前，大量非结构化数据保存在 Excel、Word 等办公工具内，所有数据存在于作业人员个人电脑且无法被系统处理；而新建的云化配置报价作业平台，实现了作业即记录，不增加用户负担，且数据同源，保证了全流程使用的一致性。

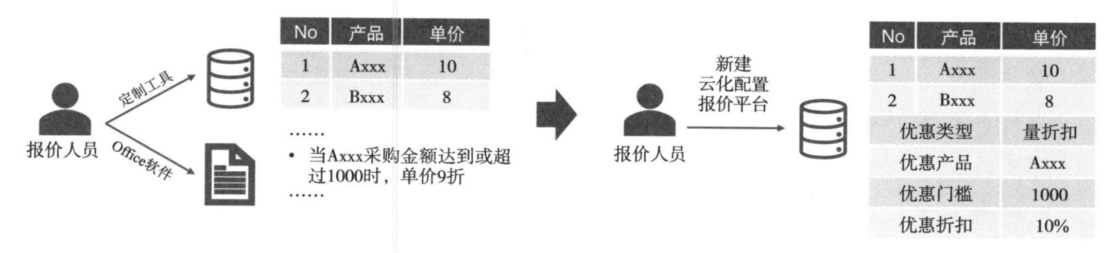

图 8-16　售前配置报价信息的作业即记录

3. 以用促建，越用越多

前面我们已经提到，线上的交易数据越多越好，只是受限于成本，部分收益不明显的数据可以选择暂不上线。而随着交易流数字化的深入，我们往往有这样的发现：一旦数据上线，得到使用并创造价值，作业部门是非常有动力将原有的线下数据搬到线上的，如此便形成了以用促建、越用越多的良性循环。

以交易流的“客户化箱单”解决方案为例，我们可以看到“商品配置”数据（见图 8-17）是如何由线下搬到线上并形成良性循环的。

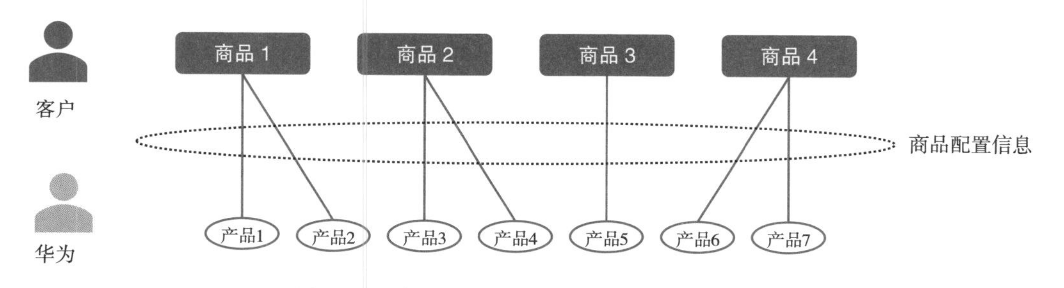

图 8-17　商品配置信息支持“客户化箱单”

在我们的客户中，部分客户通过自定义的商品编码来管理采购产品，每个商品与华为的产品一般存在 1 : N 的关系，这个关系便是商品配置信息。这部分信息如果结构化上线，对于实现业务精细化管理是十分必要的。但是一直以来，这部分数据的责任人为销售人员，由于有一定的维护工作量，很多时候他们都是做一堆商品对应一堆产品的订单了事，而不是将订单里的每个客户商品对应华为的产品。那么如何改变这种情况呢？最关键的是找到一线作业者也能受益的点。

客户验货入库就是这样，在这部分信息上线之前，客户在验货时，面对一堆华为产品，需要华为员工帮助他们厘清华为产品与客户商品的关系，才能完成资产在客户侧入库。对于双方而言，清点货物都是一个不增值的作业环节，因为在销售环节，这部分销售配置信息实际上已经产生，只是未进入系统。在这种情况下，我们建议销售人员在订单生成环节将商品配置信息维护起来，之后，这部分配置信息由自动生成的“客户化箱单”承载，并随货发运。在货到后，客户只需对箱单进行扫描，验货即可完成入库。“客户化箱单”的“用”带来的验货环节效率提升，使一线销售人员有动力在报价环节就做好商品配置，进而带动全流程效率的提升。

这便是一个典型的“以用促建”推动数据线上化的场景，这里的关键在于识别当前的业务痛点，定位数据需求。

8.3.2 如何实现“一个客户一个交易流”

交易流架构要解决的第二个关键难点，是如何实现差异化以及跨部门的集成。在前文中，我们已经对服务化做了简要介绍，简而言之，采用服务化的架构设计可以加快 IT 部门对业务的响应速度，沉淀业务能力，提高灵活性与可扩展性等。这些特性对于交易流数字化而言，是绝对的刚需。

首先，差异化可以说是 To B 交易与 To C 交易最核心的差异。这个差异产生的主要原因是在 To B 交易里，To B 客户相比 To C 消费者，对于企业来说往往有更大的话语权，而这个话语权最终也会体现在交易流的定制上。在 To C 领域，几乎所有的消费者进行购物时都要遵循平台提供的标准交易流程，是一个平台一个交易流。而在 To B 领域，企业无法用一个标准交易流程满足所有客户。尤其在华为运营商业务这种全球客户高度集中的场景下（全球约 400+ 客户），甚至会是“一个合同一个交易流”。在这种情况下，To B 数字化交易流必须具备对数据和服务的“乐高式”灵活组装能力。

另外，在大部分 To B 企业里，技术问题不是交易流数字化的全部。跨度长、牵扯部门多的流程，难免要碰到大量的部门责任边界不清楚的问题，在一些部门墙较重的企业，边界冲突的问题会对交易流集成产生致命的影响，而服务化同样为此提供了解决方案。

1. 服务化解决交易流的定制

为使客户有更好的定制化交易体验，无论是交易对象还是交易流程都应当可以被定制。交易对象定制意味着客户可以买到最适合自己的商品，交易流程定制意味着客户可以用自己的一套交易方式与多家供应商打交道，而不是增加一个供应商就增加一条交易流。同样，企业的内部用户也存在定制化的需求，不同区域的不同部门的员工，他们的作业模式也会随着客户的定制而产生“大同小异”的需求，这就要求我们的交易流有一个主干稳定、末端灵活的架构。主干稳定能保证总部的监管要求可以通过 IT 系统内得到完整的贯彻，而末端灵活又可以让一线员工能通过自主定制来提升作业效率。

图 8-18 展示了服务化架构下，如何实现对客户和内部用户的交易作业流的快速、低成本定制。这里的定制可以分为两类。

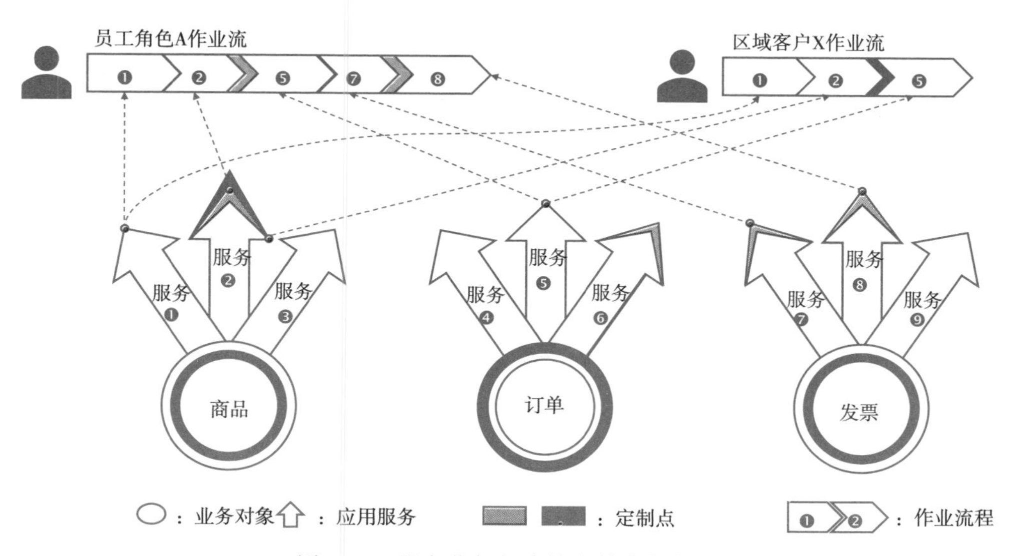

图 8-18　服务化如何支持交易流的定制

（1）对象定制

对于业务 Owner 需要管理的业务对象或其属性、字段，我们必须使用主干提供的数据和服务，而除此之外的其他业务对象、属性字段以及对应的服务，主要由客户差异化管理而带来的，则可以在主干上进行自主定制。

例如，华为在西欧某国的客户管理的 PO 颗粒度比主干 PO 更细，在 PO 之下还有一个子层级（PID）来管理其采购 PO 里的产品分类（见图 8-19），那么，这个分类标识以及对这个标识进行的额外操作就可以在主干之上进行定制操作：扩充订单属性，扩充订单服务。

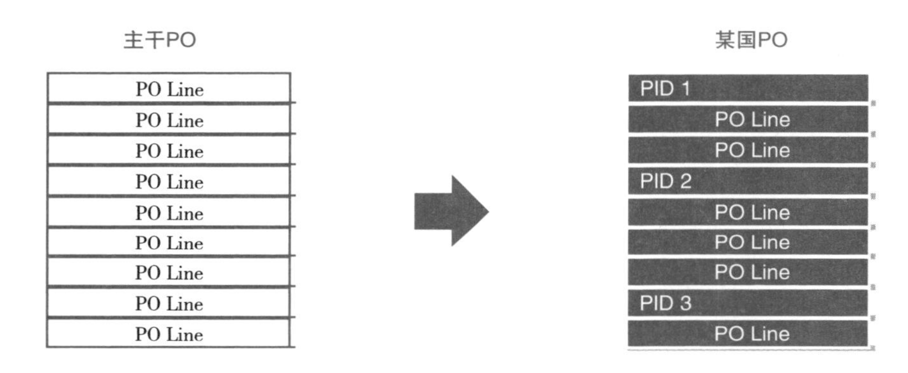

图 8-19　主干 PO 与西欧某国的定制 PO

（2）流程定制

业务流遵从主干数据定义（无新增业务对象或属性），但在作业次序上与主干提供的标准流程不同。这里说的流程可以大到配置、报价、下单、开票等这样的作业颗粒度，也可以小到配置是先生成内部物料还是先生成客户型号这样的作业步骤。

例如，华为在东南亚某国的业务量大，产品配置报价工作繁重。为提高效率，该国的这部分业务作业人员的工作职责范围是配置报价加上部分销管业务一起串行处理（图 8-20 中以“PO 行审视”为代表示意）。因为其组织的特殊性，在原主干的交易平台上，作业人员需要频繁切换工具来实现一个连续的作业，因此他们经常抱怨干一件活，要同时打开 4 个工具。而服务化交易流上线后，我们就可以利用服务化特性轻易编排出用户所需的个性化作业工具。

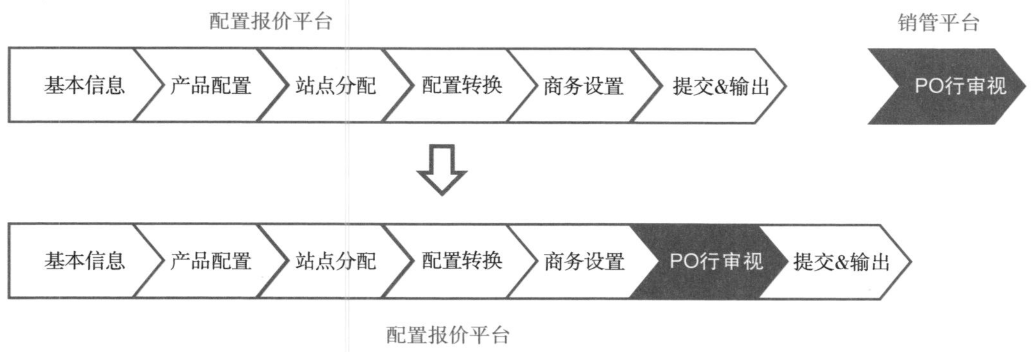

图 8-20　作业流程的定制

2. 服务化解决交易流的内部集成

一家足够大的企业，其总部机关和一线之间一定存在或多或少的职责冲突，同时，在总体的各个行管部门之间也是如此。交易流作为企业跨度最长的流程之一，无疑是此类职责范围矛盾冲突最为集中的地方之一。

在华为的交易流数字化过程中，我们经常会碰到这些一线问题：你做的是 A，而我要的是 B！而回到机关，各个业务行管部门之间经常有这样的争执：你做了该我做的！你没做你该做的！服务化为解决这些冲突提供了很好的思路。

从图 8-21 可以看出，采用了服务化架构以后，相较传统的单体应用架构，有横竖两个维度的解耦。

- “横”的流程与能力解耦，也就是一线与机关解耦，流程归作业部门，能力归机关行业管理部门，一线主战，机关主建。
- “竖”的能力之间基于业务对象解耦，各业务对象有唯一的行业管理组织作为业务 Owner，行管组织根据业务对象自主建设机关能力，形成服务。

这种解耦带来的好处就是使得交易流各部分边界清晰、职责分明、能力分散，同时又能被一线业务作业场景牵引。

还是以售前数据结构化为例，如图 8-21 所示，在服务化架构模式下，大家都瞄准一线销售人员的配置报价作业旅程，研发部门提供配置能力，销售部门提供报价能力，二者融合为一体的配置报价平台供一线使用。

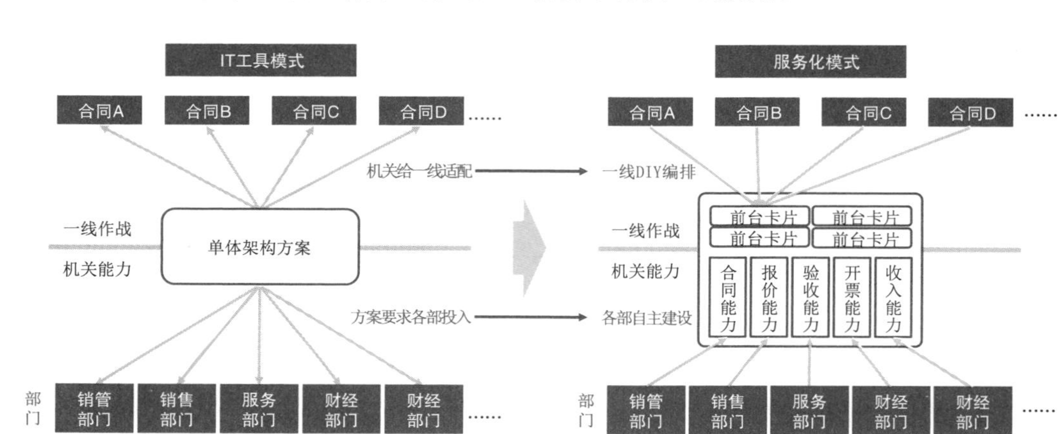

图 8-21 传统单体方案与服务化方案的比较

因此，服务化不仅仅是一种技术架构，更是一种能够实现责权利统一的管理机制，它在跨度大、集成点多的交易流数字化中尤其重要。

8.3.3 如何实现旧系统和规范的迁移

一般而言，类似华为这样的大型企业，在系统化地进行交易流数字化规划设计前，局部或多或少都已经有各类 IT 系统存在。这些早期的工具定义了各类数据、规格、业务逻辑，甚至操作习惯等，而这些东西则在长期的使用中成为事实上的规范。这些规范中的一部分可能已经过时甚至不合理了，但是纠正它们并非易事，甚至有时候困难大到让变革中途而废的程度，这也是大多数企业在打通交易流时要面对的第 3 个主要难点。

最能说明这个挑战严重性的通俗例子就是铁轨的轨距。目前全球大部分铁轨的轨距都是 1435 mm，这个宽度并非来自对火车动力学的计算，抑或火车载货能力的考虑，而是纯粹是因为英国的马车是这个宽度，这样早期的铁轨也可以跑马车。而英国的马车之所以这么宽，是因为它刚好能够容纳两匹马的屁股。

尽管这个轨距设计最初的考虑并非十分周全，但是一旦它成为标准并传播开来，所有的其他相关系统只能跟着适配。例如NASA火箭的助推器的直径本来应该做得更大，但是因为从助推器的犹他州工厂运送到发射场要经过隧道，而隧道的宽度是由铁道轨距决定的，因此NASA也只能妥协。

在华为进行交易流数字化的过程中，类似的场景随处可见。大到交易对象的定义，小到作业工具一个具体的操作界面是放在屏幕左边还是放在右边。

与NASA不同，我们必须引入新的业务规范。那么，如何协调处理旧的规范呢？一方面，我们尽可能地将一些过时且牵扯少的规范修正或下线，另一方面，如果碰到的是一些类似轨距这种牵扯过大的规范，我们倾向于采取这样的架构设计原则：老的规范在新架构里仍然有效，但在长期的发展中，业务能朝着我们设定的规范演进，也就是“向前兼容”，通过方案设计做加法，同时实现“向后演进”，通过业务运营持续做减法。

而对广大中小企业而言，更好的解决方案则是尽量避免复杂的迁移。华为的经验表明，即使在企业规模还小时，一些关键的底层设计也不能急用先行，而是必须有适度超前的规划和设计。例如在交易流领域，物料BOM就是整个交易履行的底层设计之一，如果它的原始设计充分考虑了未来的产品类型、商业模式、管理诉求，那么它就从根上降低了未来数字化演进的成本。

8.4　疫情下的无接触交易

2020年新年伊始，新冠肺炎疫情突发，在疫情高峰时期，华为全球400多个运营商客户中的350多个客户启动了远程办公。在这种情况下，如何与客户保持接触、持续交易？交易流数字化方案恰逢其时，成为唯一的选择。

疫情在两个方面深刻地影响了交易流：一方面，它大大加速了交易流方案在全球的部署，交易流方案得到了疫情的充分检验；另一方面，客户希望与华为进行更多的高质量的线上沟通，比如交易前的规划，或者交易后的运维，这意味着一个更宏大的未来数字化图景因为疫情的催化而加速到来。

8.4.1 疫情是数字化的试金石

S 国 O 客户是交易流数字化方案部署的典型受益者之一。图 8-22 展示了 S 国 O 客户的交易体验在部署方案前后的差异对比。在 2018 年之前，华为和该客户之间的信息互动基本是线下传递，业务处理靠“人拉肩扛”，周期长、易出错、过程不可视、客户体验差。在联合建设中，我们与客户分步骤、分阶段实现了全流程的在线交易协作，无论是销售、交付还是财经业务，双方都进行了深度的集成。2020 年上半年，面对疫情的冲击，我们加快完成了交付侧最后 6 个客户触点的全面对接，最终消除了所有的线下交易环节，客户也终于可以坐在家里与我们高效地做生意了。

越来越多的客户采取了与 O 客户类似的方案，通过快速部署交易流方案来实现非接触交易。诚如一位欧洲客户所言，新冠肺炎疫情是全球企业数字化的最大推动力。在整个 2020 年，无论是客户交易流还是内部流程，都因为疫情的牵引，在全球得到快速部署，并产生了巨大的收益。

- **全球交易 0 中断**。华为在 2020 年 2 季度的 3 个月内与近一半核心客户的交易流系统实现在线连接，70 个客户实现订单协同，36 个客户实现发票协同，与 20 个客户实现验收协同 PO、验收文档、发票等环节在线协同，实现全球范围内远程办公情况下交易 0 中断。
- **提升和改善多个交易节点自动化**。面对全球形色各异的订单 / 发票流程和订单 / 发票格式，截至 2020 年年底，接近 6 成的订单接收实现了自动化，接近 7 成的开票触发实现了自动化。
- **可供应性实时可视**。销售团队获得实时的可供应性反馈，减少供应中断，避免过度承诺。例如对于因为疫情封锁造成的物流受限的板件，可以针对具体区域或者客户实现实时的报价管控、发货管控。
- **末端定制**。大幅度降低定制难度和成本，一线大量线下业务得以快速、低成本上线。平均而言，从一线定制需求的提出到实现所用的时间，由原来的 3 个月以上，缩短为最多 2 个星期。

8.4.2 交易流数字化的未来图景

疫情不仅仅促使交易数字化加速，还影响了交易本身，并逐渐延伸到交易

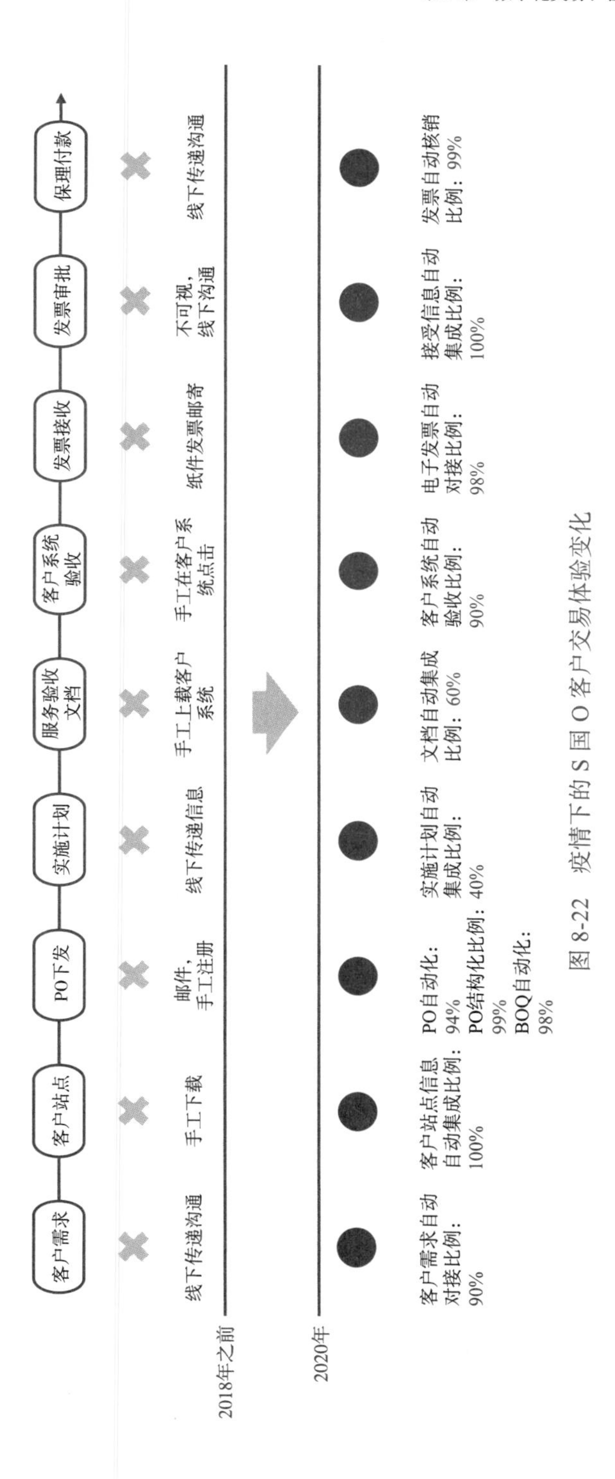

图 8-22　疫情下的 S 国 O 客户交易体验变化

之前的规划与引导，以及交易之后的使用与运营等环节。从这个意义上来说，交易流的数字化可能只是“企业互联网”的一个先行部分。作为一个与其他外部企业对接的主要交易平台，当前它的建设重点在“交易”，未来它的建设重点则在“连接”，企业与企业之间的连接。

图 8-23 所示的 4 个箭头标识了远期规划中，华为与客户在交易流的横竖两个发展方向。

- 竖向：基于客户的能力和意愿，在双方耦合的触点上持续做深，实现流程互嵌，削减双方流程冗余节点，加快交易信息流转。
- 横向：在原交易交付达成体验 / 效率目标的基础上，向两端（上市和运营）推进，实现全流程端到端的耦合。

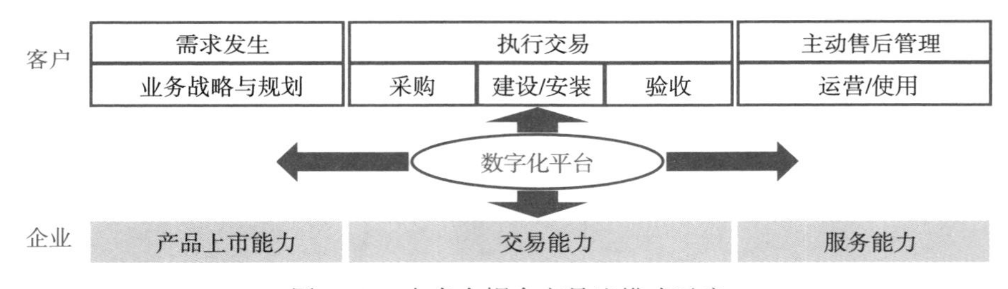

图 8-23　未来全耦合交易流模式示意

在横向发展方向上，“网上巴展”是个典型的例子（见图 8-24）。巴塞罗那世界通信展（以下简称“巴展”）是一年一度的全球规模最大、最具影响力的 ICT 行业盛会，也是华为与全球客户沟通的重要渠道。在疫情的影响下，2020 年巴展取消，2021 年规模大幅度缩减。为了让客户仍然能够与华为一起探讨业务，华为推出了“网上巴展”线上平台。利用 VR、全景、3D 等技术将场景、设备、解决方案数字化、虚拟化，并参考数字博物馆的导游模式，让客户在线上也可以获得身临其境的沉浸式体验。

类似“网上巴展”这种将线下活动线上化的实践，逐渐变得越来越普遍，这种趋势预示了一种更广阔的数字化远景。我们认为，**数字化转型的全量全要素联接的范围并非专指某一家企业，未来的社会生产组织一定会是在全社会范围内进行联接。**而它的开始阶段，就是不同企业之间沿着对方的交易生产作业流程进行相互的数字化耦合，这个耦合会在宽度和深度上持续演进。这个过程会自然延伸到整个产业链中的企业，从上游到下游，再从不同产业链到不同工业门类，乃至最后实现全国、全球的企业互联。在这个历史过程中，没有一家企业是可以置身事外的，区别可能只在于是主动发起还是被动卷入。

图 8-24　华为解决方案“网上巴展”

第 9 章

数字化运营：实现业务运营模式升级

业务运营是为了帮助企业基于自身业务战略，更好地达成企业经营与运营目标，这中间包含业务沿着流程周而复始地运转，以及在作业过程中识别并推动问题解决等过程。

而数字化运营旨在利用数字技术获取、管理和分析数据，为企业的战略决策与业务运营提供量化、科学的支撑，从而有效提升业务效率与业务能力，更快、更合理地达成企业目标，如图 9-1 所示。

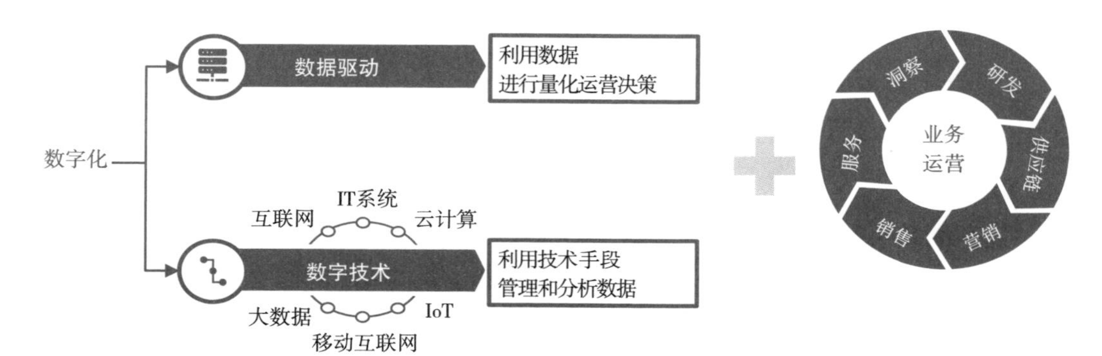

图 9-1　数字化运营定义（参考了罗兰·贝格公司的定义）

随着近些年“企业数字化转型”大潮的兴起，数字化运营似乎已经真真切切地呈现在我们面前，一夜之间各家企业都在谈数字化运营，各种研讨会数不胜数，各种流派和打法层出不穷，一片火热的景象。

一方面，数字化运营成为各个企业数字化转型的必经之路，如果缺失，似乎就意味着企业的数字化转型是不完整的。另一方面，我们也能够看到，数字化看板、大屏越建越多，越建越大，而企业的经营效率和效益似乎并没有什么大的提升，即使有一些成效，也很难说与“数字化运营”直接相关；企业的经营运营管理模式似乎也没有什么变化，流程、组织、管理体系与过去相比并没有什么不同。

那么，数字化运营到底应该给企业带来什么？

华为自 2016 年开始推进数字化运营建设，历经了多个阶段，且仍在不断学习和改进。经过 5 年多的努力，**数字化运营已经覆盖华为公司全球 100 多个代表处，覆盖的一线人群超过 60%，仅一线活跃用户就超过 6000 个。**

- 真实、可靠、实时的运营与业务作业相结合，通过运营工作获取业务效益。
- 借助数字技术撬动组织与流程，打破业务边界，实现高效指挥、高效协同。
- 利用数字技术重构管理者认知，打破人机边界，实现智能和科学决策。

本章将对华为数字化运营的建设过程进行还原，并对其中的关键要素进行提炼，希望能够对正在推进或即将开展数字化运营的企业和组织提供一些参考。

9.1　传统业务运营面临的 3 个挑战

华为开展数字化运营的初衷，是希望借助数字技术，帮助自身解决在业务运营过程中出现的重大问题。这些问题通过传统手段解决可能会有很大困难，但是数字技术和公司数字化水平的提升，为我们解决这些问题提供了更多可能。

9.1.1 运营仪表盘不真实

过去二三十年陆陆续续的 IT 信息化建设，让华为绝大部分业务模块都已经实现了线上化，因此从研发到交易链条上的数据基本是完备的，准确度也基本能够满足业务需要。

但是这种完备、准确到了业务运营管理领域则完全不适用。以华为某个地区部组织为例，每年运营相关会议接近 10 000 个，而这些管理会议的背后，是各个部门的“表哥表姐”们所提供的线下手工报表。对于管理者来说，他们所掌握的经营运营情况的真实性与准确性，往往取决于这些“表哥表姐”们的 Excel 技能水平，甚至是下层组织是否愿意把真实情况告知管理者，如图 9-2 所示。

会议多

部门	会议召开频次				合计
	每周/双周	月度	季度/半年	不定期	
代表处	13	13	7	7	40
项目级	—	3*330	—	26*330	9570
合计	13	1003	7	8587	≈ 10 000

注：xx 地区部2016年330个项目，每个项目月度各种例会平均3个，不定期各种会平均双周1次，大小会议合计近10 000个

用户需要同时面对多个IT系统，数据获取难，完成一项工作需涉及多个角色，从多个系统获取数据，系统间还需要进行人工转换，效率低，质量不高

图 9-2　业务经营结果不真实、不可靠的原因示例

华为公司在过去的经营管理历史上，就出现过高层管理者通过不同渠道获得了完全不同的经营结果的情况。在听取业务部门汇报时，所获得的经营预测是相对良好的，而随后行管部门所提供的经营预测与前一份有极大差距，所显示的未来经营是有风险的。最终经过核对，发现造成上述差距的原因是由于双方的口径不同，对同样的一些市场机会预估存在差异，所以管理者认为自己在

听取业务部门汇报时“被骗了”。

出现这种情况的原因，一方面是数据来源不可信，如图 9-2 所示，PFC（项目财务官）会从 20 多个 IT 系统中收集数据，这些数据是否足够支撑运营报告，取决于 PFC 的个人能力；另一方面是运营仪表盘的产生过程不可信，各个部门都能够基于自己的理解去加工数据，甚至人工修改某些指标结果，产生能够“为我所用”的运营报告。

上述原因都导致了对于管理团队而言，运营仪表盘是不真实、不可靠的，管理团队所看到的经营与运营结果可能与真实情况相差甚远，有效的运营管理也就无从谈起。

9.1.2　指挥链条过长

华为过去的业务运营管理还存在一个问题，就是复杂的部门管理链条的存在导致整个运营指挥链条长、反应慢。客观上存在着的组织纵向管理层级，组织横向之间的业务边界，导致了业务运营过程中绕不开的“层层上报”与“层层下达”。

以图 9-3 为例，围绕业务存货运营分析，需要 20 ～ 25 天才能走完数据上报过程，改进指令发出到执行又需要经过至少 3 个环节，因而整个指挥链条的反应周期在 1 个月以上，这样的运营周期远远无法满足业务实时运营、及时闭环解决的要求。

把范围扩大到整个公司后，造成的影响就更为严重。由于运营链条、运营模式不合理，企业“局部”和“整体”之间很难协同，当为了追求整体经营效益和风险控制而将指挥权集中时，往往由于反应不及时而贻误战机；而一旦被迫将指挥权下放，又容易出现追求“局部最优”而牺牲整体利益的情况，造成管理上的失控。

这种冗长、复杂的业务运营指挥链条，与外部环境和竞争态势下企业需要快速反应的诉求之间，存在巨大的矛盾，这也是华为公司过去开展业务运营的最突出问题之一。

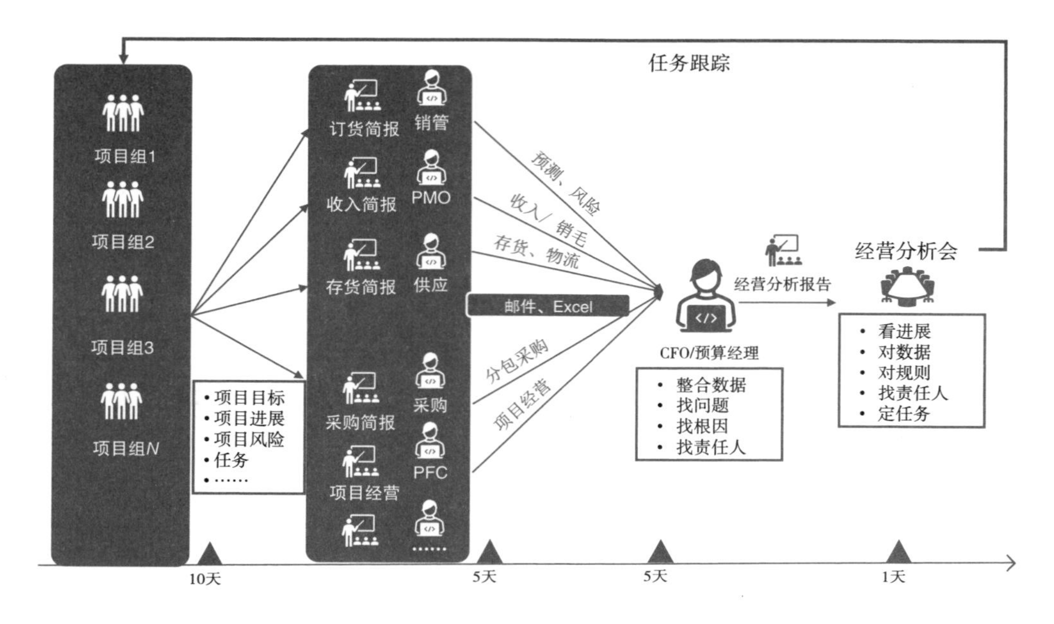

图 9-3 业务运营链条问题示意

9.1.3 决策过于依赖个人经验

华为在传统运营商业务领域中，所面对的客户群相对比较集中，全球约 400 多家客户，因此在运营管理中依靠领导者的个人能力、个人经验往往能够快速做出正确决策。

而在企业业务、云业务及其他新业务领域，华为面对的是数万行业客户、数千万企业客户总量。与之相对应的，华为各个区域的决策者所面对的市场竞争也不再是“几个大项目”，而是数万、数十万个商业机会点并存。这些企业业务类项目单看可能规模不大、结构比较简单，而一旦达到庞大的数量级，所带来的运营决策复杂度就会急剧增加。

- **信息完整性限制**。科学决策需要大量信息的支撑，随着业务范围扩大和业务多样性增加，信息的不确定性大幅度增加，获取信息的难度也随之大幅增加。例如在传统运营商市场对于未来一年的市场规模可以比较清晰地提前知晓，而在新兴的企业网等市场则很难获得准确的信息，数据不完整、数据失真、数据及时性不高等是制约经营决策的关键。

- **人脑限制**。与科学决策关联越多，所涉及的数据量就越大。在传统业务领域的运营决策中，由于市场格局、产品差异、业务场景等相对稳定，因此所需要的信息可以通过人的大脑，借助过去的经验进行分析比较；而在新业务领域中，支撑科学决策的信息量达到了前所未有的规模，经统计平均每天与经营决策相关的各类数据的总量将达到 T 级（数据存储量词，1000 GB 为 1 TB），相当于为决策者每天提供一个图书馆，这大大超出了人脑所能处理的极限。

在这样的背景下，决策者一方面明显感觉到决策依据不够、决策把握不准，另一方面又不得不凭借“拍脑袋”做出决策。决策的科学性无法保证，决策效果也就可想而知。

因此，如何让决策者更好地适应新业务形态下的环境，如何让决策者跨越庞大的信息障碍，摆脱对个人的依赖，进行科学、智能的决策，是华为在业务运营中迫切需要解决的问题。

我们将在后面用三节篇幅来描述华为为了解决上述问题所展开的实践。

9.2　数字化运营提升业务效益

华为在推进数字化运营的初期，就强调运营不应该是单纯的报表、看板，而是必须和业务作业相结合。各种运营的结果及展示，要能够对业务的效益和效率的提升起到促进作用，这样的业务运营才能够真正体现出价值，也才能够真正在企业内具备生命力。

图 9-4 是运营与作业相结合的一个典型场景示例。

如图 9-4 所示，在业务结果可视、实时预警、动态监控等方面，利用数字化手段可以在不同场景下实现如下运营效果。

- **运营数据真实**：面向各个业务部门提供来源可靠、口径一致、数据完整准确的经营与运营结果报告，通过真实的运营数据来推动整个企业层面运营管理的一致性。

- **运营实时**：针对各类业务作业场景进行实时监控预警，将原本事后的被动追溯，转变为事中管控、事前预警，实现业务风险的快速识别和快速关闭，极大地降低了业务纠错成本。
- **运营自动化**：改变以往人工层层填报方式，让业务运营信息获取、处理自动化，并能根据业务需要灵活推送，运营管理不再是对业务的打扰，而是为业务提供优质服务。

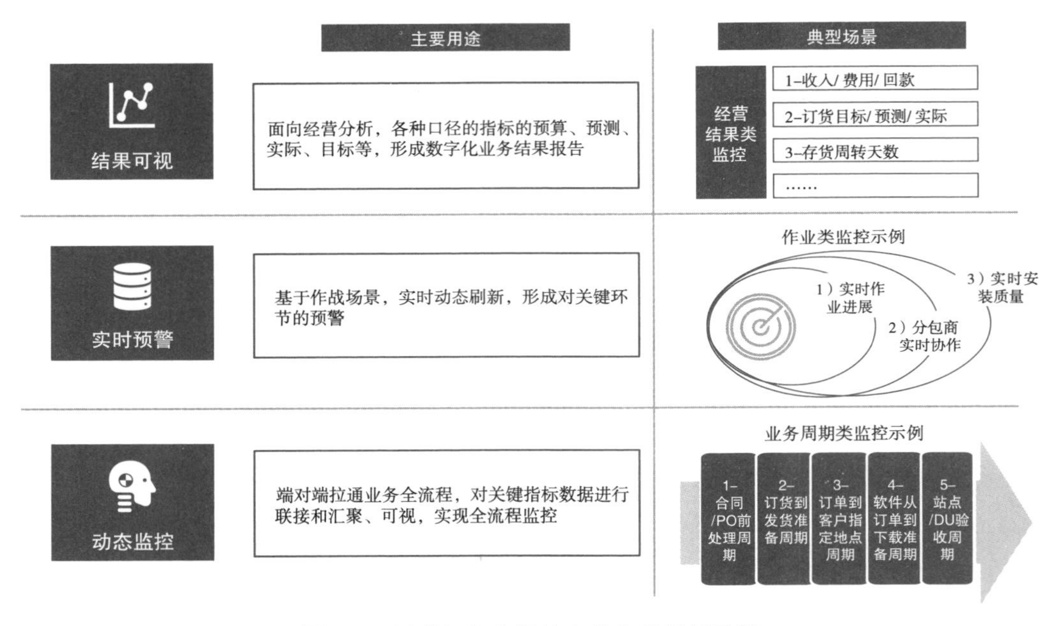

图 9-4　运营与作业相结合的典型场景示例

9.2.1　真实、全在线的可视化运营

运营结果真实可信，可能是很多企业开展数字化运营的初衷，这也是华为 2017 年启动数字化运营时最先要解决的问题。

为什么运营结果会变得不真实？

我们打开运营报告的产生过程，就很容易发现，所有的运营报告不外乎是收集数据、处理数据、报告呈现这 3 个环节。因此华为在实践中，把运营结果真实可信的重点聚焦在对上述 3 个环节的管理上。

以图 9-5 为例，在企业内形成统一而清晰的框架，对整个运营报告的产生过程进行管理和约束，确保企业的运营仪表盘真实可信。

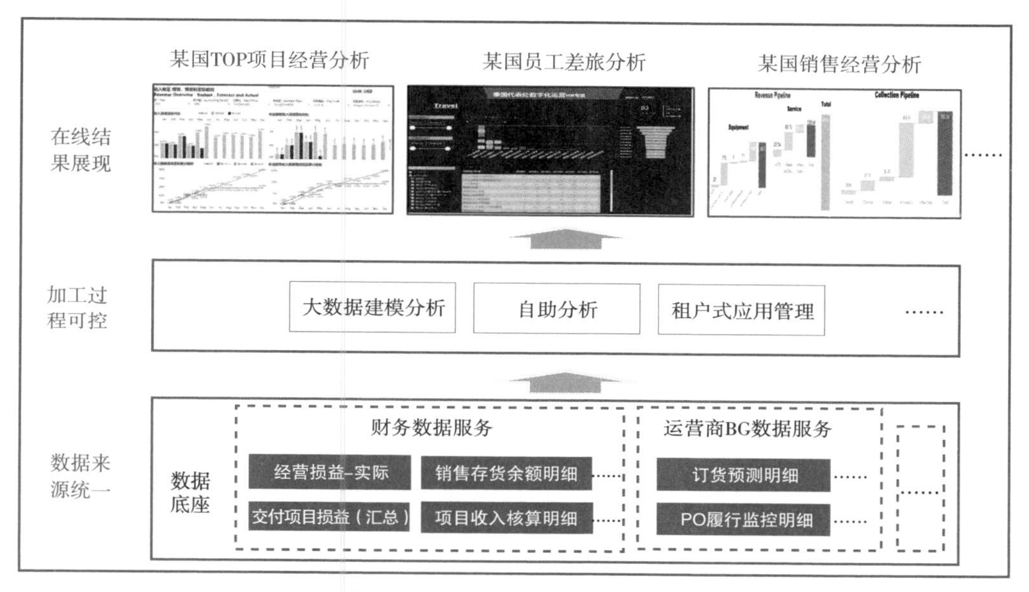

图 9-5　数字化运营报告产生过程

1. 数据来源统一

通过数据底座来统一所有运营报告的数据来源。换个角度讲，就是不再允许编制运营报告的人（也可以是一个组织或部门）自己提供数据，所有的数据必须统一从数据底座获取，这样就充分保证了每一份运营报告的数据来源都是可信的，并且和业务系统中所看到的内容完全一致。与此同时，华为也开发出了一整套数据底座的架构和解决方案，确保能够在及时性、完整性上满足业务的需要（这部分将会在第 11 章介绍）。

2. 加工过程可控

管理每一份报告的加工过程，但是这种管理并不是传统意义上的审核和开发，毕竟随着业务灵活性的不断增加、运营管理的不断精细化，我们越来越不可能采取这种僵化的管理方式。华为在实践中采取的管理，是指制订统一的报告加工规范，这个规范要求每一份报告、每一个指标都必须定义清楚它的加工规则、加工口径。

华为将各种报告和指标分为两类，对于集团层面需要保持高度一致性的归为一类，必须由行管部门统一加工，各个组织只能使用而不能更改它；对于满足各个业务部门灵活管理需要的归为另一类，由各业务部门作为运营报告的提供者，可以自己决定报告的加工规则，但这种规则必须是清晰而且显性化的。例如对某个收入增长率而言，必须讲清楚这是按总量还是按人均分摊量统计的。

3. 在线结果展现

这是确保运营报告真实可靠的重要因素，因为灵活易用的报告展示方式，会让用户更愿意在工作中使用这些线上运营报告，进而推动数字化运营不断改进。

例如，华为在实践中提供了强大的运营报告呈现能力，使得管理者可以按自己想要的视角来审视运营情况，包括按时间、区域、组织的不同维度进行呈现，以及与历史、目标、竞争对手的综合比较等；这些都不是预先固定下来的，而是由每个管理者根据自己的需要而灵活调整的。

这种运营报告并非以往那种只能按固定周期来提供，比如每周、每双周、每月刷新，而是借助数字技术实现全在线的刷新。管理者随时都可以打开运营报告看到最新的数据，极大地激发了他们的能动性，因为他们可以随时对业务开展他的管理职责。

9.2.2 事前、事中干预的实时运营

前面谈到通过数字化手段可以提供全在线的运营信息，这种全在线的方式还有一个重要的价值，就是为业务提供实时运营信息，而不需要等到所有业务都执行完毕，才能对业务运作效果进行审视。

以图 9-6 为例，借助数字化运营手段，风险管理行为从事后向前延伸到事中，因而也就具备了事中进行监控、预警、解决问题的可能，而管理行为越是向前延伸，所产生的各种纠错成本也就自然呈几何级数地下降。

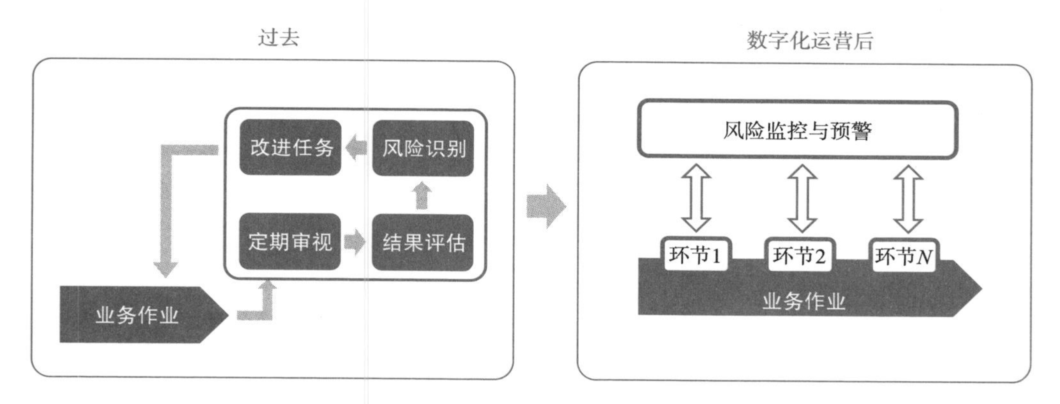

图 9-6　通过数字化运营实现风险事中管理示例

1. 提前预警风险

当我们具备了实时运营能力以后，业务对风险的识别方式就会发生变化，风险识别的模型会更细，各个风险控制点就可以和业务执行过程结合起来。原本只在流程执行完毕时进行风险审视，现在就可以在不同流程环节增加相应的风险探针，一旦业务执行时超过了预先设定的阈值，风险就会被自动识别出来。此时流程还没有结束，因此是真正的"风险预警"。

例如，预先评估交易过程可能存在的产品配置、交付条款、回款方式等常见风险，那么一旦在交易中突破了提前设定的阈值，比如某个合同中包含了存在风险的关键条款，那么这个风险就会向运营管理部门发出实时预警，业务就可以马上采取行动，喊停这次交易或者对交易模式进行修正。

2. 量化管理风险

一旦风险被提前发现，那么就可以采取细化和针对性的管理。华为在实践中针对各类风险进行了模型设计和量化管理。一方面，业务人员可以对风险进行不断深入的钻取，查找引发这些风险的内在原因；另一方面，可以对这些风险进行更准确的量化评估，对每一个风险可能造成的后果进行更合理、更准确的分析，风险不再是一段晦涩的文字描述，而是清晰并且可衡量的。

例如，交付部门在启动一个大项目的交付履行前，能够拿到清晰完整的风险清单，这些风险可能来自产品对客户需求的满足程度，可能来自合同条款的约束条件等，并且对每一种风险可能造成的影响都有精确评估供业务参考，比如某个风险可能导致收入延迟 X 月等；对于业务部门而言，这相当于把未来道路上一个个“坑”都标识清楚了，业务人员可以提前选择“绕坑而过”或者“提前填坑”，大大减少了后续合同履行过程中的各类争议。

3. 快速关闭风险

运营要和业务结合，因此风险揭示的结果一定要形成清晰明确的任务，并且在业务流程中执行。既然风险的识别和分析是实时的，那么业务就可以针对风险进行及时规避。这种改进会形成一个个任务，并且形成业务执行和风险运营的双向互动，一方面业务人员能够在作业平台接收到这些任务，另一方面作业改进的结果又会反馈给风险运营环节，从而实现风险到改进的闭环。

例如在很多代表处，运营管理人员上班第一件事就是通过运营大屏看看业务执行的情况，当发现一个风险预警信息时，比如交付进展明显滞后于与客户约定好的交付计划，那么就可以在交付运营大屏上发布一条即时风险改进任务。而交付经理只要登录办公平台，就会马上收到这个任务，这样他就可以在第一时间采取改进行动，增加当天的交付量，同时这个改进措施又会即时反馈到运营平台。运营管理人员看到自己所发出的任务已经有了执行措施，就意味着这个风险已经在过程中得到了有效管理，他只需要继续跟踪后续闭环效果就可以了。

9.2.3 为业务提供主动服务的自动化运营

在传统运营工作中，提升运营管理的精细化程度和减少对业务作业的影响，往往是矛盾的，因为管理越精细，就越依赖于各业务环节的信息反馈与上报。

运营管理就一定要打扰到业务人员吗？在传统业务运营中，这可能是无法避免的，但在数字化运营中，我们其实能够找到两者并存的方式。

以图 9-7 为例，通过数字化运营可以改变运营动作和作业动作之间的关系，运营不再是业务人员的额外工作负担，而是面向业务所提供的一种“服务”。

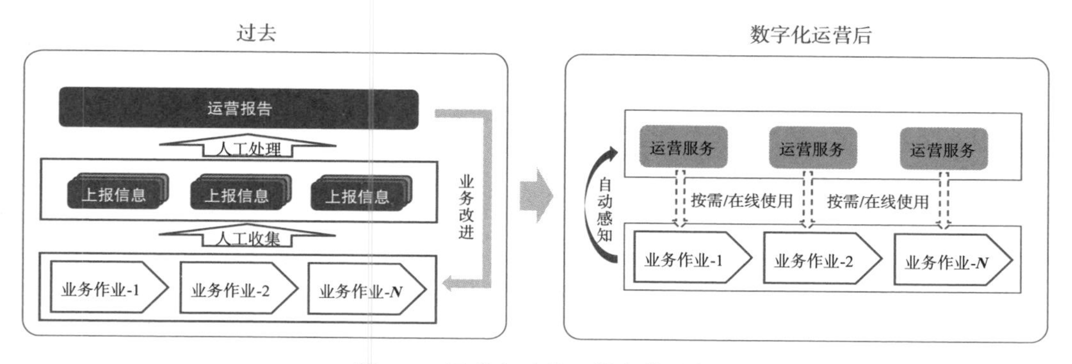

图 9-7　运营自动化、服务化示例

1. 无须填报，自动感知业务情况

运营报告的产生方式与过去相比有了非常大的变化，运营数据不再需要人工填写和申报，而是通过各种数字化手段进行自动感知、自动采集，系统获取到业务数据之后，再根据预设的逻辑进行整理和加工，并形成在线的运营报告。

华为将业务数据的采集感知手段分为两类，一类是对物理世界的感知，比如疫情下人员进出的自动测温等，这类称为硬感知；另一类是对数字世界的感知，比如在系统中点击按钮提交某个单据的时间等，这类称为软感知。结合这两种感知手段，我们就可以让业务行为自动转换为运营所需要的各类数据。

例如当运营管理人员希望改善业务执行周期效率时，不需要让各个业务环节反馈任何数据，通过预先设定的探针，系统可以自动感知每一个业务动作的时间，比如业务人员在室外启动操作的时间、在系统中录入数据的时间点、单据审批通过的时间点等，并通过这些数据很容易地自动得到业务流的整体运作周期报告。

2. 随叫随到的在线运营服务

一旦前面提到的数字化手段成为现实，我们就可以将原来的运营管理动作细分成若干个在线服务，同时各类运营报告将不再是一种事后体检报告，而是可以根据业务需要随时发挥在线辅助作用。

仍以上述业务周期管理为例，业务人员自身也承担了周期改进目标，因此他们可以根据需要随时使用某一个运营服务，例如查看当天实际执行与计划的偏差情况，或者查看截至当天自己所负责业务段的实际周期天数与目标的差距等，这样就可以主动地采取改进措施，而不需要等到“某个人”在月末塞给他一张统计报告，要求他解释为什么没能达成周期目标。

9.3 数字化运营改变组织运作模式

数字化转型不仅仅是数字技术的成功应用，更是通过数字技术对业务运作模式的优化与创新。

数字化运营同样如此。华为在开展数字化运营时，不断思考一个问题：数字化运营除了看数据（数字化看板）、用数据（辅助业务提高效率）之外，是否能发挥更大的价值？

既然华为作为一家典型的非数字原生企业，迫切希望通过数字化转型带来自身业务的升级，那么数字化运营也不应该仅仅局限于看清数据、用好数据，而是应该进一步撬动企业组织和流程，帮助企业突破传统运营模式上的局限。

一方面，单纯的数据可视对于业务效率和效益的提升是有限的，因为这主要是借助信息处理效率的提升来带动业务效率和效益的变化，并没有带来企业业务运作层面上的变化。而如果进一步希望企业业务发生更深层次的改变，推进企业业务模式的升级，就必然需要对企业的流程架构和组织衔接方式等进行变革。

另一方面，数字技术的巨大进步已经给接下来的组织和流程优化提供了坚实基础。**当数据可以在多个组织、多个流程之间，真实、完整、实时、通畅地产生与流转时，组织和流程优化所可能遇到的信息壁垒其实已经被极大地消除了。**

也许，我们离撬动优化自身的流程和组织，只有一步之遥。

9.3.1 打破组织层级，实现透明高效的决策指挥

华为公司提倡**“让听得见炮声的人呼唤炮火”**，也就是说要让作业人员与

“指挥部”之间能够顺畅无缝地对接，让实际作业现场的声音能够直接传递到运营指挥系统，这样运营指挥部就可以基于最真实的“战场”声音进行决策和资源倾斜，从而将“炮火”在第一时间提供到一线作业环节。

1. 运营指挥模型

为了实现这种数字化运营下的高效指挥模式，华为构建了运营指挥模型，对纵向多个业务管理层级重新进行定义，形成了一种协同性更高、层级分工更合理的运营模式。

如图 9-8 所示，围绕运营中 7 个关键动作（监控、预测、预警、协调、调度、决策、指挥），将传统多级指挥链条精简为“作业岛”和“指挥中心”两级，大大提升了指挥效率。

图 9-8　数字化基础上的运营指挥模型

（1）作业岛：集中的业务作业单元

作业岛会将相似的工作内容合并处理，这样更有利于提高作业质量、降低作业成本。作业岛依托业务作业平台开展实际业务，对于某个业务角色而言，这就是其唯一的工作环境，各种作业计划、要求、来自指挥层面的各个作业指令等，都会统一在业务作业平台中体现。

作业岛所产生的所有业务行为，都能够完整、实时地被感知，并同步传递到指挥中心，形成真实完整的运营监控信息；作业岛也能够及时向指挥中心请求支援，例如针对资源准备、环境准备等出现的问题进行处理。

（2）指挥中心：集中的业务指挥单元

指挥中心面向多个作业岛发出指令，依托运营平台对各个作业岛的业务信息进行整理、分析，对可能存在的风险进行识别，并根据实际情况进行干预。

建立集中式的指挥中心还有一个重要功能，就是确保在同一个业务场景下的指令来源唯一，作业岛不会同时接受两个指挥中心发出的不同指令，在同一时间、针对同一件事情，永远只有“一根指挥棒”。

2. 运营指挥典型案例

（1）案例背景

以华为公司的运营商交付业务为例，华为通常以“交付项目”的形式来对合同交付业务进行管理。随着业务规模的扩大，华为在不同代表处或国家，会同时存在多个“交付项目经理”，每个交付项目经理既对合同契约要求的交付履行结果负责，又对该交付项目的最终经营结果负责，例如项目进度和质量满足客户要求、项目收入和成本达到预定目标等。

交付项目之上存在多个管理层级。多个交付项目按客户归属“系统部”管理，多个系统部按国家归属“代表处”管理，多个代表处按地理区域归属“地区部”管理。这些系统部、代表处、地区部也都承担着所辖区域的运营和经营管理责任，因此也需要参与各交付项目的业务运营管理。

这样就形成了一条沿着交付业务的纵向指挥链条，即“交付项目组—系统部—代表处—地区部”，而链条越长也就意味着运营指挥难度越大、效率越低。

（2）案例中的业务运营诉求

在这种背景下，华为业务部门迫切地希望通过数字化手段实现业务运营指挥模式的改进，让原本串行、多层的业务运营链条得到简化。

从某个交付项目的角度，华为一方面希望可以进一步提高各种优质资源使用率，不要把资源的利用总限定在一个项目范围；另一方面希望通过运营模式优化，大幅提高工程交付作业质量和准确性，减少例如重复上站点施工等导致的交付成本上升。

从项目之上的运营指挥角度，华为希望能够更实时地掌握项目进展，而不再依赖于传统的层层上报形式；能够更实时地监控项目风险，避免总是“出了问题才采取补救措施”；能够更实时地对各个交付项目进行指挥，并快速获知指令执行情况。

（3）构建运营指挥模式的实践

华为在实践中，打破了传统地域边界限制，精简了指挥链条的中间组织和中转流程，一方面对指挥职能进行了重整合并，另一方面将一些共性作业职能剥离独立，达到更高效的运营指挥、更高质量的业务作业等管理目标。

如图 9-9 所示，新的运营指挥链条更加扁平化，形成了以跨国集中指挥中心、跨项目现场融合中心、远程服务中心为关键节点的运营指挥模式。

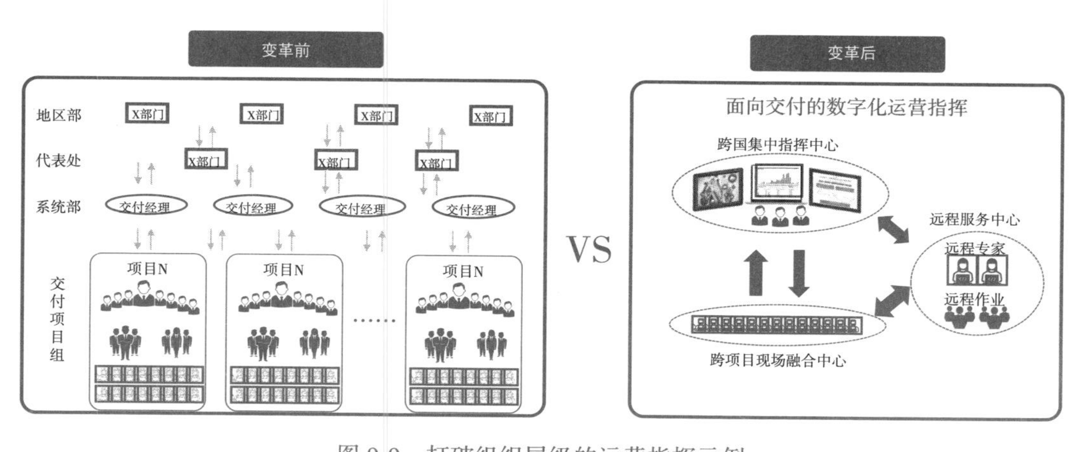

图 9-9　打破组织层级的运营指挥示例

1）跨国集中指挥中心，用“管理集结”方式实现跨项目集中指挥。

针对各个交付项目的控制、统筹、干预等职责被统一归口到集中运营中心，这种“集中”并不是指地理上的集结，而是借助数字技术实现的“管理集结”。系统部、代表处、地区部的地理位置并没有发生变化，而是共享信息并发出计划、统筹、协调等统一指令。

例如，指挥中心同时获取各个项目交付进度、作业质量、物资供应情况等信息，根据业务需要灵活决定每次运营指挥的层级，影响格局的一类项目商务风险由地区部集中审视、集中指挥；项目主计划调整由代表处进行审视指导，而客户侧一般性进度问题与风险则交给系统部进行闭环跟踪。

2）远程服务中心，用“拉远”方式实现作业高效率、高质量。

针对共性的、标准化的、重复性的作业被“拉远”到价值洼地来完成，而各个项目只需要保留高价值、高不确定性的作业。不同于上述运营指挥层面的管理集结，这种“拉远”是真正地理区域层面的。

例如，销售产品的软件升级、交付安全合规检查、物资签收、施工质量检验等作业不再由各个项目组各自执行，而是“拉远”到某个作业成本相对较低、服务能力相对较强的区域来统一完成，这个区域对应的业务部门承担了远程服务中心的责任。

由于数字化基础的保障，作业的地理位置“拉远”并不会降低作业水平，企业可以集中对这些部门或团队进行培训赋能、规范作业、提供专业化作业装备。由于这种集中远程服务是“专业人员做专业的事”，因此反而极大地降低了各个交付项目的作业成本，也大幅提高了作业质量。

3）现场融合中心，用“多面手”方式实现国家级资源调度。

打破项目组、部门和业务边界，打破作业人员的能力边界，进行跨项目的统一调度、统一分派。例如将不同类型的工具、设备、材料等统一管理，通过培训让作业人员具备多种技能，使得各类作业任务不再板结于项目层面，而是在整个“战场”层面进行灵活作业，各作业人员能够完成战场范围内的各个交付任务，大大增加在同一区域内的作业密度，减少了各种等待时间，进而降低了人力成本和综合交付成本。

9.3.2 打破部门墙，实现跨部门的横向协同

上一节主要描述了通过数字化运营来突破企业内的纵向组织层级，从而提

升企业运营指挥水平。现在我们换个角度，看看如何打破横向部门墙，来提升企业内的横向协同水平。

非数字原生企业有一个比较相似的特征，就是拥有较长的业务链条，往往会覆盖研发、营销、销售、采购、制造、物流、交付、服务、财务等多个业务环节。在这样的业务背景下，对于横向业务组织之间的协同要求很高，如果能够跨越企业内部各组织边界，形成端到端经营运营管理，无疑会给企业带来非常大的价值。

如图 9-10 所示，华为在数字化运营实践中，打破部门墙，孵化出的新组织——协同运营团队，将过去串行的组织沟通协同方式转变为星型协同方式。

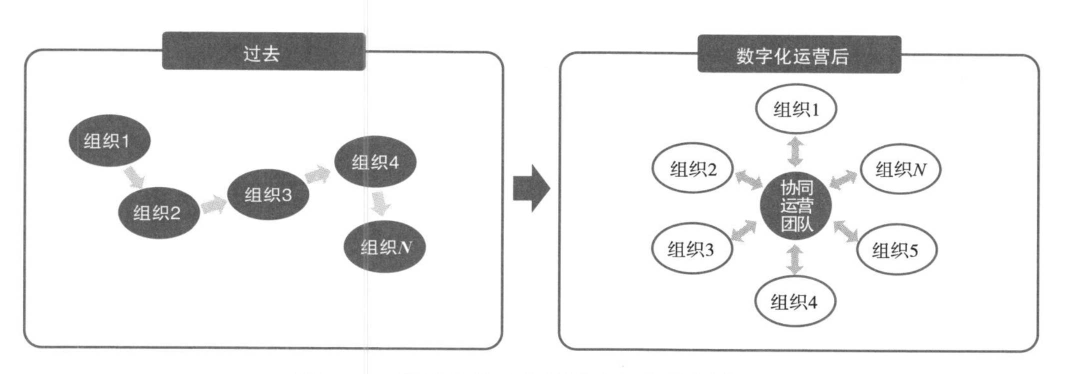

图 9-10　数字化基础上的横向组织协同模型

这样做带来了如下几个好处。

- **大幅缩短了组织间的协同路径。**传统运营中的组织往往基于业务流的顺序进行串行沟通，而协同运营团队的存在，使得各个组织可以不受业务流限制，进行更灵活、直接的沟通。
- **大幅提高了组织间的协同效率。**过去各个组织间的对接沟通虽然花了时间，但由于各自处于不同的团队，因而对接效果并不好；而有了协同运营团队后，因为团队进行了整合，所以目标是统一的，业务语言也逐步拉通，“相互听得懂”，信息能够更加充分地共享。
- **大幅增加了组织间的运营一致性。**过去不同组织是各自分析、各自行动的，协同运营团队将各个组织的运营进行改进，使其变成一种整体改进行为。

接下来，同样通过一个典型案例来详细说明。

1. 案例背景和运营诉求

华为面向客户的每一笔合同履行都要跨越销售、供应、采购、交付、财务长链条，一方面这种履行过程持续时间很长，往往需要好几个月甚至一两年；另一方面这种履行过程规模也很大，往往涵盖数百乃至上千个站点设备。

在这个背景下，如何做好全过程业务管理，如何降低从交易到履行的全过程风险，如何减少全过程资金占用，达成理想的经营目标，是每一个代表处面临的比较大的挑战。

2. 构建跨组织协同运营模式的实践

（1）建立跨越业务及财务的协同运营团队

在新的模式下，各个代表处催化出了交付运营中心（Delivery Operation Center ，DOC），这是涵盖供应、交付、采购、财务等各个角色的一体化运营组织，承担跨越横向组织边界的协同运营责任。团队中的每一个角色来自各个业务部门，因此他们对所属业务领域的结果负责；同时因为每个角色也是DOC成员，因此他们也要对最终的经营结果、客户满意度负责，并且确保整个业务执行过程符合公司要求、风险可控。

这个团队实现了管理语言的统一，销 / 产 / 供 / 服业务通常以“量”为语言，而财务通常以“价”为语言，通过建立“量与价”之间的清晰关系，就把业务语言和财务语言拉通了，也为DOC团队协同运营奠定了基础，如图9-11所示。

（2）从业务看财务：实现从售前业务到经营管理的正向协同

业务部门经常需要根据各种客观、主观因素，对现有业务节奏、计划、策略进行灵活调整。通过从业务到经营的正向协同，我们可以快速获知这种业务调整对未来经营结果产生的影响，进而做出更准确的业务选择。

例如当业务团队需要进行销售预测调整、关键合同条款更改、交付计划变更时，可以快速形成未来一段时间维度下的收入、回款、销毛等经营结果预测。如果对未来的影响在可控范围内，比如不会影响最终经营目标的达成，那么就可以执行这种业务调整；反之，DOC 团队就可以综合各种因素重新制订方案，把对经营结果的影响降到可接受范围。

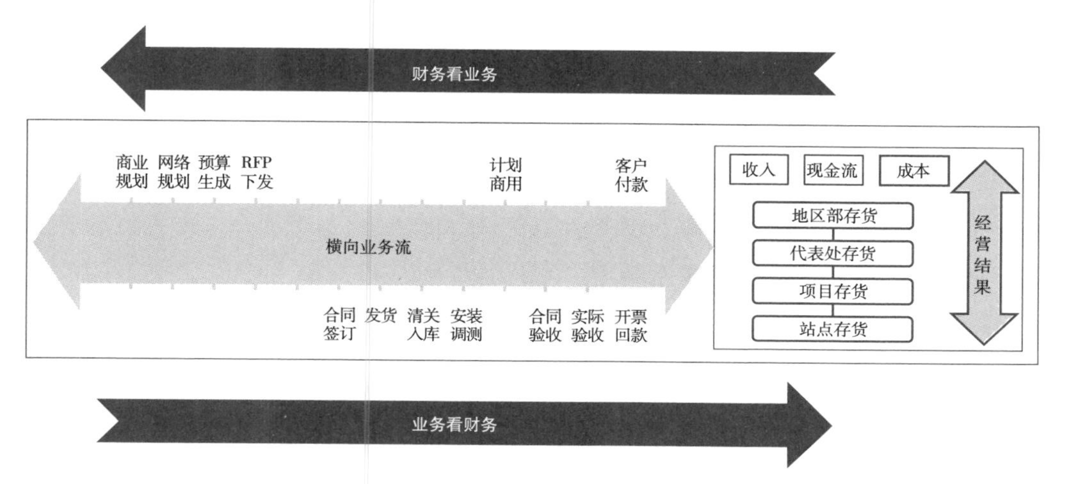

图 9-11　横跨售前到财务的横向协同运营示例

（3）从财务看业务：实现从经营管理前溯到业务的反向协同

通过组织间的横向协同，我们可以进一步实现基于经营结果的业务动因分析，帮助运营人员回答“为什么会产生这样的经营结果”。

比如基于经营目标差距识别交付计划或执行过程中的异常，从而快速制订解决措施，快速在事中进行干预，确保改进措施的效益最大、成本最低。

9.4　数字化运营实现科学决策

数字化运营的背后是数字技术的开创性进步，它不仅在企业的流程和组织，以及业务开展方式方面带来了巨大变化，如在指挥管理层级和多组织协同方面带来了进步，还在“认知”层面为业务管理提供了新的突破口。

人类的认知过程包含 3 种类型，如图 9-12 所示。对于“已知事件”的认知是最基础也是最容易的，因为这是已经发生的事实，例如前面提到真实完整的运营报告就属于这一范畴。

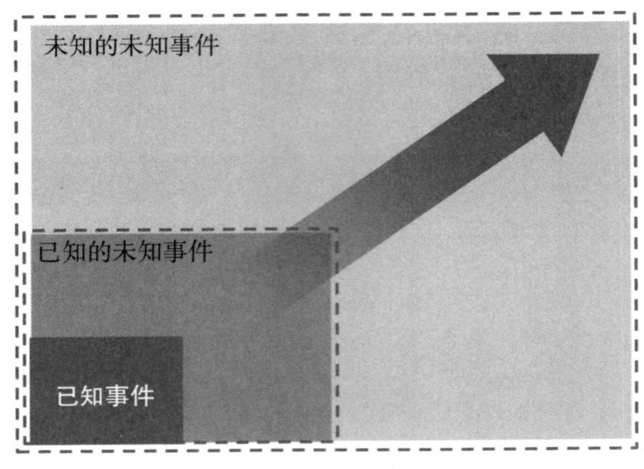

图 9-12 认知过程的 3 种类型

对于人类而言，要把握已知的未知事件就有些困难了，因为这是还没有发生的未来，对它的预测往往依赖于海量的数据和无比复杂的加工逻辑，而人脑在这方面能力有限，所以在业务运营时做决策才会显得这么难。

当数字技术发展到今天，我们已经不必仅仅依靠自身去克服上述困难。AI与管理的结合，以及大数据分析、AI算法、模型等的协助，能够在智能辅助决策、智能推演方面发挥巨大作用。

9.4.1 复杂场景下的 AI 辅助决策

在企业业务、云服务等新业务领域，面对规模庞大的行业、企业客户数量，以及伴随而来的数量更为庞大的商业机会点，华为在商业决策中所面临的管理复杂度急剧增加。

举例来说，在新业务领域，由于客户所处的行业不同、所处市场地位不同，导致商务策略上有非常大的起伏，而在这样的情况下，管理者想要在商务盈利性守护与项目把握度方面把握好平衡并进行科学决策，就面临非常大的挑战。

- 当前销售管道支撑是否充足？
- 销售管道是否健康？成功转化为合同的可能性有多大？
- 批了这单合同，今年销售毛利的目标还能达成吗？
- 还有个更重要的 ×× 项目快投标了，到时怎么批？

支撑这些决策疑问的信息并非不可收集，但是数据量过大，决策者也很难依靠个人知识和经验对这些海量数据进行完整分析，因此面对这种“已知的未知事件”，我们要突破传统运营管理模式，充分利用数字化智能手段进行科学决策。

1. 借助大数据技术，将海量数据转变为管理画像

通过采用数字化手段，我们可以对销售管道相关的海量数据进行采集、处理，形成清晰完整的管道画像，准确描述出管道的实际流量与流速，帮助管理者及早对销售形势进行判断，以便采取相应的管理措施，比如扩大销售管道入口，或者提升重点目标成功率等，如图 9-13 所示。

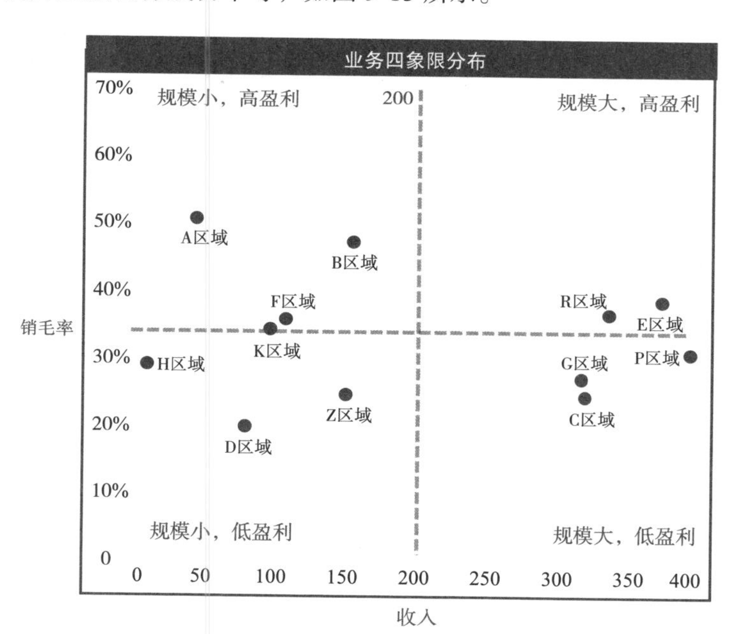

图 9-13　海量数据基础上的管理画像示例

2. 借助 AI 算法，为管理者提供辅助决策

基于 AI 算法，按场景搭建智能分析模型，并通过前期获得的海量数据进行训练和模拟，当管理者需要进行决策时，就可以提供科学的辅助决策建议，改变了过去“听故事拍脑袋”的被动决策。

以下是在商务决策场景中的典型应用。

借助 AI 手段实现多维度产品商务信息处理，获取更充分的分析视角与分析粒度。以图 9-14 为例，可以对池子（销售管道）、现状（机会点）、历史（盈亏情况）、竞争（市场环境）4 个方面进行综合商务因素分析，确定为什么要做这个项目、解决方案是否已经最优、价格策略对行业 / 区域价位是否有冲击等。

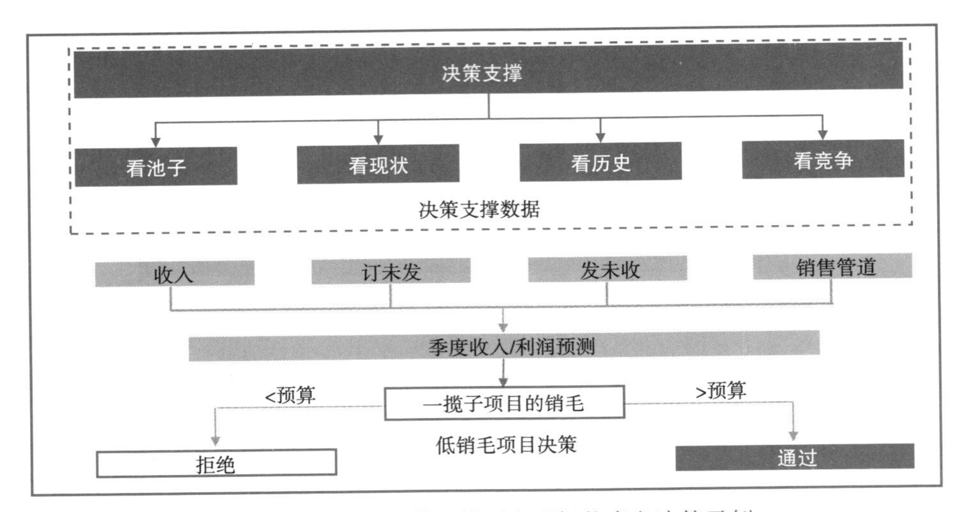

图 9-14 通过 AI 算法模型实现智能商务决策示例

借助 AI 手段对未来盈利性进行预测。综合销售管道、发货、收入等信息，通过 AI 算法构建商务盈利模型，对未来季度、年度的收入和利润进行预估，例如某个重大项目如果执行一定的商务折扣，将会对下个季度的收入目标和利润目标产生什么样的影响、是否影响整体经营目标的达成等，都可以直观向决策者展示出来，从而为业务决策提供可靠辅助，减少凭经验把握带来的波动和风险。

9.4.2 自我优化的智能运营

人类认识未知领域是从几千年前就开始的，我们在各类活动中产生数据、记录数据，基于对数据的整理形成了更具丰富内涵的信息，并在面对信息的总结和提炼过程中，逐渐形成了可以固化下来的知识，而那些能够指导我们决策，并能够在未来被证明正确的知识被称为智慧。这是一个稳定的认知模型，助力了人类文明的不断进步。

但在过去几千年，这种转化主要依赖于个体和人脑，对于企业管理决策来说，我们可能更关注如何摆脱对人脑的依赖，将基于个人经验/能力的决策转变为基于系统化、规律化的认知形成的科学决策。

如图9-15所示，在企业所面对的各类业务场景中，AI与人之间的边界会逐步变化，越是面向未知领域，AI越是会在决策和行动方面发挥重要作用。

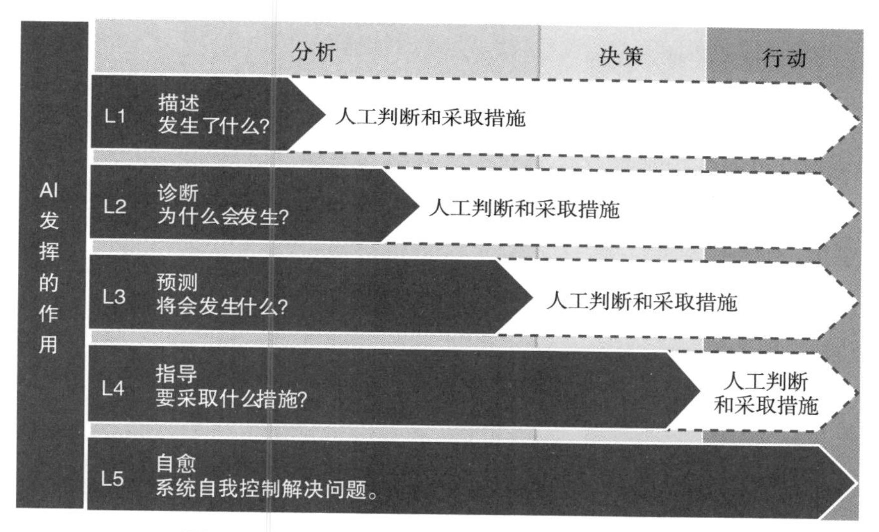

图9-15 AI在业务运营中所发挥出的不同作用

随着技术手段的进步，AI逐步从简单的“描述”迈向“诊断”乃至“智能推演”，也就是说，AI不仅仅在呈现的效率方面对企业提供帮助，而且在分析洞察方面起到越来越大的作用。

随着在业务运营分析、决策、行动过程中的人机协同程度的不断加深，人与AI之间的边界会更加模糊，二者的角色甚至会发生互换，AI不仅仅在业务分析阶段发挥作用，也会逐步在决策和行动阶段扮演更重要的角色。基于AI手段进行自我分析、自我控制、解决问题，使业务运营过程达到“自愈”效果。

9.5 营造共享生态，实现从 0 到 1 再到 N 的转变

数字化运营是一项复杂的系统工程。从 2016 年明确数字化运营作为公司数字化转型的重要举措以来，华为不断探索和学习，一方面积极学习国内外先进理论和方法，另一方面结合自身实践不断调整和优化。

回顾华为的数字化运营所走过的路，实际上是“从 0 到 3”“从 3 到 1”“从 1 到 N”的过程。

1. 从 0 到 3：百花齐放

在业务数字化运营的启动初期，华为鼓励各个区域、各个组织按照自身需要，结合自身所处内外部环境进行个性化的业务运营管理，这个阶段不强调运营方案的通用性，而是确保每个业务运营工作能够真正对准其自身业务痛点及管理诉求。

机关团队在这个阶段要转变思路，将工作侧重于提供丰富的数据支撑、IT 系统支撑、能力支撑，服务好业务反而更能彰显自身价值。

2. 从 3 到 1：归纳收敛

当数字化运营推进到一定程度，就要针对已经形成的各个成功实践进行沉淀、整合、收割，通过机关专业力量将各个组织 / 区域实践中个性化的部分剥离出去，把原本分散的“3”整合成满足多场景、可灵活配置的“1 套”共性解决方案。

一方面，数字化运营是新生事物，很难一蹴而就，必须通过不断的实践和总结才能真正打造出满足企业需要的、能够真正带来业务价值的能力平台；各种运营管理实践，也需要通过不断尝试、纠错，才能找到最有效的管理发力点，才能经得起实际业务环境的考验。

另一方面，良好的收敛和收割，形成统一的能力，能够减少企业烟囱式重复建设，大量相似能力完全可以统一打造，供所有运营场景使用；很多相通的数据分析方法、数据分析模型，完全可以在企业内更好地共享和消费。

这样一来，才能发挥出集团优势，让偶然形成的成功实践转化为具有必然性的内在能力，也为数字化运营在整个集团组织内的全面推广奠定基础。

3. 从 1 到 *N*：价值繁衍

对于很多企业来说，并不是所有末端组织和分支机构都有足够的资源、能力，去从头到尾独立打造数字化运营能力、探索数字化运营方案。而如果依靠纸面材料或 PPT 等传统方式去学习其他组织先进经验，光理解就要花费几个星期甚至几个月，有时候这种学习还经常走形，并不能把握住先进经验的关键。

因此这就需要借助上个阶段所打造的“1”——各类共性解决方案，在组织内进行快速推广繁衍、快速创造价值，达到“*N*”的效果。

通过场景“市场化”（见图 9-16），将各个区域、各个组织的优秀业务数字化运营实践收割、封装、上架，形成真正可以共享的、市场化的“数字化运营实践”。

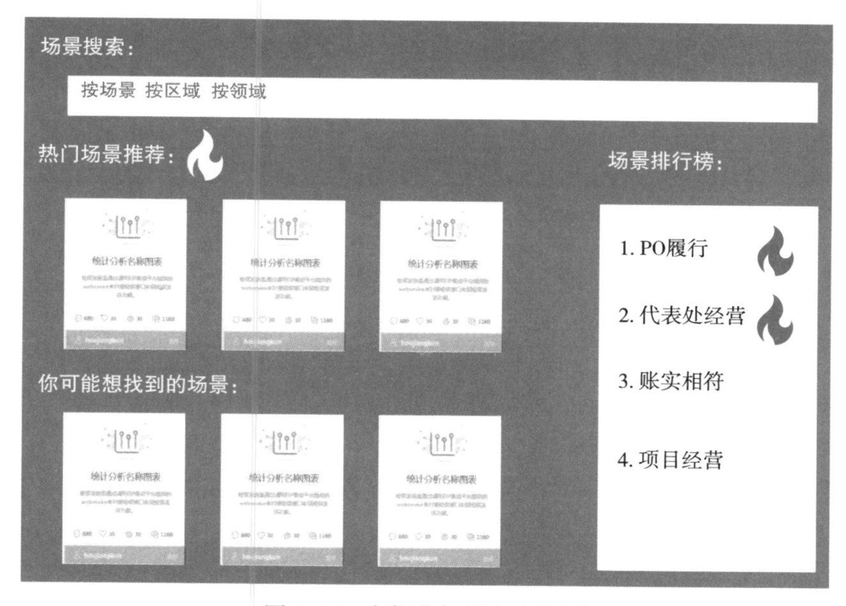

图 9-16　市场化场景方案示例

在场景市场中，华为不仅发布了优秀实践案例，还发布了各个案例的排名、推荐、评论以及明星分析师等，这极大促进了整个生态的共享热情，进而实现了数字化运营在公司整体范围内的快速扩展。

第 10 章 数字化办公：构建全方位的连接与协同

随着智能终端的普及和移动应用技术的成熟，企业已由原来以 PC 为主的办公方式转变为通过智能终端随时随地接入、团队高效协同的数字化办公模式。

华为公司的办公应用大体经历了三大阶段。

- 第一阶段：2000—2010 年。

2000—2008 年，员工主要通过 Lotus Notes Mail 进行邮件处理，并基于 Notes 电子流处理日常办公业务。2008 年之后，随着 Web 系统和即时办公技术的发展，PC 版的即时消息 + 语音会议系统逐渐成为办公系统的主流，属于典型的以 PC 邮件为主的传统办公方式。

- 第二阶段：2011—2015 年。

随着智能手机的普及，部分 PC 端应用逐渐移动化，员工之间的沟通协调逐步基于“即时消息 +AnyMail+ 视频会议”完成，手机中安装了大量的 App。

- 第三阶段：2016 年至今。

伴随公司数字化转型工作的开展，员工的作业与邮件、IM 等办公工具逐渐融合，从过去的“办公系统”转变为面向员工的一站式作业平台。数字化办公平台 WeLink 应运而生，推动公司全面进入数字化办公模式。

WeLink 对原先烟囱式和功能重叠的办公应用和 App 进行整合，为员工提供统一的会议、消息、邮件、打印、翻译、共享等办公服务，实现了与团队、知识、业务、设备的全连接，构造了数字化办公生态。WeLink 的主要功能特性如下。

1）通过与团队连接，全场景、云办公、智协同，提升个人办公及团队协同的整体效率。

2）基于知识图谱构建新型企业知识社区，沉淀组织智慧。

3）开放平台聚合应用生态，加快企业的产品开发进程，降低 IT 成本。

4）万物互联，办公硬件全场景覆盖，提升办公装备使用效率。

10.1 “三屏都装不下”的企业 App

从 2011 年开始，基于移动办公场景的各类 App 应用就开始“野蛮生长”。据不完全统计，企业内部应用市场有近 200 个 App。员工为了满足各种办公和工作诉求，在手机端需要安装至少 3 个屏幕以上的 App，给工作带来极大不便，并引发了如下几个突出的问题。

- 重复投资，App 应用烟囱式发展。例如，同样一个通讯录功能，至少会有 5 个以上 App 在重复开发，功能无法共享，浪费了大量的开发成本。
- 服务不共享，数据无法拉通，操作割裂。例如，员工如果要在移动端找一位同事的信息，就要先打开 W3 Mobile 通讯录，如果要和他电话联系，就必须切换到 eSpace Mobile（即时通信软件的名称），给他也写邮件则需要打开 AnyMail，这样耗费了很多不必要的时间，效率低下。
- 体验不一致。交互方式不统一，风格不统一，学习成本高。
- 访问不同的 App 需要重复登录，费时费力。

随着时间的推移，解决上述问题迫在眉睫。

出现上述问题的根本原因是各类 App 服务归属不同业务部门，为快速满足自己业务的诉求，各部门往往选择各自实施。同时，缺少相关的原则和指引用以指导 App 的规划、设计与开发。如果在出现上述问题之后才推出整合 App 的标准，下线重复的 App 必会遭到一部分业务部门的反对。

为此，我们思考能否将现有分散的 App 或功能抽象出来，以用户为中心进行体验设计，并按照标准融合到一个统一的数字化办公平台上，实现统一登录、业务数据共享、团队社交协同，提高其易用性及员工使用的便利性，减轻不必要的工作负担。

10.2 先立后破，打造数字化办公平台

数字化时代，企业办公模式又发生了哪些变化？首先来看一组数字。调查数据显示，到 2023 年，人均将使用超过 4 个智能终端（电脑、手机、Pad、手表），未来还会有怎样的终端形态，更是难以想象。

如今大家习惯用社交工具，50% 的工作场景都要与社交工具打交道；以前大家都集中在一起办公，现在至少有 40% 的人员并不在同一个地方办公；协同沟通占据了我们日常 60% 的工作时间，想想我们一天要开多少会，打多少电话，发送多少工作消息。因此，数字化办公平台不仅要将员工连接起来，还要连接员工每日处理的业务，连接所需要的知识，连接不同的设备，它将成为数字化企业的深度连接器。

纵览华为数字化办公平台 WeLink 的发展，主要经历了以下几个里程碑。

- **1.0：统一和融合**。通过爆款功能吸引流量，融合消息、邮件、找人等通用办公服务，提供统一协同平台，先将“人”和“设备”连接起来。
- **2.0：打造流水般的用户体验**。
- **3.0：打造生态**。汇聚业务应用，丰富移动工作内容，将“业务”和“知识”连接进来。
- **4.0：+ 智能**。“Talk to data”（让数据说话），以人为中心，对准工作场景，打破传统应用与功能组织强耦合的束缚，根据员工的工作内容调用所需要的应用和数据服务。

伴随着不同阶段的演进，Welink 的功能日益丰富起来，逐渐演变成全场景智能的数字化协同办公平台。

10.2.1　越聚合，越简单

时间回到 2016 年，当时移动 App 已在公司内部普及，各业务部门在此期间上线了不少 App，前面提到的“三屏都装不下的企业 App”就是这一阶段的典型现象。数字化办公平台 WeLink 的出现，实现了以用户为中心，从用户体验出发，面向不同的业务办公场景，统一提供集成的协同办公服务，为解决上述问题提供了契机。

首先，借助一些高势能的业务应用场景，将 WeLink 打造成应用流量高地。例如，针对公司每年一次的全球市场大会，基于 WeLink 专门打造了会议空间，为每位与会领导定制会议议程，个性化推送会议材料，并实现会议期间的信息及时发布和会议沟通，为从全球各地回国开会的管理者和代表处的管理者提供了方便。这种便捷的数字化会议模式也被他们带回到各个国家和地区的一线，提升了 WeLink 在一线员工中的影响力。

总之，利用类似的高势能、高流量的场景，华为逐渐将全球约 19.5 万名员工的办公协同业务场景吸引到 WeLink 上来。

然后，利用 WeLink 已有的流量优势，以及可随时随地沟通、协同的特性，逐渐整合各种 App，统一用户入口，进而将社交特性融入业务应用场景中，提升应用的黏性。

例如，支撑销售团队的客户关系管理系统 iSales，之前在移动端是一个单独的 App，与 WeLink 融合实现“ iSales@WeLink”（如图 10-1 所示）后，取得了意想不到的效果。

- **开发效率提升。**之前做独立 App，需要分别做 Android、iOS 和前端的开发，切换 WeLink 后只需要做简单的 H5 开发，只需保留一套代码。同时，因为 WeLink 已经准备了各类协同办公类组件，开发时可直接调用，使整体工作量减少了 80%。
- **用户活跃度提升。**WeLink 已经连接了海量用户，iSales 服务融入 WeLink

后，活跃用户数很快就达到了原来的 10 倍。

- 用户满意度的提升。比如审批时，可以随时拉齐各方专家进行线上讨论和评审，使审批过程变得更加流畅，自然获得了更多的用户好评。

这个案例表明，利用数字化办公平台带来的用户流量优势来助力应用的推广，能够为变革项目的推行提供一种新的选择。也正是因为 iSales 系统融入 WeLink 之后带来的种种优势，让其他业务部门也认识到了 WeLink 的价值。HR、行政、财务、采购等领域的业务应用也逐步融合进来，将社交协同作为撬动各个业务应用成长的杠杆，如图 10-1 所示。

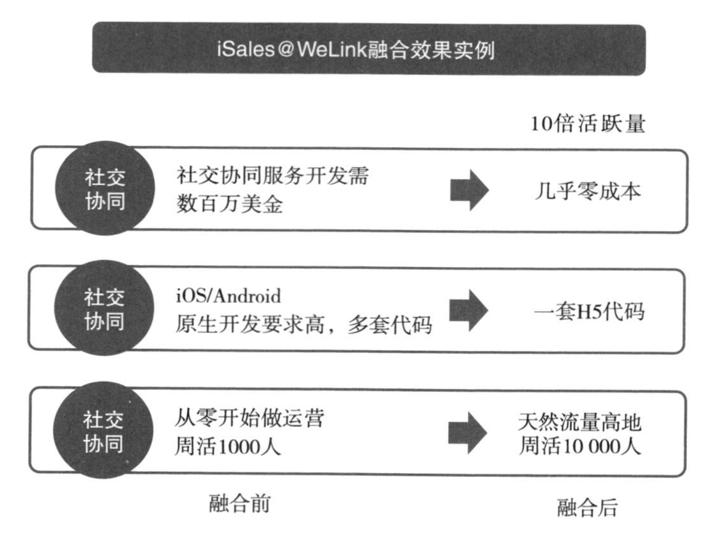

图 10-1　业务应用融入 WeLink 办公平台

截至 2021 年上半年，数字化办公平台 WeLink 已聚合近 110 个业务 App，连接华为业务服务 900 多个，使得用户再也不用在不同场景下去寻找各个应用的入口，接入更便捷，体验更佳。

10.2.2 打造流水般的用户体验

企业 App 逐渐融入统一的数字化办公平台 WeLink 之后，越来越多的业务应用场景将装载到这一平台上来，如何在打造一致体验的基础上，为用户带来更流畅的使用体验，成为平台关注的核心问题。与互联网应用的体验不同，企业应用关注的用户体验有如下几个层次。

1. 简单

为用户带来“简单”的体验，让用户以最快的速度完成想要完成的工作。

比如上班打卡，原来大家都要到办公区大堂的打卡机排队打卡，如果把打卡功能做到手机上，点一个按钮就能打卡，这就做到了简单。当然，这还不够，打卡是为了记录员工进入公司的考勤数据，在征得员工同意之后，可以记录员工进入公司园区的接触点，车库入口、人脸识别闸机、手机和办公电脑接入公司的 Wi-Fi 等，都可以作为关键接触点，记录一些简单的行为数据，实现“打卡”动作，让员工无感知打卡，这就是极致简单的用户体验。

2. 流畅

对准业务场景，以用户角色为中心来汇聚跨领域的业务服务，实现流水般的用户体验。

以公司内最常见的出差场景为例（见图 10-2），去海外出差一趟，要涉及签证、机票、酒店、工时审批、单据报销等各个部门的业务。以往，每个部门只专注于做好自己的业务服务，并有各自的管理要求。站在员工的角度看，这些服务是割裂的，员工出差一次，需要先后填写多个电子流。出差审批通过之后，要自己去办理签证、预订机票和酒店等，出差结束又要重复填写一遍行程信息。

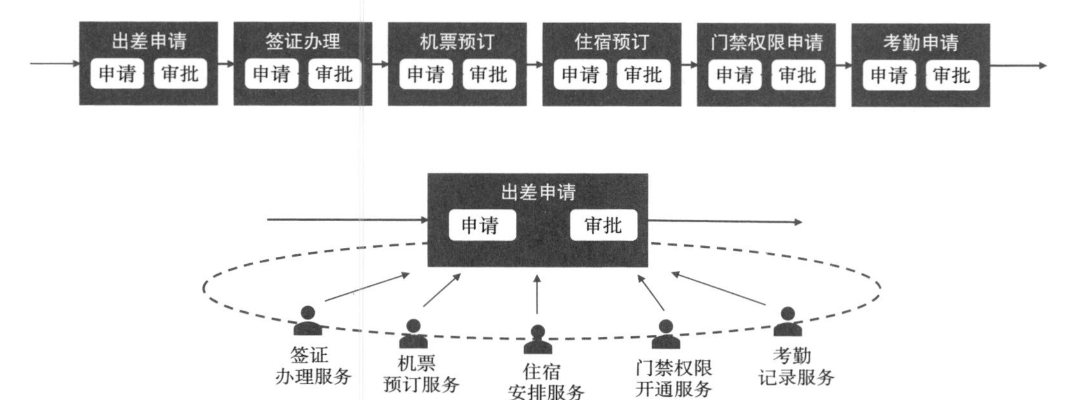

图 10-2　员工到海外出差：串行改并行，6 步到 1 步

结合差旅服务融入 WeLink 平台这一契机，产品团队重构了员工差旅的端到端体验。一旦员工出差审批通过，就会自动触发机票与酒店的预订，并把目的地的注意事项通过 WeLink 推送给员工，未来的报销和其他补助也能根据不同国家的汇率自动计算，只需员工出差结束后补齐单据即可，极大地缩短了时间，减少了各种烦琐的操作流程。

再举一个例子，公司在全球各地有不同的分支机构，员工去全球各地出差，如何接入当地办公室的 Wi-Fi？通过 WeLink，真正实现了全球“One Wi-Fi”，只要是华为员工，只要在手机上安装了 WeLink，他走进公司在全球范围内的任何一间办公室，都能自动、安全地接入公司内部的无线网络。不只是网络，员工还能连接办公区域里的会议室、投影仪、数字白板、打印机等 IT 设备，顺利开始异地办公。

3. 安全与隐私保护

在提升用户体验的同时，也要加强对用户隐私和信息安全的关注，兼顾体验、效率和安全，这是数字化办公平台要考虑的关键问题。

平台融入了华为数十年的信息安全及隐私保护的技术和经验，让员工能在一个充满活力且高度安全的开放信息空间中工作。WeLink 在安全边界和用户隐私保护方面，也同时对齐通用数据保护条例（General Data Protection Regulation，GDPR）等隐私标准。例如，在工资查询、机密文档访问等方面，做到体验与安全和隐私保护兼顾。

最后总结一下，“用户体验为先”是 WeLink 追求的宗旨，“不要让我想”和打造极致用户体验是平台的首要目标。为了达到这个目标，除了引入行业通用的体验设计如设计思维等方法外，WeLink 产品团队还在公司内部启动了两个计划。

（1）粉丝计划

回归用户原点，招募并经营 5000+ 员工粉丝，覆盖 100+ 国家以及各种工作角色，粉丝用户全程参与 WeLink 产品生命周期的不同时期。在引入期，粉丝会反馈大量产品需求；在发展期，粉丝会提前试用新版本以保障正式版本的稳定性；产品成熟落地后，平台会通过数据分析观察用户使用路径以优化产品体验。

（2）儿童体验计划

在征得监护人同意后，邀请 9 ～ 12 岁的孩子参与 WeLink 的可用性测试，从孩子眼里去发现成人世界里不易察觉的特性或者简单的场景（例如快速找人、便捷呼叫、便捷获取图形信息等），提升产品的易用性，让真正的用户使用服务时能够不假思索，快速上手。

10.2.3　快速汇聚场景形成生态

随着越来越多的用户、业务场景汇聚到 WeLink 平台上来，如何快速、方便地在平台中构建服务和功能，成为业务部门和 IT 产品团队关注的主要问题。在此背景下，产品团队探索并孵化出了 WeLink 小程序开放平台“ We 码”，使得各业务部门可以通过它，以小程序的方式将应用场景快速地对接到 WeLink 平台上，并在此基础上进行快速迭代，如图 10-3 所示。

以前的 App 各自为战，构建成本高、实施周期长，而 We 码生态能大幅度降低开发的技术门槛，缩短应用实现周期。这就如同搭建乐高玩具一样，将可视化模块按照一定的逻辑规则进行编排，就能够实现简单的功能特性。对于一些代码复用度极高的功能，可定制成通用的模板样例，开发者仅需要调试部分参数，就可实现开箱即用的功能，高效满足业务团队的 IT 需求。

“泰方便”（见图 10-4）就是用“ We 码”平台快速构建出的一个 WeLink 上的 We 码应用，它是泰国代表处的一站通小程序，整合了泰国行政、HR、IT 服务相关的功能，是针对泰国员工的日常办公和业务服务的聚合展示。如果用传统的代码模式开发该应用，需要在调整页面排版上花费大量时间；现在用“ We 码”平台预置好的小模块来构建该程序，用户只需要修改和配置好自己的业务数据即可，节省了人力和时间，降低了开发成本，大大提升了开发效率。

目前“ We 码”生态里已上线了将近 300 多个小应用，涵盖公司各业务领域。小应用提供简单的功能服务，在撬动用户流量增长的同时，也为用户带来了便利。例如，WeLink 运营团队识别到用户查询发票抬头的频率比较高，于是通过 We 码上线了“增值税发票开具信息”小应用，上线后用户量及访问量快速增长。

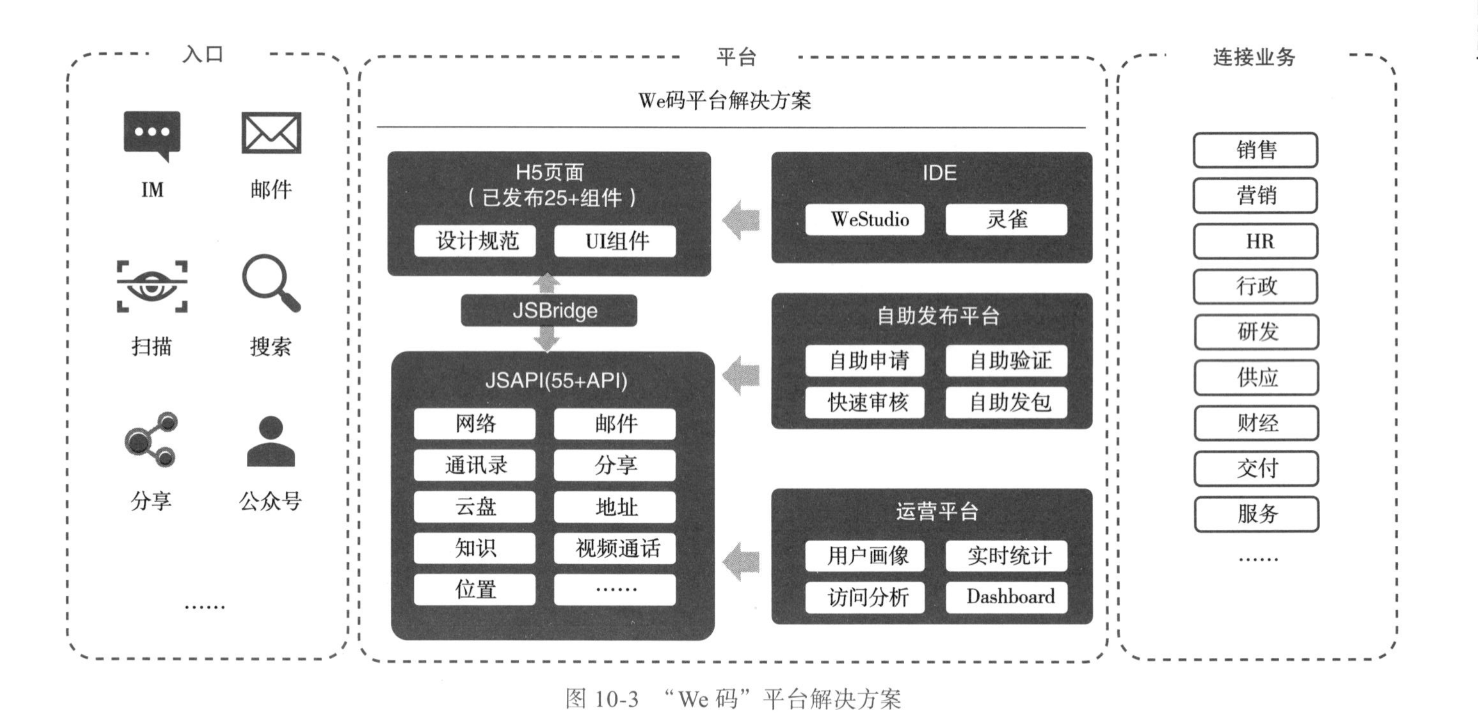

图 10-3 “We 码”平台解决方案

图 10-4　“泰方便”：We 码实例

10.2.4　智能化助力体验和效率提升

拥有了有绝对优势的流量入口，覆盖了丰富的业务场景，用户就可以快速找到自己想要的功能并完成工作。还能不能做得更好呢？ WeLink 产品团队在思考。

- 如何让用户变得越来越“懒惰”？
- 如何让用户完成一项工作越来越快？
- 如何才能有更加极致的用户体验？

于是，产品团队把业务场景抽象成一个个具体的 IT 服务，如会议是一个服务，一篇文章是一个服务，一类知识是一个服务，打印机也是一个服务等。定义好这些服务后，通过智能推荐算法，实现当用户需要服务的时候，服务能自动推送给用户。这样即可缩短用户和各领域业务服务的距离，打破业务领域边界，打破传统应用与功能组织强对应的束缚。

还有没有可能更快呢？

能，语音即服务。WeLink 提供“小微”智能助手服务，使得员工只需要对

"小微"说一句话，即可通过语义识别打开对应的应用或服务并完成部分业务操作。

举几个常见的简单场景。

1）对"小微"说："我要报销在武汉出差时的300元出租车费。"

WeLink自动打开报销系统，并填好报销单，我需要做的是：点击提交。

2）对"小微"说："我现在还有哪些任务？"

WeLink打开任务列表，我需要做的是：点击任务开始工作。

3）对"小微"说："预定H区的会议室。"

WeLink会自动推荐当前的空闲会议室。

10.3 实现人、知识、业务、设备的全连接

在WeLink诞生初期，团队就在思考产品不应该仅仅局限于只做一个平台工具，还要作为企业数字化转型的连接器，成为数字化连接的入口。在数字时代，我们首先需要把能被定义和连接的业务对象，全部在数字世界中建立映射，接下来就是要把这些业务对象连接起来，与广泛的业务场景结合，释放出数字化生产力。

基于这样的产品理念，WeLink确定了以4个连接为核心向外延伸的架构设计，即连接团队、连接知识、连接业务、连接设备，如图10-5所示。

1. 连接团队

以人和团队为中心的连接，汇聚团队协同所需的各种服务，实现跨越不同功能、不同空间、不同语言的连接。

（1）跨越不同功能的连接

WeLink坚持以场景驱动、以人为中心的体验设计，融合邮件、消息、会议、知识、视频、待办审批等办公场景，一个平台即可实现办公协同。它为华为团队作战提供了一种更简单、透明的沟通方式，邮件和群组自然融合，团队

可从正式的邮件沟通自由切换到群组即时交流。同时，团队成员可进行群组文件分享、项目任务跟踪等，提升了团队协同效率及个人用户体验。

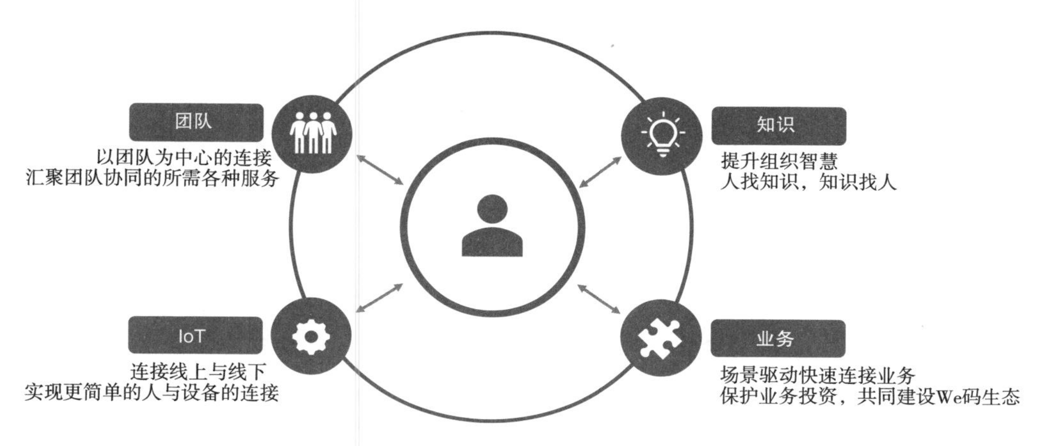

图 10-5　数字化办公平台 WeLink，不仅是企业入口，更是企业连接器

（2）跨越不同空间的连接

华为业务遍布世界各地，跨区域、跨内外的沟通成本日渐变高。而通过 WeLink 视频会议，只需点击一个链接，华为员工、客户及供应商就可以通过手机、Pad、PC 等终端进入视频会议，实时获得面对面的沟通体验。目前，WeLink 视频会议已经融入华为站点远程验收、客户远程沟通、远程面试等多个场景领域，为华为人的内外沟通提供实时连接的桥梁，同时降低企业的出差成本。

（3）跨越不同语言的连接

华为员工覆盖全球，海外员工本地化比例高达 75%。项目团队中跨语言沟通的现象非常普遍。WeLink-Translate 基于华为自身多年积累的翻译库信息，集成行业先进公有云翻译引擎，实现 60 种语言的实时智能翻译，让跨语言的沟通变得简单。

2. 连接知识

丰富的知识平台，智能的知识推荐，由人找知识演化为知识找人。

（1）形式

WeLink 知识平台融合了文字、视频直播、视频点播等多形态服务，为员工提供全渠道学习环境，以更便捷的方式获取业务知识。平台打造的企业级在线直播服务，让全球华为员工可以秒级接入各种大会直播或业务培训，实现企业知识快速分享。

（2）内容

WeLink 可以根据员工所在的组织属性、沟通关系和知识消费习惯，为不同员工整合更适于其阅读和学习的文档、业务案例、媒体流等资讯，实现千人千面的知识搜索及智能推荐，降低员工学习成本，提升个人作战效能。

（3）传播

基于 WeLink 知识平台，华为员工可以通过博客、知识社区、时习知专家讲坛等渠道，进行知识分享和交流。同时，平台整合了外部资讯，让员工只需要登录内部平台就可以阅读各类资讯。

3. 连接业务

场景驱动，快速连接业务，We 码连接内外生态。WeLink 作为华为内部的协同平台，重新定义了业务服务接入的标准。基于开放的 API 接口，通过“We 码”小程序的形式，WeLink 可快速接入内部业务服务和外部公有云 SaaS 服务，并以卡片形式呈现，实现 IT 敏捷建设，快速响应一线市场变化，如图 10-6 所示。

通过“We 码”平台，将业务领域各 App 抽象成具体的服务，以小程序的方式接入 WeLink，目前已经连接各业务领域约 900 个业务类型的服务，提升了用户体验，同时大幅度降低了开发成本。

4. 连接设备

在数字时代，任何终端、设备都会有一个独一无二的数字化 ID。WeLink 通过建立员工与会议屏幕、会议设备、办公装备的智能连接，将员工从各种复杂的设备、线缆接入中解放出来，提升了工作效率。

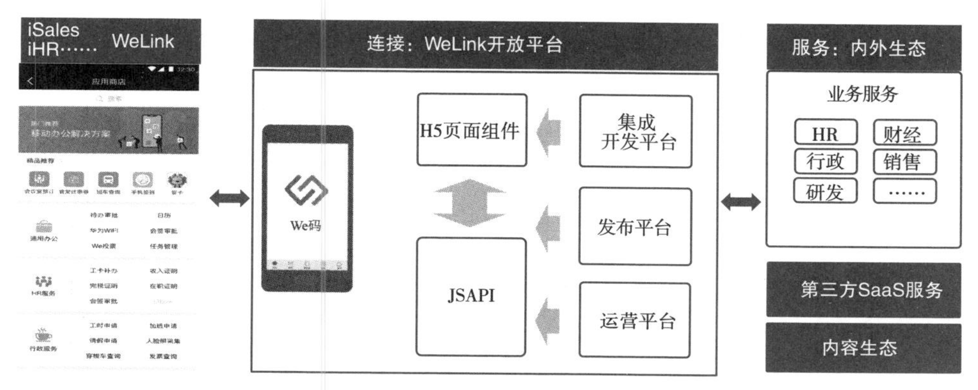

图 10-6　连接业务：场景驱动，We 码连接内外生态

除了日常办公所用的电脑、手机、Pad 等，协同办公还会涉及屏、打印机、门禁、会议设备等形形色色的硬件设备，这些硬件设备都建立了数字化标签，通过 WeLink 连接器实现数字世界中人和 IoT 的连接，让员工与硬件设备协同更简单、更智能、更快捷，如图 10-7 所示。

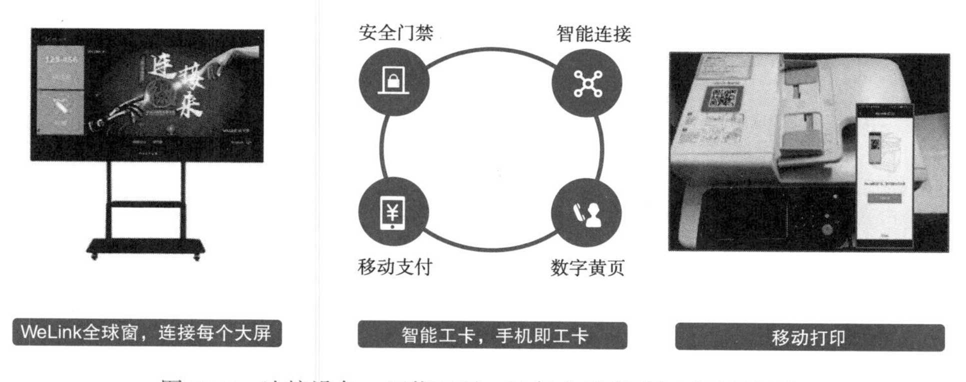

图 10-7　连接设备：万物互联，让每个端都感知到云的温度

这里举两个例子。

（1）会议显示屏

截至 2020 年，公司大约有 15 000 块电子屏，分散在全球 9000 间会议室和不同的开放区，员工通过 WeLink，可以随时随地将 PC、手机连接到任意一块屏，实现无线投屏、快速拉会、内容共享、扫码保存纪要等功能，打通最后一

米的连接。作为全球化企业，华为经常会出现这类场景，比如临时解决一个来自欧洲客户的产品问题，需要中国杭州的研发团队、北京的解决方案团队和罗马尼亚的远程运维团队共同开会讨论，各自给予专业的意见。WeLink 可以使全球分布在不同地点的办公室即时互联，实现安全、智能、便捷的会议环境，让团队成员跨越时区、空间进行沟通和信息交流，如图 10-8 所示。

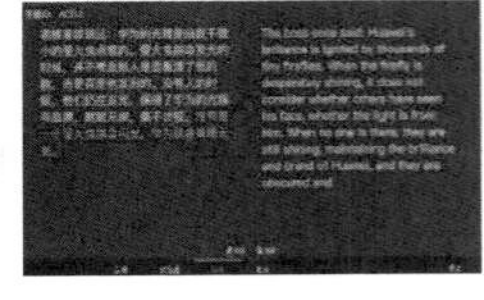
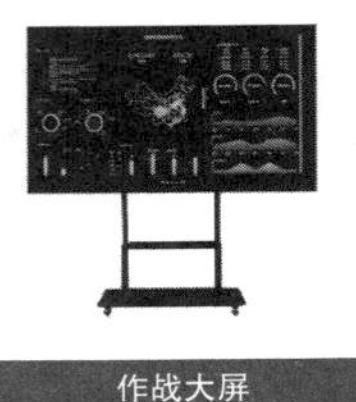

图 10-8　智能会议室：会议室即作战室，以人为中心的体验

（2）云上打印

公司有 5000 多台打印机，遍布全球，对于华为员工来说，需要做到无论在哪里，在保证信息安全的前提下，可以随时随地打印自己的文档材料。以前华为员工出差到一个地方，总是需要安装各种驱动，或者是将文件发给当地员工协助打印，效率低下，而且无法保障机密文件的安全。“WeLink 扫一扫”上线后，华为员工只需通过扫描二维码，就能直接与自己最近的一台打印机建立连接，快速选取存储在 WeLink 云空间中的文档进行打印，从而感受到打印服务就在身边、想得即得的便捷。

10.4　不仅是数字化办公，更是数字企业的载体

截至 2021 年 3 月，华为数字化办公平台 WeLink 已经助力公司近 19.5 万员工实现跨越 170 多个国家和地区、7 个语种、1500 个办公场所的高效协同办公，成为华为员工最高频使用的应用。日连接量超过几千万次，连接电子白板 1.4 万

块，连接业务应用 700 多个，连接知识 21 亿次 / 年，平均每位员工日连接团队 20 多个。WeLink 改善了全球华为员工的办公体验，使整体协作效率提升了 30%。

但是，数字化办公平台作为企业数字化转型的重要力量，应该在未来发挥更大，甚至是更关键的作用。当前，所有员工的数字化办公在一个平台里进行，仅仅打通了认证、连接和资源就对业务产生了如此大的收益，如果我们把数字化办公与业务深度融合，实现“办公即业务”，它又能带来什么样的革命性变化呢？这就是我们正在探索的下一代企业数字化办公平台试图回答的问题。

WeLink 已经实现了不同的业务应用在一屏内聚合，但是还未完全实现业务应用在底层的融合。下一步，如果我们需要为员工提供更好的 ROADS 体验，那就要构建“无应用边界”的数字化办公平台。在这个平台里，不再需要用户到不同的地方做不同的事情，而是将不同的事情推送到用户面前进行处理。

图 10-9 展示了如何演进到下一代的办公平台的关键步骤。简单点说，就是通过业务对象、流程事件、流程规则这 3 个基础建模单元，加上无处不在的沟通协作能力，逐步重构当前的业务应用，使得企业应用建立在一套统一的构建模型上，然后通过智能推送引擎，把用户需要处理的事件推送给员工进行处理。

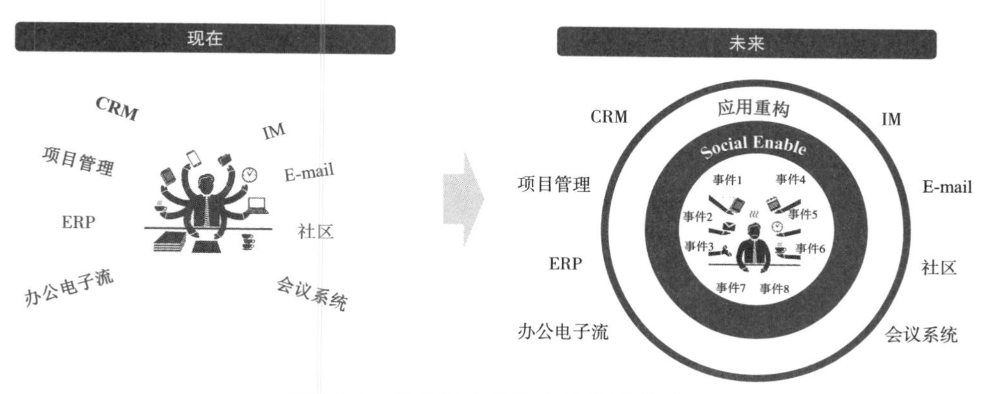

图 10-9　数字化办公平台的演进方式

对于用户来讲，这样一个平台的核心特征就是消除了业务应用和办公应用之间的沟壑。而对于企业来讲，数字化办公平台将真正成为数字企业的载体。

平　台　篇

企业需要准备好数字化转型过程所需的平台能力，并将这些能力构筑在企业的统一平台上，为业务部门开展数字化转型注入源源不断的动能和保障。本篇具体包括如下 3 章。

- **统一的数据底座**。构筑企业数据底座，支撑数据入湖，完成企业数据汇聚和联接，以打破数据孤岛和数据垄断，在保证授权的前提下，重建数据获取方式和秩序，支撑数字化运营。
- **云化数字平台**。通过数字平台承载数字化转型所需的云计算、大数据、AI、网络安全等技术，支撑业务应用现代化，为业务开展数字化转型提供统一的云化 IT 平台和基础设施服务。
- **变革治理体系**。构建一套重量级的变革治理体系，形成数字化领导力，有效推进变革；梳理公司层面和领域层面的变革管理边界，包括变革治理组织的设置及其运作机制等，明确在公司统一的牵引和协调下，各业务领域如何主导自身的数字化转型。

第 1 1 章 统一的数据底座

在从传统信息化向数字化转型的过程中，企业积累了海量数据，并且还在爆发式增长。数据很多，但真正能产生价值的数据却很少。数据普遍存在分散、不拉通的问题，缺乏统一的定义和架构，找到想要的、能用的数据越来越难。

如第 3 章所述，2016 年，华为基于愿景确定了数字化转型的架构蓝图，其中第 4 层是“数字化运营”，内容包括：实现“运营模式”的转变，基于统一的数据底座实现数字化运营与决策，简化管理并加大对一线人员的授权。其中数据底座是数字化转型的关键能力之一，承接了打破数据孤岛、确保源头数据准确、促进数据共享、保障数据隐私与安全等目标。

本章将简要介绍华为数据治理的实践与历程，重点讲述华为数据底座的总体架构和建设策略，详细说明华为如何通过数据湖和数据主题联接的建设，实现数据的汇聚和连接，打破数据孤岛和垄断，以及如何通过数据服务改变数据获取方式和消费体验。

11.1　华为数据治理概要

华为从 2007 年开始启动数据治理，历经两个阶段的持续变革，系统地建立了华为数据管理体系。第一阶段 10 年的持续投入为华为在 2016 年开始的数字化转型打下了坚实的基础。同时，在数字化转型蓝图的规划下，华为正式进入以建设统一的数据底座为核心的第二阶段，数据治理工作也迎来了新的挑战和发展。

11.1.1　华为数据治理历程

第一阶段：2007—2016 年

在这一阶段，华为设立数据管理专业组织，建立数据管理框架，发布数据管理政策，任命数据责任人（数据 Owner），通过统一信息架构与标准、唯一可信的数据源、有效的数据质量度量改进机制，实现了以下目标。

1）持续提升数据质量，减少纠错成本：通过数据质量度量与持续改进，确保数据真实反映业务，降低运营风险。

2）数据全流程贯通，提升业务运作效率：通过业务数字化、标准化，借助 IT 技术，实现业务上下游信息快速传递、共享。

第二阶段：2017 年至今

在这一阶段，华为建设数据底座，汇聚企业全域数据并对数据进行连接，通过数据服务、数据地图、数据安全防护与隐私保护，实现了数据随需共享、敏捷自助、安全透明的目标。数据底座支撑着华为数字化转型，实现了如下数据价值。

1）业务可视，能够快速、准确决策：通过数据汇聚，实现业务状态透明可视，提供基于“事实”的决策依据。

2）人工智能，实现业务自动化：通过业务规则数字化、算法化，嵌入业务流，逐步替代人工判断。

3）数据创新，成为差异化竞争优势：基于数据的用户洞察，发现新的市场机会点。

华为数据治理的发展历程如图 11-1 所示。

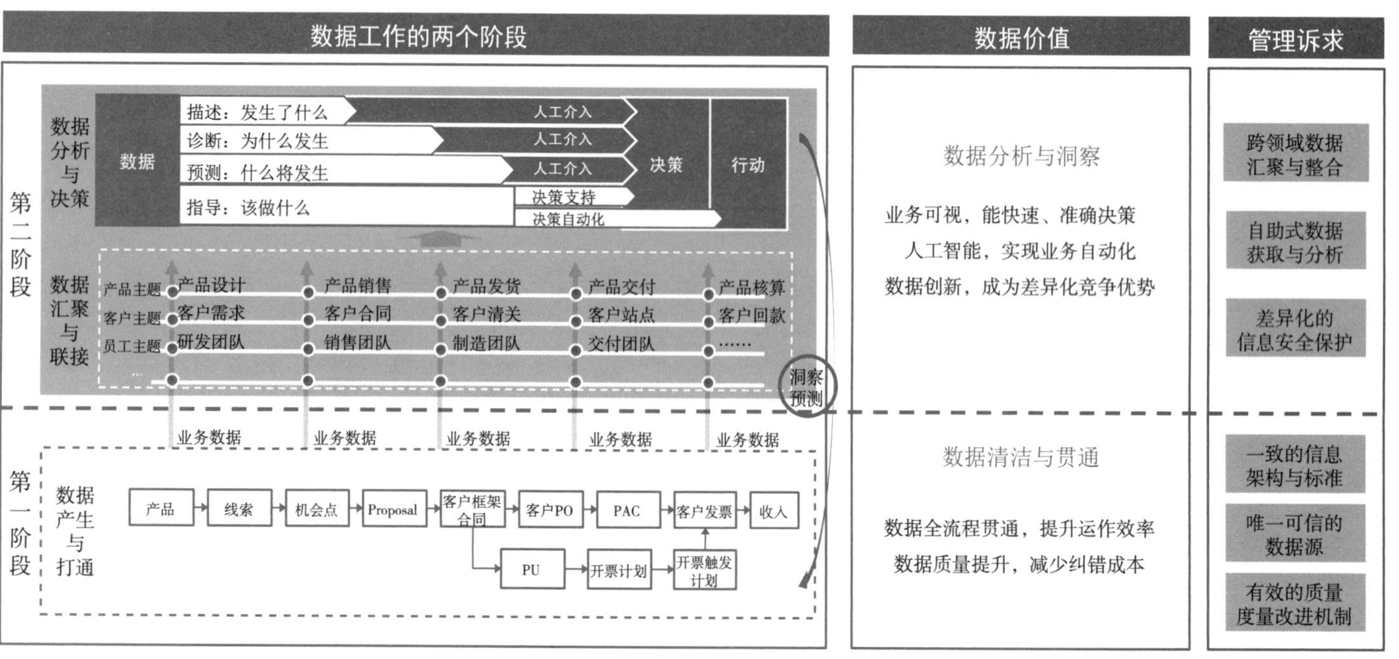

图 11-1 华为数据治理的两个阶段

11.1.2　华为数据治理愿景、目标与建设框架

基于公司多业务、全球化、分布式管理等业务战略规划和数字化转型诉求，华为明确了数据工作的愿景，即**“实现业务感知、互联、智能和 ROADS 体验，支撑华为数字化转型”**。华为数据工作的目标为**“清洁、透明、智慧数据，使能卓越运营和有效增长”**。为确保数据工作的愿景与目标达成，需要实现数据自动采集、对象 / 规则 / 过程数字化、数据清洁、安全共享等特性，如图 11-2 所示。

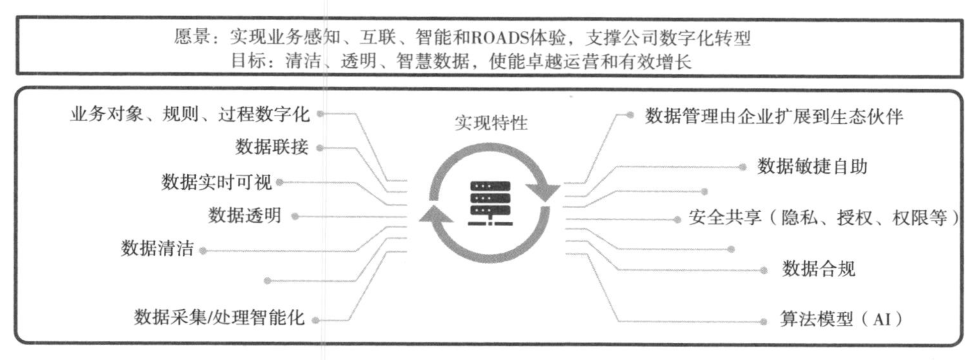

图 11-2　华为数据治理愿景与目标

作为非数字原生企业，我们认为**数字化转型的关键要素之一是在现实世界的基础上构建一个跨越孤立系统、承载业务的“数字孪生”的数字世界**。通过在数字世界汇聚、连接与分析数据，对业务进行描述、诊断和预测，最终指导业务改进。在实现策略上，数字世界一方面要充分利用现有 IT 系统的存量数据资产，另一方面要构建一条从现实世界直接感知、采集、汇聚数据到数字世界的通道，不断驱动业务对象、过程与规则的数字化。

华为数据建设工作的整体思路如图 11-3 所示。

基于数据建设工作的整体思路，华为经过多年实践，形成了一套数据工作框架（见图 11-4）。该框架基于统一的规则与平台，以业务数字化为前提、数据入湖为基础，通过数据主题联接并提供服务，建设数据底座，支撑业务数字化运营。

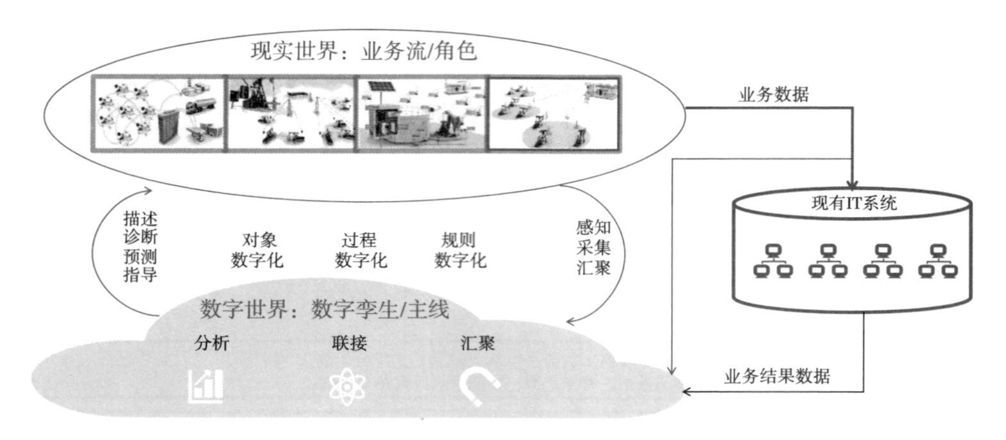

图 11-3　华为数据建设工作的整体思路

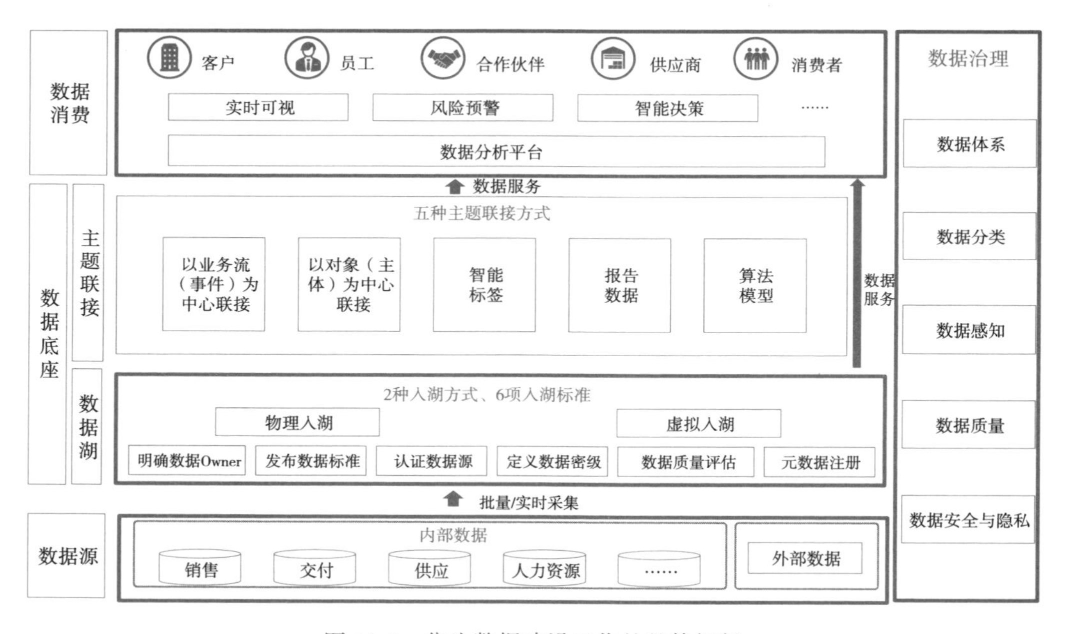

图 11-4　华为数据建设工作的整体框架

1）数据源：业务数字化是数据工作的前提，通过业务对象、规则与过程的数字化，不断提升数据质量，建立清洁、可靠的数据源。

2）数据底座：由数据湖和主题联接两部分组成。

- **数据湖**：基于“统筹推动、以用促建”的建设策略，严格按 6 项标准，通过物理与虚拟两种入湖方式，汇聚华为内部和外部的海量数据，形成清洁、完整、一致的数据湖。
- **数据主题联接**：通过 5 种数据联接方式，从规划和需求出发，建立数据主题联接，并通过服务支撑数据消费。

3）**数据消费**：对准数据消费场景，提供统一的数据分析平台，满足自助式数据消费需求。

4）**数据治理**：为保障各业务领域数据工作的有序开展，需建立统一的数据治理能力，如数据体系、数据分类、数据感知、数据质量、数据安全与隐私等。

11.2 支撑数字化转型的数据底座

从数据建设工作的整体框架中可以看出，数据底座在数字化转型中起着关键作用。数据底座可以将公司内外部的数据汇聚在一起，对数据进行重新组织和连接，让数据有清晰的定义和统一的结构，并在尊重数据安全与隐私的前提下，让数据更易获取，最终打破数据孤岛和垄断。

11.2.1 数据底座的总体架构

通过数据底座，我们主要希望实现如下目标。

1）**统一管理结构化、非结构化数据**。将数据视为资产，能够追溯数据的产生者、业务源头以及数据的需求方和消费者等。

2）**打通数据供应通道**，为数据消费提供丰富的数据原材料、半成品以及成品，满足公司自助分析、数字化运营等不同场景的数据消费需求。

3）**确保公司数据完整、一致、共享**。监控数据全链路下的各个环节的数据情况，从底层数据存储的角度，诊断数据冗余、重复以及“僵尸”问题，降低数据维护和使用成本。

4）**保障数据安全可控**。基于数据安全管理策略，利用数据权限控制，通过数据服务封装等技术手段，实现对涉密数据和隐私数据的合法、合规消费。

华为数据底座由数据湖、数据主题联接两层组成，将公司内外部的数据汇聚到一起，并对数据进行重新的组织和连接，为业务可视化、分析、决策等提供数据服务，如图 11-5 所示。

数据湖是逻辑上各种原始数据的集合，除了“原始”这一特征外，还具有海量和多样（包含结构化、非结构化数据）的特征。数据湖保留数据的原格式，原则上不对数据进行清洗、加工，但对于数据资产多源、异构的场景则需要整合处理，并进行数据资产注册。

数据主题联接是对数据湖的数据按业务流 / 事件、对象 / 主体进行连接和规则计算等处理，形成面向数据消费的主题数据，具有多角度、多层次、多粒度等特征，支撑业务分析、决策与执行。基于不同的数据消费诉求，数据连接方式主要分为多维模型、图模型、指标、标签、算法模型 5 种。

11.2.2 数据底座的建设策略和原则

数据底座建设不能一蹴而就，要从业务出发，因势利导，持续进行。为了有效推动公司统一数据底座建设，公司变革指导委员会进行了两次讨论，明确了数据底座的建设策略。

第一，成立公司级数据资产管理变革项目，制订数据底座的建设规范和方法，构建数据底座建设所需的能力和平台，统筹推动数据底座建设。

第二，各领域依托其数字化转型相关变革项目，遵从统一的方法和规范，负责本领域数据资产的梳理和底座内容建设。

具体来说，华为数据底座采取“统筹推动、以用促建、急用先行”的建设策略，根据公司数字化运营的需要，由公司数据管理部统一规划，各领域分别建设，以满足本领域和跨领域的数据需求。其中，数据 Owner 是各领域数据底座建设的第一责任人，各领域数据部门负责执行。

数据底座资产建设遵从下面 4 项原则。

1）数据安全合规原则。数据底座的数据资产应遵循用户权限、数据密级、

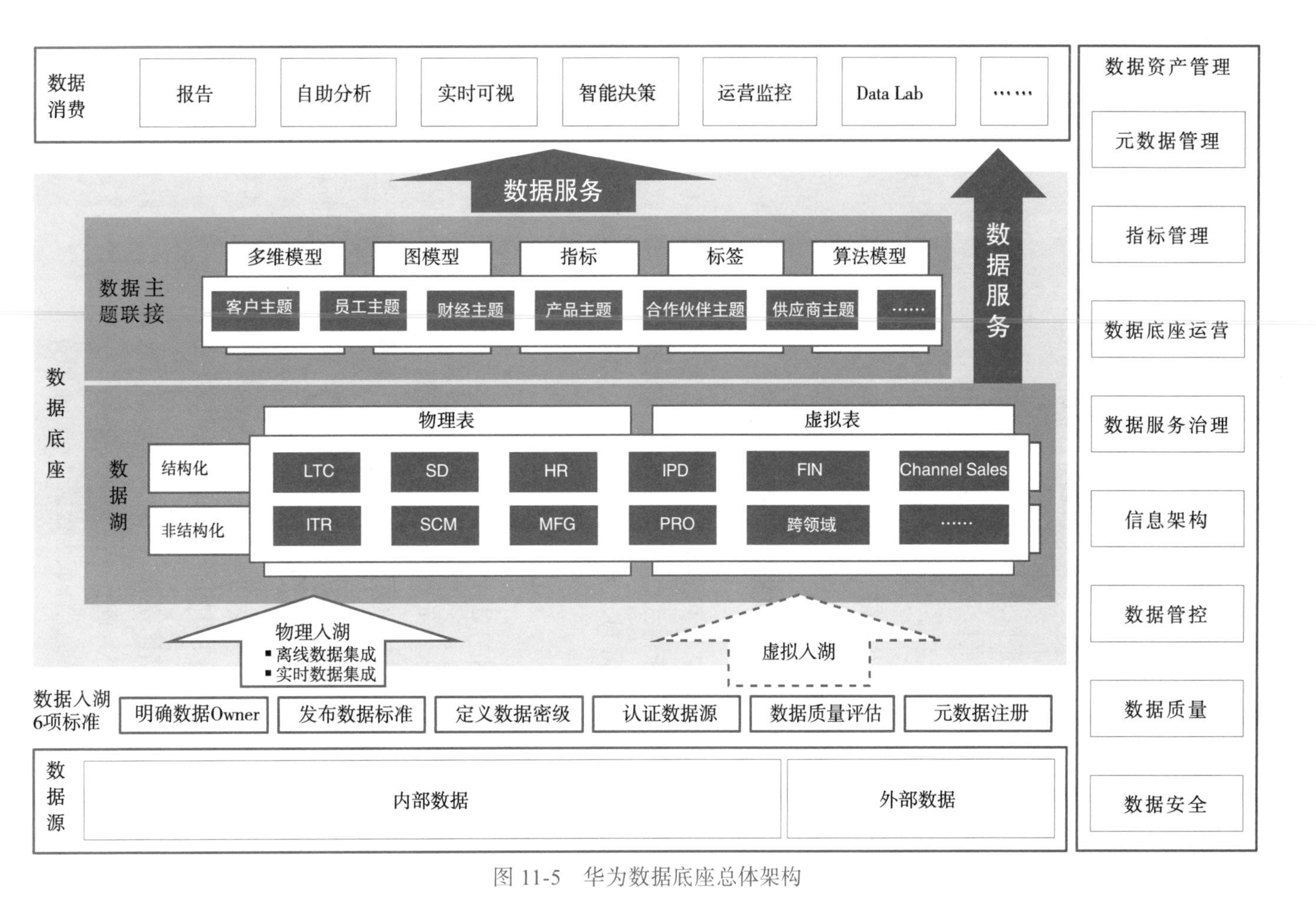

图 11-5　华为数据底座总体架构

隐私级别等管理要求，以确保数据在存储、传输、消费等全过程中的安全。技术手段包括但不限于授权管理、权限控制、数据加密、数据脱敏。原则上，敏感的个人数据不入数据底座。

2）需求和规划双轮驱动原则。数据底座的数据资产基于业务规划和需求触发双驱动的原则进行建设，对核心数据资产优先建设。

3）数据供应多场景原则。数据底座资产供应需根据业务需求提供离线/实时、物理/虚拟等不同的数据供应通道，满足不同的数据消费场景。

4）信息架构遵从原则。数据底座的数据资产应遵从公司的信息架构，必须经 IA-SAG（信息架构专家组）发布并完成注册。

11.3 数据湖：企业数据的“逻辑汇聚”

数据湖是数据底座的基础部分，是逻辑上对各种原始数据的汇聚和集合，数据湖保留了数据的原格式，不对数据进行清洗和加工。**华为数据湖面向各领域，实现数据资产找得到、可理解、可信任，是数据主题联接和数据消费的基础。**

11.3.1 华为数据湖的 3 个特点

华为数据湖（见图 11-6）是逻辑上对内外部、结构化、非结构化的原始数据的逻辑汇聚。数据入湖要遵从 6 项入湖标准，以保证入湖数据的数据质量。

数据入湖的方式包括物理入湖和虚拟入湖。采用物理入湖时，原始数据将被物理存储在数据湖的物理表中；采用虚拟入湖时，原始数据不在数据湖中进行物理存储，而是通过建立对应虚拟表的集成方式实现入湖。两种方式相互协同，面向不同的消费场景共同满足数据连接和用户数据消费需求。

经过近几年的数据湖建设，华为目前已经完成 2.2 万个逻辑数据实体，50 多万个业务属性的数据入湖，同时数据入湖在华为公司也形成了标准的流程和规范，每个数据资产都要入湖成为数据工作的重要标准。

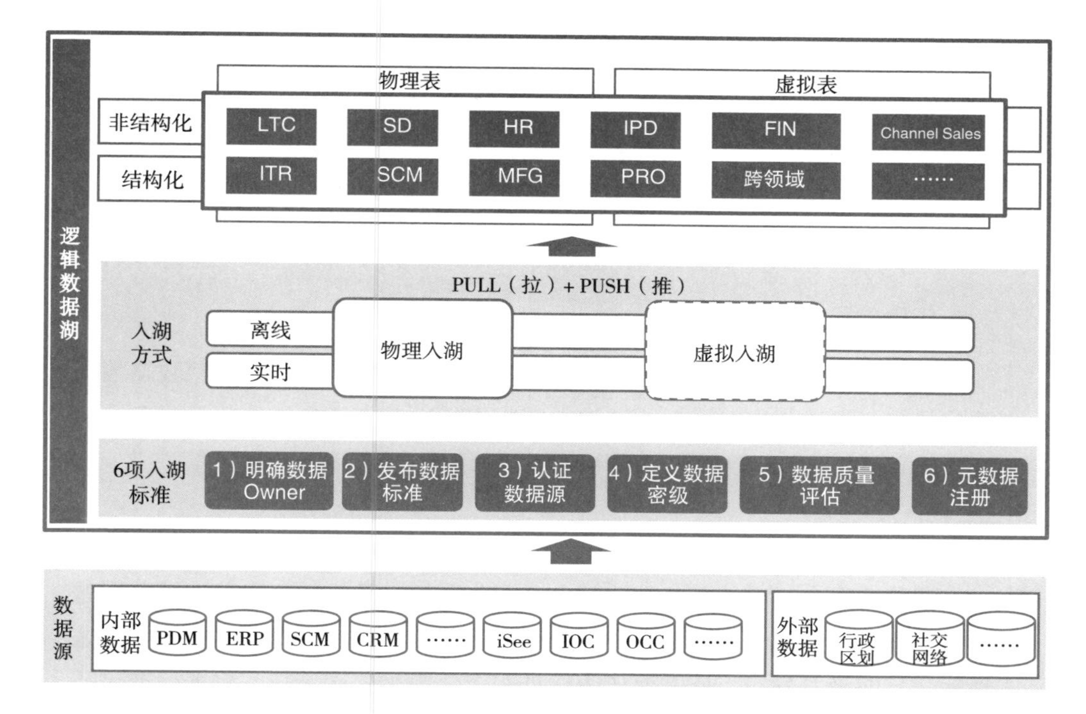

图 11-6 数据湖总体视图

华为数据湖主要有以下几个特点。

1）逻辑统一。华为数据湖不是一个单一的物理存储，而是根据数据类型、业务区域等多个不同的物理存储构成，并通过统一的元数据语义层进行定义、拉通和管理。

2）类型多样。数据湖存放所有不同类型的数据，包括企业内部 IT 系统产生的结构化数据、业务交易和内部管理的非结构化的文本数据、公司内部园区各种传感器检测到的设备运行数据以及外部的媒体数据等。

3）原始记录。华为数据湖是对原始数据的汇聚，不对数据做任何的转换、清洗、加工等处理，保留数据最原始特征，为数据的加工和消费提供丰富的可能。

11.3.2 数据入湖的 6 项标准

数据入湖是数据消费的基础，需要严格满足入湖的 6 项标准，包括明确数据 Owner、发布数据标准、认证数据源、定义数据密级、数据质量评估、元数据注册。通过这 6 项标准保证入湖的数据都有明确的业务责任人，且各项数据都可理解，同时都能在相应的信息安全保证下进行消费。

1. 明确数据 Owner

数据 Owner 主要由数据产生所对应的流程 Owner 来担任，是所辖数据端到端管理的责任人，负责对入湖的数据定义数据标准和密级，承接数据消费中的数据质量问题，并制订数据管理工作路标，持续提升数据质量。

2. 发布数据标准

入湖数据要有相应的业务数据标准。业务数据标准描述公司层面需共同遵守的“属性层”数据含义和业务规则，是公司层面对某个数据的共同理解，这些理解一旦明确并发布，就需要作为标准在企业内被共同遵守。数据标准包括的信息如表 11-1 所示。

表 11-1 数据标准说明

数据标准内容		说　明
数据资产目录	主题域分组	主题域分组是公司的顶层数据分类，通过数据视角体现最高层面关注的业务领域
	主题域	主题域是互不重叠数据的高层面分类，用于管理下一级的业务对象
	业务对象	业务对象是业务领域重要的人、事、物，承载了业务运作和管理涉及的重要信息
	逻辑数据实体	逻辑数据实体是具有一定逻辑关系的业务属性集合
	业务属性	业务属性是描述所属业务对象的性质和特征，反映信息管理的最小粒度
定义及规则	引用的数据标准	说明该业务属性是否引用已定义的数据标准
	业务定义	对业务属性的定义，解释业务属性是什么，对业务的作用
	业务规则	业务属性的业务规则，包括但不限于业务属性在各场景下的变化规则、编码含义等
	数据类型	业务定义的数据类型，例如文本、日期、数字等

（续）

数据标准内容		说　明
定义及规则	数据长度	业务定义的数据长度
	允许值	业务属性对应的允许值清单
	数据示例	属性实例化的样例，用以帮助其他人员对此业务属性的理解
	同义词	业务对于同一属性可能有不同的称呼，在此列出业务对此属性的其他叫法
	标准应用范围	业务数据标准在全公司范围、领域或区域范围内遵从
责任主体	业务规则责任主体	业务规则制订的责任部门
	数据维护责任主体	数据维护的责任部门
	数据质量监控责任主体	数据质量监控的责任部门

3. 认证数据源

认证数据源，以确保数据从正确的数据源头入湖。认证数据源需遵循公司数据源管理的要求，一般数据源是指业务上首次正式发布某项数据的 IT 系统，并经过数据管理专业组织认证。认证过的数据源作为唯一数据源头被数据湖调用。当承载数据源的 IT 系统出现合并、分拆、下线情况时，需及时对数据源进行失效处理，并启动新数据源认证。

4. 定义数据密级

定义数据密级是数据入湖的必要条件，为了确保数据湖中的数据能充分共享，同时又不发生信息安全问题，入湖的数据必须要定密。数据定密的责任主体是数据 Owner，数据管家有责任审视入湖数据密级的完整性，并推动、协调数据定密工作。数据密级定义在属性层级，根据资产的重要程度，定义不同等级。不同密级的数据，有相应的数据消费要求。同时，为了促进公司数据的消费，数据湖中的数据有相应的降密机制，到降密期或满足降密条件的数据应及时降密，并刷新密级信息。

5. 数据质量评估

数据质量是数据消费结果的保证。数据入湖不需要通过清洗数据来提升数据质量，但需要对数据质量进行评估，让数据消费人员了解数据的质量情况，并了解消费该数据的质量风险。同时数据 Owner 和数据管家可以根据数据质量评估的情况，推动源头数据质量的提升，满足数据质量的消费要求。

6. 元数据注册

元数据注册是指将入湖数据的业务元数据和技术元数据进行关联，包括逻辑实体与物理表的对应关系，及业务属性和表字段的对应关系。连接业务元数据和技术元数据的关系，能够支撑数据消费人员通过业务语义快速地搜索到数据湖中的数据，降低数据湖中数据消费的门槛，让更多的业务分析人员能理解和消费数据。

11.3.3 数据入湖方式

数据入湖遵循华为信息架构，以逻辑数据实体为粒度进行入湖。逻辑数据实体在首次入湖时应该考虑信息的完整性，原则上一个逻辑数据实体的所有属性应该一次入湖，避免一个逻辑实体多次入湖，增加入湖工作量。

数据入湖的方式主要有物理入湖和虚拟入湖两种。根据数据消费的场景和需求，一个逻辑实体可以有不同的入湖方式。两种入湖方式相互协同，共同满足数据连接和用户数据消费需求。数据管家有责任根据消费场景的不同，提供相应的入湖数据。

物理入湖是指将原始数据复制到数据湖中，包括批量处理、数据复制同步、消息和流集成等方式。虚拟入湖是指原始数据不在数据湖中进行物理存储，而是通过建立对应虚拟表的集成方式实现入湖，实时性强，一般面向小数据量应用，大批量的数据操作可能影响源系统。

数据入湖的 5 种主要技术手段包括批量集成（Bulk/Batch Data Movement）、数据复制同步（Data Replication/Data Synchronization）、消息集成（Message-Oriented Movement of Data）、流集成（Stream Data Integration）、数据虚拟化（Data Virtualization）。

1. 批量集成

对于需要进行复杂数据清理和转换且数据量较大的场景，批量集成是首选。

通常，调度作业每小时或每天执行，主要包含 ETL、ELT 及 FTP 等工具。批量集成不适合低数据延迟和高灵活性的场景。

2. 数据复制同步

数据复制同步适用于需要高可用性和对数据源影响小的场景。使用基于日志的 CDC 捕获数据变更，实时获取数据。数据复制同步不适合处理各种复杂的数据结构以及需要清理和转换复杂数据的场景。

3. 消息集成

消息集成通常通过 API 捕获或提取数据，适用于处理不同数据结构以及需要高可靠性和复杂转换的场景。尤其是对于许多遗留系统、ERP 和 SaaS 应用来说，消息集成是唯一的选择。消息集成不适合处理大量数据的场景。

4. 流集成

流集成主要关注流数据的采集和处理，满足数据实时集成，每秒处理数万、数十万甚至数以百万计的事件流。流集成不适合用于需要复杂数据清理和转换的场景。

5. 数据虚拟化

对于需要低延迟、高灵活性和临时模式（不断变化下的模式）的数据消费场景，数据虚拟化是一个很好的选择。在数据虚拟化的基础上，通过共享数据访问层，分离数据源和数据湖，减少数据源变更带来的影响，同时支持数据实时消费。数据虚拟化不适合处理大量数据场景。

5 种数据入湖方式的对比可以参考表 11-2。

数据入湖可以由数据湖主动从数据源通过 PULL（拉）的方式入湖，也可以由数据源主动 PUSH（推）的方式入湖。数据复制同步、数据虚拟化以及传统 ETL 批量集成都是属于数据湖主动拉的方式。流集成、消息集成属于主动推的方式（见表 11-3）。在特定的批量集成场景下，数据会以 CSV、XML 等格式，通过 FTP 推送给数据湖。

表 11-2　数据入湖方式对比

入湖方式				数据搬家	实时性	源系统性能要求	批量数据处理	历史数据处理
物理入湖	批量集成	ETL/ELT 工具	拉	需要	非实时	低	支持（强）	支持（强）
		FTP 工具	推	需要	非实时	低	通常不支持	通常不支持
	数据复制同步	CDC 工具	拉	需要	实时	中	通常不支持	通常不支持
	消息集成	MQ 工具	推	需要	实时	中	通常不支持	通常不支持
	流集成	Pipeline 工具	推	需要	实时	中	通常不支持	通常不支持
虚拟入湖	数据虚拟化	虚拟化工具	拉	不需要	实时	高	支持（弱）	支持（弱）

表 11-3　PULL（拉）& PUSH（推）方式入湖

入湖方式	数据源	数据湖
PULL（拉）	被动：当被请求时提供数据	主动：决定何时获取数据
PUSH（推）	主动：按自己节奏提供数据	被动：响应接收数据

11.4　数据主题联接：将数据转换为“信息”

如前文所述，在数字化转型的背景下，华为的数据消费已经不再局限于传统的报表分析，还要支持用户的自助分析、实时分析，通过数据的关联，支持业务的关联影响分析以及对目标对象做特征识别，进行特定业务范围圈定、差异化管理与决策等。这些分析需求也不再是对单一数据的分析，而是往往需要对跨领域的数据进行连接后再进行综合分析，也就是说，需要将数据整理加工为业务人员可理解、可使用的“信息”。

11.4.1　5 类数据主题联接

目前，数据湖汇聚了大量的原始数据，使得用户不再需要到各个源系统调用数据，而是统一从数据湖调用。由于数据湖中的数据零散且数据结构都与源系统一致，严格遵从三范式，即使每个数据都有详细的定义和解释，用户也很难知道数据之间的关联关系。例如，终端 BG 做设备收入预测需要的数据有产品、订单、计划等超过 150 个物理表信息，如果这些表没有进行联接，没有形成有用信息，是很难支撑用户进行分析的。

华为在数据湖的基础上通过建立数据连接层，基于不同的分析场景，通过 5 类连接方式将跨域的数据连接起来，将数据由“原材料”加工成“半成品”和“成品”，以满足不同场景的数据消费需求，如图 11-7 所示。

1. 多维模型

多维模型是面向业务的多视角、多维度的分析，通过明确的业务关系，建立基于事实表、维度表及二者之间的连接关系，实现多维数据查询和分析。例如，从时间、区域、产品、客户等维度对订货数据进行多视角、不同粒度的查询和分析。

2. 图模型

图模型用于数据间的关联影响分析，通过建立数据对象以及数据实例之间的关系，帮助业务快速定位关联影响。例如，查看某国家原产地的项目的数据具体关联到哪个客户以及合同、订单、产品的详细信息时，可以通过图模型快速分析关联影响，支撑业务决策。

3. 标签

标签是对特定业务范围的圈定。在业务场景的上下文背景中，运用抽象、归纳、推理等算法计算并生成目标对象特征的表示符号，是用户主观观察、认识和描述对象的一个角度。例如，对用户进行画像，识别不同的用户群，为产品设计和营销提供策略支持。

4. 指标数据

指标是对业务结果、效率和质量的度量。依据明确的业务规则，通过数据计算得到衡量目标总体特征的统计数值，能客观反映企业某一业务活动中的业务状况。例如，促销员门店覆盖率指标可以衡量一线销售门店促销员的覆盖程度。

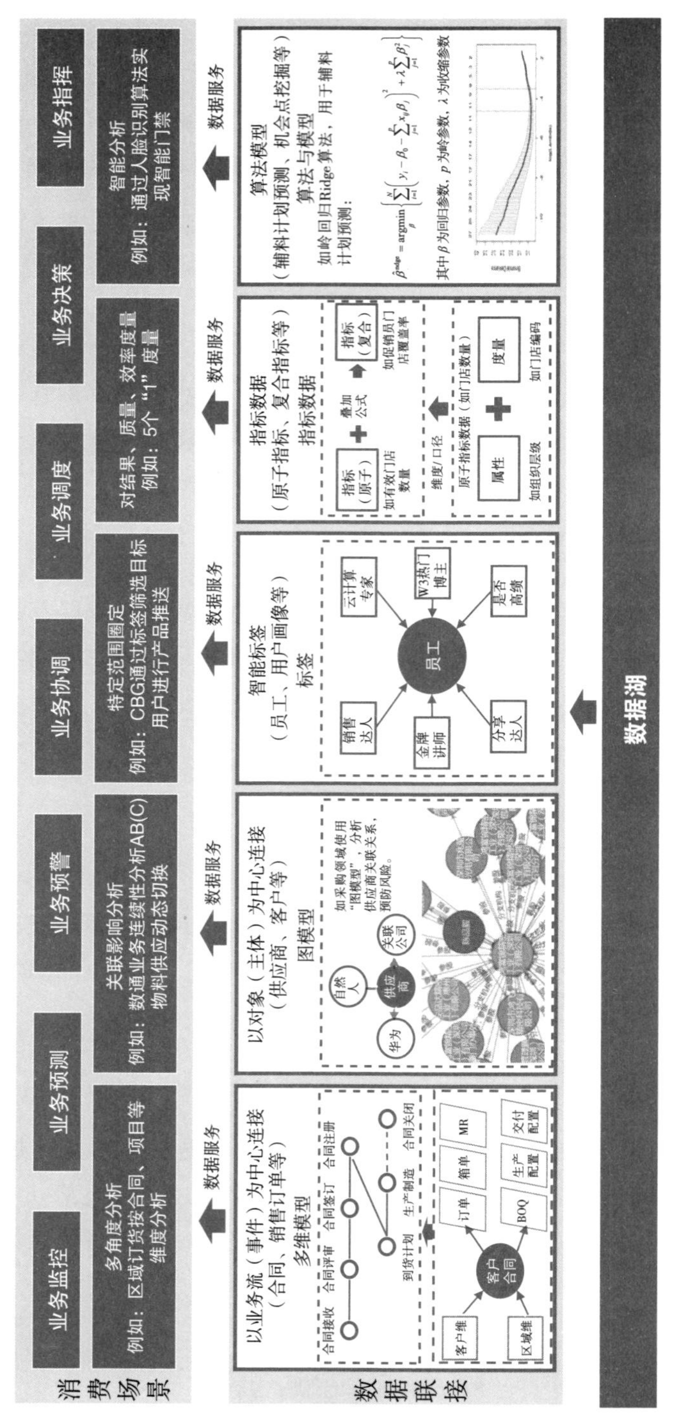

图 11-7　5 类数据主题联接方式

5. 算法模型

算法模型面向智能分析的场景，通过数学建模对现实世界进行抽象、模拟和仿真，提供支撑业务判断和决策的高级分析方法。例如，预测未来 18 个月的销售量，需要数据科学家根据数据湖中的历史订单、发货等数据通过决策树和基因算法进行数据建模，支持业务决策。

11.4.2　多维模型设计

多维模型是依据明确的业务关系，建立基于维度、事实表以及相互间连接关系的模型，可实现多角度、多层次的数据查询和分析。设计出稳定、易扩展、高可用的数据模型来支持用户消费对数据主题联接至关重要。

多维模型设计有 4 个主要步骤，包括确定业务场景、声明粒度、维度设计和事实表设计。

1. 确定业务场景

分析业务需求，识别需求中所涉及的业务流及其对应的逻辑数据实体和关联关系。如 PO 履行全流程可视，首先需要识别监控的具体业务环节（如发货、开票等），再根据这些业务环节识别其对应的逻辑数据实体及关联关系，如图 11-8 所示。

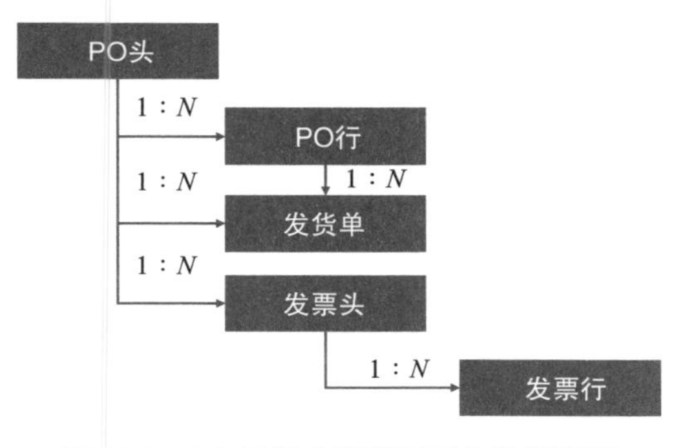

图 11-8　PO 履行全流程可视的数据范围

2. 声明粒度

粒度表示数据单元的细节程度或综合程度，细节程度越高，粒度越细；细节程度越低，粒度越粗。声明粒度是维度和事实表设计的重要步骤，意味着精确定义事实表的每一行表示什么。针对监控 PO 履行这个场景，在做设计时首先要确认是监控 PO 的履行，还是具体到每个 PO 行的履行，不同的粒度会对应不同的事实表。

3. 维度设计

维度是观察和分析业务数据的视角，支持对数据进行汇聚、钻取、切片分析，如图 11-9 所示。维度由层次结构（关系）、层级、成员、属性组成。维度可以分为基础树和组合树，维度基础树提供统一定义的、完整的层级结构和成员；维度组合树根据业务使用场景进行定制。

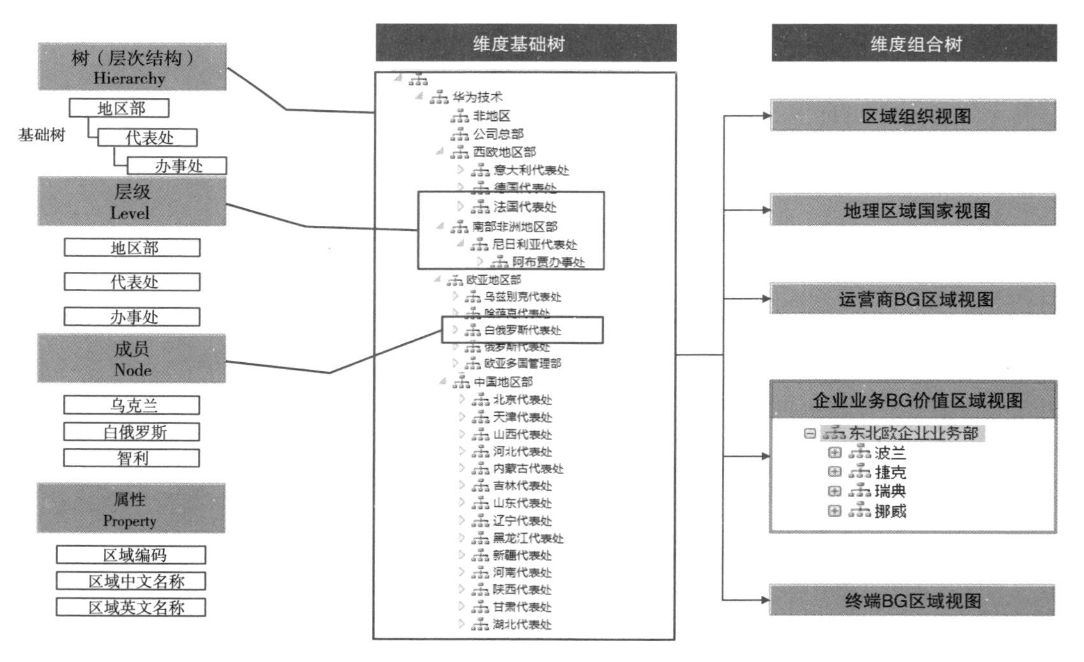

图 11-9　维度示例

维度设计需要满足单一性、单向性和正交性。

- **单一性**。有且仅有一个视角，在同一个维度中不能穿插其他经营分析的视角。例如，区域维不含客户视角，产品维不含客户视角等。
- **单向性**。“上大下小”，维度只能支撑自上而下的分解和自下而上的收敛，每个成员只能存在向上的收敛路径，不能具备向上和向下两个方向的收敛逻辑。
- **正交性**。成员两两不相交，同一成员不能同时拥有多个上级成员。以产品维为例，华为向客户提供的设备或服务都只能被准确地分配到唯一叶子（最底层）节点，并以此路径进行收敛。

4. 事实表设计

事实表存储业务过程事件的性能度量结果，由粒度属性、维度属性、事实属性和其他描述属性组成，如图 11-10 所示。

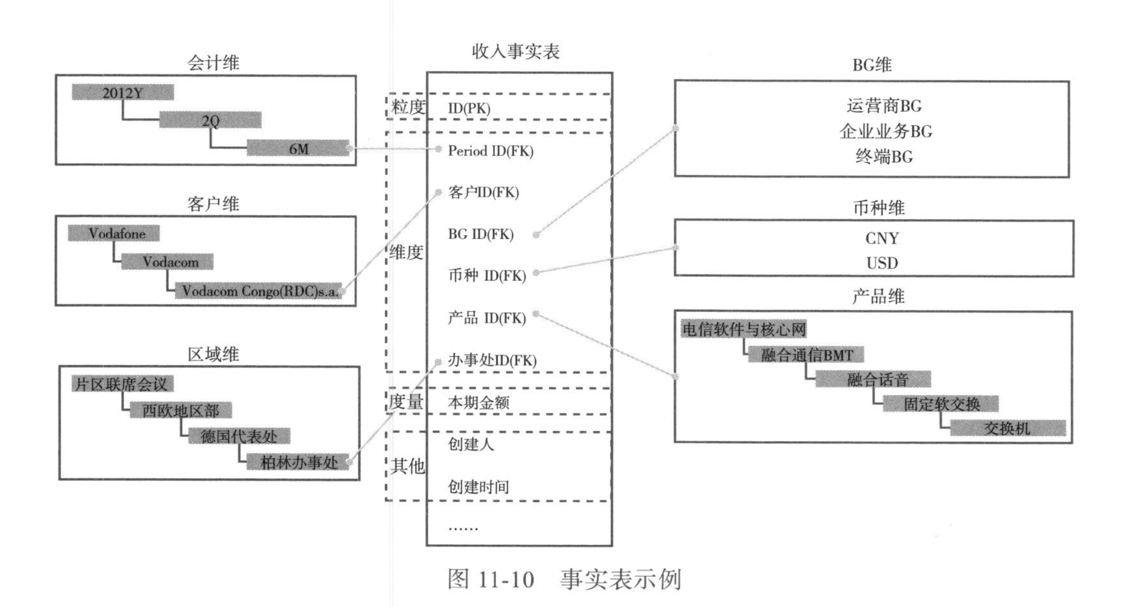

图 11-10　事实表示例

粒度属性是事实表的主键，通常由原始数据的主键或一组维度属性生成。

维度属性是从维度中继承的属性，可以只继承主键作为事实表的外键，也可以继承维度中全部或其他部分的属性。在上述例子中，事实表中除了有币种

ID，还可以有币种编码和币种名称等属性。

- 事实属性是可以对该颗粒度的事实进行定量的属性，大多数的事实表包括一个或多个事实字段。
- 同一事实表中不能存在多种不同粒度的事实，比如 PO 行明细事实表中不应该包含 PO 总金额，否则 PO 总金额累加时会出现错误。
- 尽可能包含所有与业务过程相关的事实，不包含与业务过程无关的事实。比如在设计“订单下单”这个业务过程的事实表时，不应该存在“支付金额”这个支付业务过程的事实。
- 对于不可相加的事实，需要分解为可加的事实。比如比率，需要分解为分子和分母。
- 事实的数值单位要保持一致。

其他属性主要包括创建人、创建时间、最后修改人、最后修改时间等审计字段。

11.4.3 图模型设计

如前文所述，图模型是 5 类数据主题联接之一，它作为当前流行的信息处理加工技术，自提出以来，迅速在学术界和工业界得到了普及，在智能推荐、决策分析等方面有着广泛的应用。

图模型由节点和边组成。节点表示实体或概念，边则由属性或关系构成。实体指的是具有可区别性且独立存在的某种事物，如某一个人、某一个城市、某一种植物、某一种商品等，是图模型中的最基本的元素。概念是对特征进行组合而形成的知识单元，主要指集合、类别、对象类型、事物的种类，例如人物、地理等。属性主要指描述实体或概念的特征或特性，例如人员的国籍、生日等。我们以“哲学家”为例设计图模型，如图 11-11 所示。

图模型构建包含几个关键步骤，如图 11-12 所示。

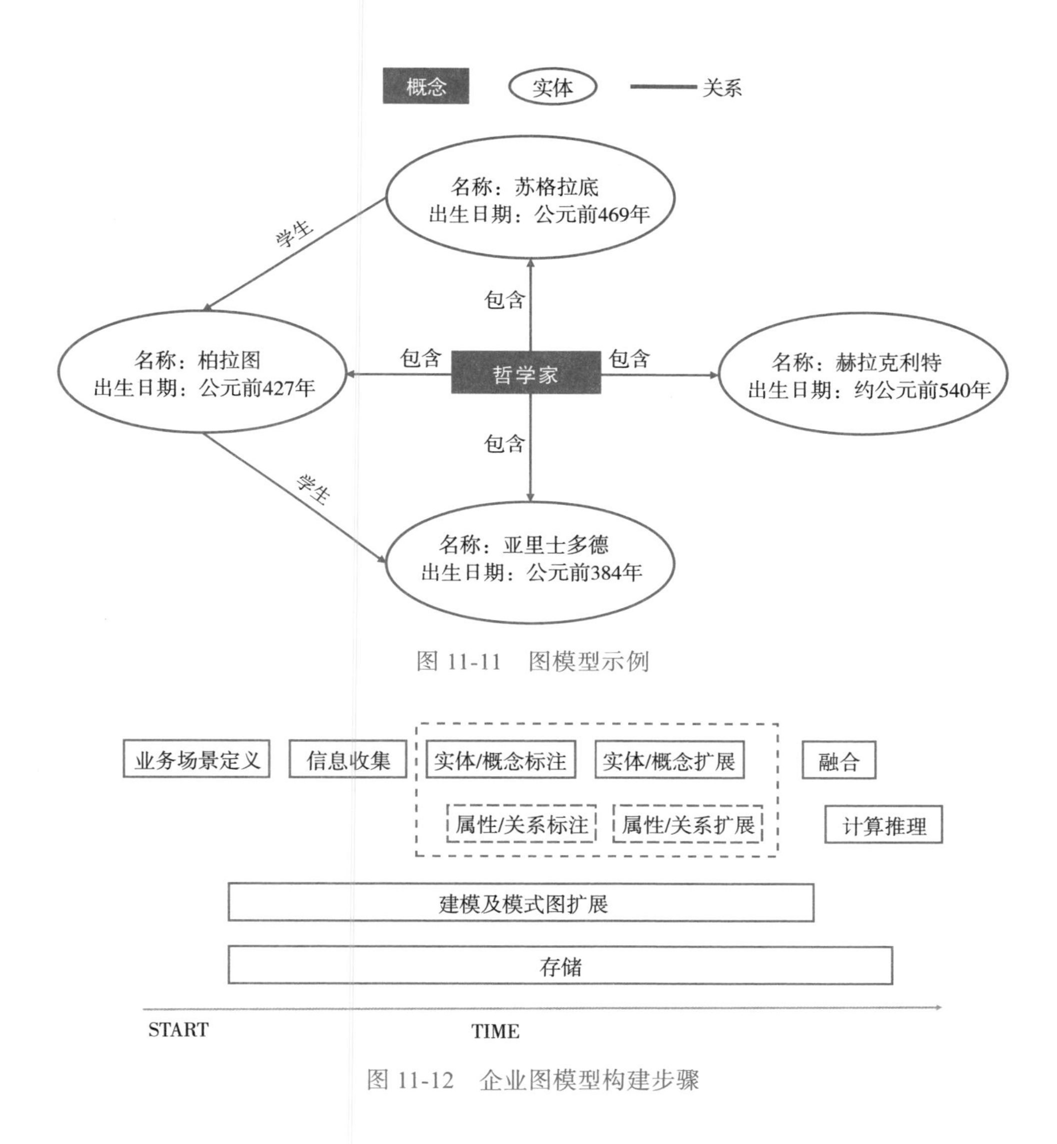

图 11-11　图模型示例

图 11-12　企业图模型构建步骤

1. 业务场景定义

业务场景决定信息涵盖范围以及信息颗粒度的表示。以支撑业务连续性为例，因为不可抗力的影响，部分区域的供应商工厂无法正常生产和发货，涉及的信息包括供应商的信息、产能、元器件及内部物料、合同和客户信息，要求我们能够根据用户输入的当前物料储备和合同状态，获取影响内部物料、产品、合同交付和客户的清单和范围。这种应用涉及对产品目录和配置的解读，需要对收集的信息进行最小采购器件的抽取。

信息颗粒度在图模型建设中是个不可忽视的问题。我们需根据应用场景决定信息颗粒度以及图模型的精确性与有效性。比如手机，有品牌、型号、批次，直至手机整机。同样的信息范围，颗粒度越细，图模型应用越广泛，关系越丰富，但冗余越多，知识消费越低效。信息颗粒度的原则是“能满足业务应用的最粗颗粒度”。

2. 信息收集

信息的选取要考虑两个方面的内容。

1）与应用场景直接相关的信息。例如，判断不可抗力供应中断影响的范围，直接相关的信息有物料信息、产品配置、合同信息等。

2）与应用场景间接相关，但可辅助理解问题的信息。例如企业信息、专业领域信息、行业信息以及开放域信息。

3. 图建模

相同的数据可以有若干种模式的定义，而良好的模式可以减少数据冗余，提高实体识别的准确率，所以在建模的过程中，我们要结合数据特点与应用场景来完成。同样的数据从不同的视角可以得出不同的图模型。

4. 实体、概念、属性、关系的标注

企业图模型中涉及的实体和概念可分为三类：公共类，如人名、机构名、地名、公司名、时间等；企业类，如业务术语、企业部门等；行业类，如金融行业、通信行业等。

5. 实体和概念的识别

企业图模型中实体、概念的识别可将业务输入和数据资产中已有的信息作为种子，运用命名实体识别（NER）的方法扩展出新实体概念，经业务确认后，列入实体、概念库。

6. 属性和关系的识别

企业图模型中的属性与关系一般是根据业务知识在模式层设计时定义，属性与关系相对稳定，其扩展场景不是很多。

企业图模型的存储技术要综合考虑应用场景、图模型中节点和连接的数量、逻辑的复杂度、属性的复杂度以及性能要求。一般建议采用混合存储方式，用图数据库存储关系，用关系型数据库或键值对存储属性。偏重逻辑推理的应用场景用 RDF 的存储方式，偏重图计算的应用场景选择属性图的存储方式，发挥两类数据各自的存储和读写优势。

知识计算主要是根据图谱提供的信息得到更多隐含的知识，如通过模式层以及规则推理技术可以获取数据中存在的隐含信息。知识计算涉及三大关键技术：图挖掘计算、基于本体的推理、基于规则的推理。图挖掘计算是基于图论的相关算法，实现对图谱的探索和挖掘。图挖掘计算主要分为如下 6 类。

- 图遍历：我们可以将知识图谱理解为一张很大的图，可以去查询和遍历这个图，但要根据图的特点和应用场景进行遍历。
- 图里面经典的算法，如最短路径。
- 路径的探寻，即根据给定的两个或多个实体去发现它们之间的关系。
- 权威节点的分析，这在社交网络分析中使用较多。
- 族群分析。
- 相似节点的发现。

图模型示例如图 11-13 所示。

在当前应用场景中，图挖掘计算基于业务连续性，通过查询遍历图模型，识别影响节点和影响范围，同时基于最短路径，为物流线路提供辅助决策，在企业中的应用较为普遍。

图模型在企业中的价值，很大程度上取决于企业基于对象节点可以构建多完善的关系，这个关系的构建是一个逐步完善的过程，而基于业务场景不断补充和完善关系，就是图模型的优势。

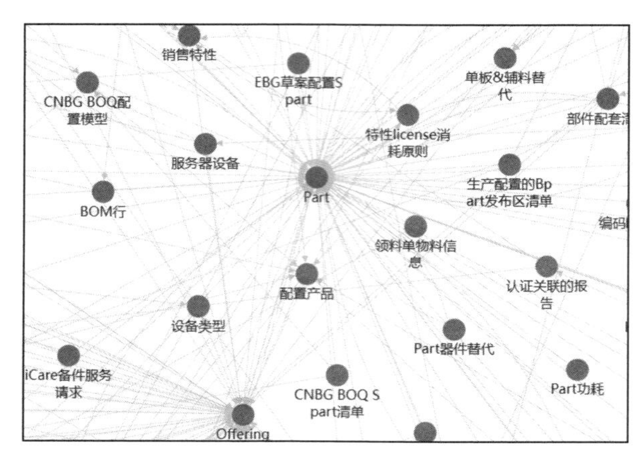

图 11-13 图模型示例

当形成一个足够完善的企业级图模型后，领域分段的业务场景应用只需要裁剪部分节点和关系就可以满足业务的需求，达到快速响应业务需求、降低开发成本的目的。

11.4.4 标签设计

标签是根据业务场景的需求，通过对目标对象（含静态、动态特性）运用抽象、归纳、推理等算法得到的高度精练的特征标识，用于差异化管理与决策。标签由标签和标签值组成，打在目标对象上，如图 11-14 所示。

标签是由互联网行业引入其他行业的，打标签的对象也由用户、产品等扩展到渠道、营销活动等。在互联网行业，标签有助于实现精准营销、定向推送、提供个性化用户体验等；在其他行业，标签更多助力于战略分级、智能搜索、提升运营、精准营销、优化服务、智慧经营等。

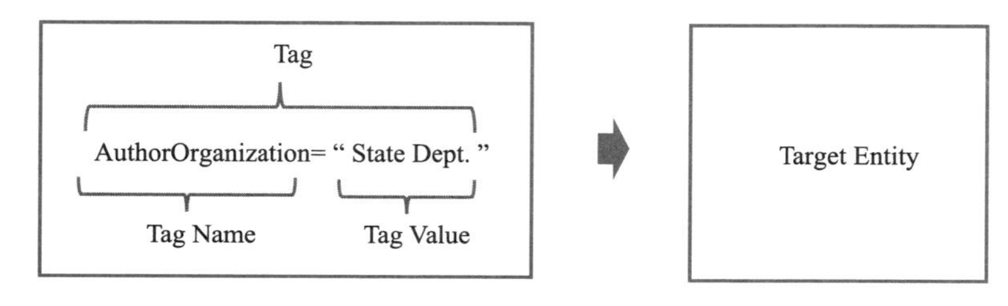

图 11-14 打标签示例

标签分为事实标签、规则标签和模型标签。如图 11-15 所示。

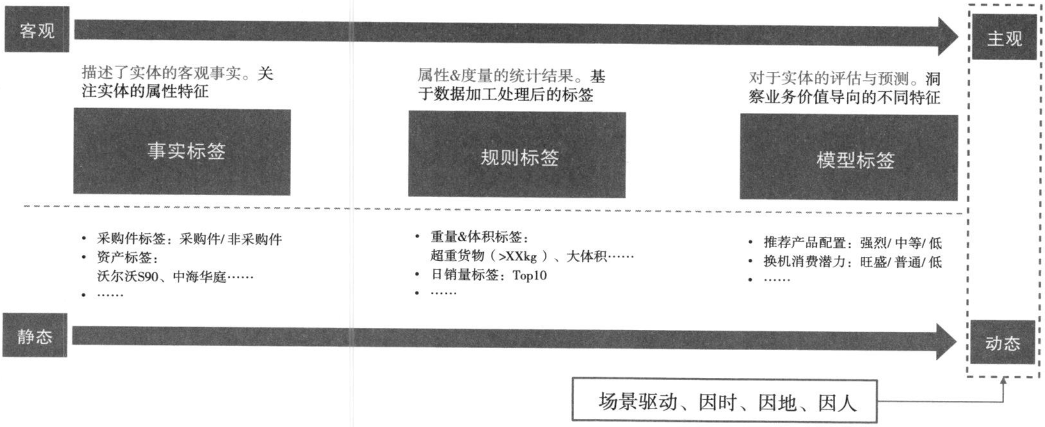

客观 → 主观

描述了实体的客观事实。关注实体的属性特征

事实标签

- 采购件标签：采购件/ 非采购件
- 资产标签：
  沃尔沃S90、中海华庭……
- ……

属性&度量的统计结果。基于数据加工处理后的标签

规则标签

- 重量&体积标签：
  超重货物（>XXkg）、大体积……
- 日销量标签：Top10
- ……

对于实体的评估与预测。洞察业务价值导向的不同特征

模型标签

- 推荐产品配置：强烈/ 中等/ 低
- 换机消费潜力：旺盛/ 普通/ 低
- ……

静态 → 动态

场景驱动、因时、因地、因人

图 11-15　三种标签类型

1）事实标签。事实标签是描述实体的客观事实，关注实体的属性特征，如一个部件是采购件还是非采购件，一名员工是男性还是女性等。事实标签来源于实体的属性，是客观和静态的。

2）规则标签。规则标签是对数据加工处理后的标签，是属性与度量结合的统计结果，如货物是否是超重货物，产品是否是热销产品等。规则标签是通过属性结合一些判断规则生成的，是相对客观和静态的。

3）模型标签。模型标签则用于洞察业务价值导向的不同特征，是对于实体的评估和预测，如消费者的换机消费潜力是旺盛、普通还是低等。模型标签是通过属性结合算法生成的，是主观和动态的。

标签管理分为标签体系建设和打标签。

1. 标签体系建设

1）选定目标对象，根据业务需求确定标签所打的业务对象，业务对象范围参考公司发布的信息架构中的业务对象。

2）根据标签的复杂程度进行标签层级设计。

3）进行详细的标签和标签值设计，包括标签定义、适用范围、标签的生成逻辑等：

- 事实标签应与业务对象中的属性和属性值保持一致，不允许新增和修改；
- 规则标签按照业务部门的规则进行相关设计；
- 模型标签根据算法模型生成。

2. 打标签

1）打标签的数据存储结构。打标签是建立标签值与实例数据的关系，可以对业务对象、逻辑数据实体、物理表或记录打标签。为了方便从"用户"视角查找、关联、消费标签，可增加用户表，将标签归属到该"用户"下。这里的"用户"是泛指，可以是具体的人，也可以是组织、部门、项目等。

2）打标签的实现方法。根据不同标签类型，打标签的方法列举如下。

- 事实标签：根据标签值和属性允许值的关系，由系统自动打标签。
- 规则标签：设计打标签逻辑，由系统自动打标签。
- 模型标签：设计打标签算法模型，由系统自动打标签。

11.4.5 指标设计

指标是衡量目标总体特征的统计数值，是能表征企业某一业务活动中业务状况的数值指示器。指标一般由指标名称和指标数值两部分组成，指标名称及其含义体现了指标质的规定性和量的规定性两个方面的特点，指标数值反映了指标在具体时间、地点、条件下的数量表现。

通过指标计算逻辑是否含有叠加公式，可以把指标分为原子指标和复合指标两种类型。

1）原子指标。指标数据通过添加口径/修饰词、维度卷积而成，口径/修饰词、维度均来源于指标数据中的属性。

2）复合指标。由一个或多个原子指标叠加计算而成，其中的维度、口径/修饰词均继承于原子指标，不能脱离原子指标维度和口径/修饰词的范围去产生

新的维度和口径 / 修饰词。

指标和数据的关系如图 11-16 所示。

- **指标数据**：承载原子指标的数据表。例如门店明细表，其中度量为门店数量，通过“门店编码”卷积；属性包括门店等级、门店状态、门店形象等级、组织等级等。
- **维度**：从属性中选取组织、渠道、门店形象等级。
- **口径 / 修饰词**：“门店状态”等于“有效”，“有无促销员”等于 1。
- **原子指标**：由指标数据通过添加口径 / 修饰词、维度卷积而成，包括“促销员覆盖门店数量”“有效门店数量”。
- **复合指标**：由 2 个或 2 个以上指标叠加计算而成，促销员门店覆盖率 = 促销员覆盖门店数量 ÷ 有效门店数量。

如何按需求进行指标拆解，是将指标对应到数据资产并进行结构化管理，以支持指标服务化与自助需求的关键。指标的拆解过程主要包括指标拆解需求澄清、指标拆解设计、指标数据与数据资产匹配 3 个阶段，如图 11-17 所示。

- **解读指标定义，识别指标**：通过与定义指标的业务管理部门沟通（通常为指标解释部门的业务人员），从业务角度了解指标基本信息、所需统计维度、指标度量场景以及各场景下的计算逻辑和口径（包括剔除规则）、指标发布信息等。
- **基于指标叠加公式拆解指标**：根据指标计算逻辑识别原子指标，明确原子指标中需要的口径 / 修饰词、维度信息，以及原子指标与复合指标间的支撑关系。
- **基于指标拆解结果，识别指标数据**：识别原子指标的度量属性和支撑属性，并根据原子指标中的维度、口径 / 修饰词匹配已发布业务对象的属性，形成指标数据。
- **数据落地匹配**：补充指标、指标数据中的标准属性名称以及对应的落地物理表，支持用户自助实现指标计算，拉通指标设计和落地。

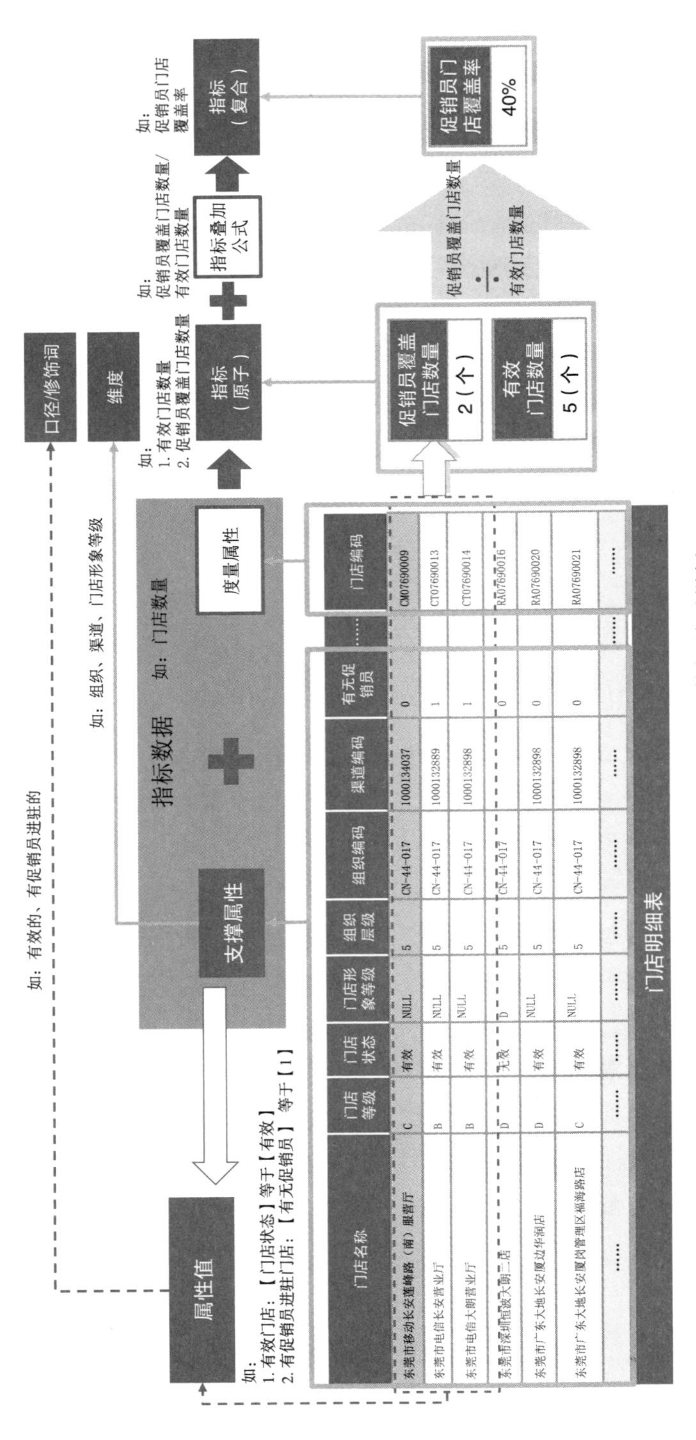

图 11-16　指标和数据关系样例

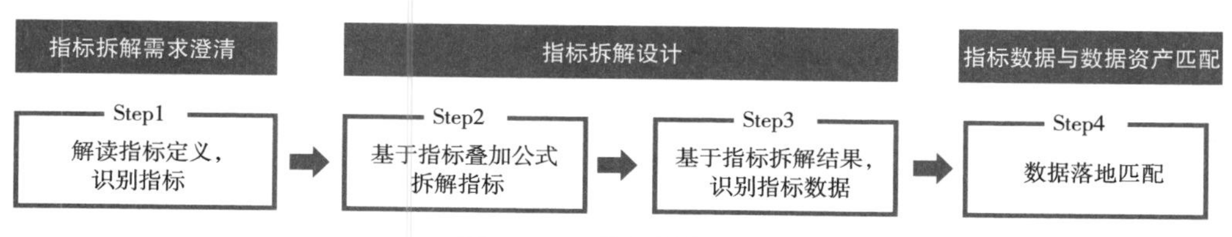

图 11-17 指标拆解过程

11.4.6 算法模型设计

算法是指训练、学习模型的具体计算方法，也就是如何求解全局最优解，并使得这个过程高效且准确。其本质是求数学问题的最优解，即算法是利用样本数据生成模型的方法。算法模型根据业务需求，运用数学方法对数据进行建模，得到业务最优解，主要用于业务智能分析。

算法模型在数据分析流程中产生，其管理框架包括建模、模型资产管理和模型消费。公司各领域已相继开发出大量基于算法模型的分析应用，通过对算法模型进行资产注册，逐步打造公司级的算法模型地图。

算法模型的设计步骤主要有需求评估、数据准备、方案设计、建模与验证。

1. 需求评估

1）业务驱动的分析需求识别。

- 如果要识别与业务运营优化相关的分析需求，就需要梳理业务需求的背景、现状与目标。
- 如果要识别与战略或变革相关的分析需求，则应进行战略目标解耦，了解业务现状与制订目标。
- 初步识别分析结果的应用场景。

2）数据驱动的分析需求识别。

- 在集成的数据环境中进行数据挖掘，探索可能的分析应用。
- 识别分析需求和确认应用领域。
- 初步识别分析结果的应用场景。

3）价值与可行性评估。

- 确定数据分析主题。
- 分析需求的业务价值评估，包括业务基线、分析主题的业务影响与可增进的效益。
- 分析前提与可行性，包括识别目前业务流程与可能的影响因素，探讨业务现状，并制订对应的分析解决方案，呈现出对应解决方案可提升的效益，对方案所需资源和数据的可行性进行评估。
- 根据相关的历史数据进行假设和分析，并明确业务范围。

2. 数据准备

1）深入探索数据资产目录，识别与分析主题可能相关的数据。

2）提供数据源、数据标准、数据流等信息。

3）收集与整合原始数据，生成分析数据集。

4）根据分析需求进行数据筛选和质量分析。

3. 方案设计

1）明确要分析的业务目标与相关假设。

2）定义数据集中的分析目标、样本与筛选条件。

3）设计所需变量、指标、可能的分析方法和产出。

4）规划分析的应用场景。

4. 建模与验证

1）决定是否需要分析建模：根据技术复杂度、业务效益和资源评估该分析需求是否需要分析建模。若需要分析建模且通过项目评审，则应进行高阶分析；若不需要建模分析，则运用 BI 分析。

2）创建模型：根据数据分析方案创建模型，对模型的参数和变量进行调整，根据应用场景选择适用的模型，和业务分析师确认模型成效与应用并进行优化，进行模型相关验证（如准确度和稳定度评估）及效益评估。

3）试算分析：对数据分析方案中不需分析建模的场景和应用，根据数据分析方案进行分析结果的计算，并选择合适的展示方式。

4）编写数据分析线下验证报告：

- 记录分析结果与发现；
- 根据洞察发现，建议业务应用场景；
- 建议模型监测方式。

5）决定是否需要 IT 开发：根据模型验证成果（分析建模）、预估业务效益、IT 开发所需的成本和资源来评估分析结果是否需要 IT 开发。若需要，则通过评审后转入 IT 开发流程；若不需要，则进入业务应用并结束流程。

6）模型线上验证：

- 设定线上验证范围与场景；
- 进行线上验证，建立模型监控机制（含监控频次和监控要素），生成分析模型线上验证报告；
- 进行业务试运行与推广。

7）转运营：与数据分析模型所属领域的业务代表确认转运营计划，启动业务正式运营。

11.5　面向安全共享的数据服务建设

数据底座建设的目标是更好地支撑数据消费，但是如何能够让用户使用数据更便捷，并且确保整个数据消费的过程安全、合规？

为了实现效率与安全兼顾的目标，华为公司大力推进数据服务建设，一方面将数据资产作为一种服务，更好地满足业务人员对效率、便捷的要求；另一方面通过服务机制实现安全可控，确保所有的数据资产在安全合规的前提下进行共享。

11.5.1 数据服务给企业带来的价值

华为过去主要通过传统的集成方式来获取数据，即将数据从一个系统复制到另一个系统。随着企业规模的扩大，在上百个乃至近千个 IT 系统中进行数据集成会导致系统集成关系无比复杂。随着企业数据集成越来越多，整个企业没有任何人能讲清楚数据都去了哪里。每做一次数据集成，不仅耗费大量成本，而且无法保障上下游之间的数据一致性和准确性。

在这样的背景下，华为进行了大规模的数据服务建设，通过数据服务来替代原有的数据集成方式，解决了数据交互过程中的诸多问题，取得了数据获取效率和数据安全之间的平衡。

参考 IEEE 规范，华为给出了数据服务的定义：数据服务是基于数据分发、发布的框架，将数据作为一种服务产品来提供，以满足客户的实时数据需求，它能复用并符合企业和工业标准，兼顾数据共享和安全。

以图 11-18 为例，数据服务和传统集成方式有很大区别，数据的使用方（不仅可以是 IT 系统，还可以是具体业务人员）不再点对点寻找数据来源、进行数据集成，从而形成错综复杂的集成关系，而是通过公共数据服务，按需、统一地获取各类数据。

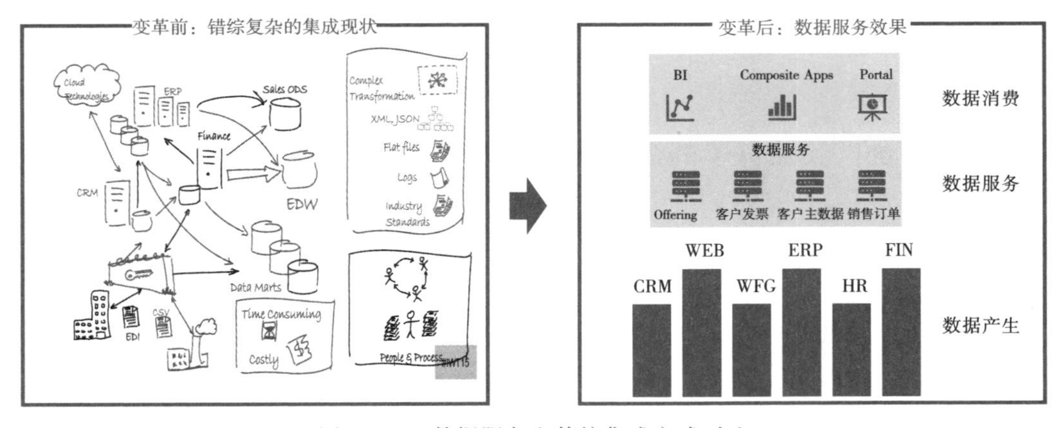

图 11-18 数据服务和传统集成方式对比

数据服务给企业带来的价值如下。

- **保障数出一门，提升数据的一致性**。通过服务获取数据的方式更类似于“阅后即焚”，大部分情况下数据并不会在使用方所在系统中保存，因此减少了数据“搬家”，而一旦数据的使用方并不拥有数据，就减少了向下游二次传递所造成的数据不一致问题。
- **数据使用者不用关注技术细节，满足不同类型的数据服务需求**。对于数据使用者而言，不用再关心“我要的数据在哪里”，例如用户不需要知道这些数据在哪个系统、哪个数据库、哪个物理表，只需要清楚自身的数据需求，就能找到对应的数据服务，进而获取数据。
- **提升数据敏捷响应能力**。数据服务一旦建设完成，并不需要按使用者重复构建集成通道，而是通过订阅该数据服务快速获取数据。
- **满足用户灵活多样的消费诉求**。数据服务的提供者并不需要关心用户怎么消费数据，避免了供应方持续开发却满足不了消费方灵活多变的数据使用诉求的问题。
- **兼顾数据安全与合规**。所有数据服务的使用都可管理，数据供应方能够准确、及时地了解谁使用了自己的数据，并且各种安全措施都可以在数据服务建设中落实，确保数据使用的合规，数据消费遵循目的限制原则。

11.5.2 数据服务的分类

数据服务是为了更好地满足用户的数据消费需求而产生的，因此数据消费方的差异是数据服务分类的最关键因素。数据服务具体包括两大类：数据集服务和数据 API 服务。

1. 数据集服务

比较常见的数据消费者有两类，一类是真实的人。企业越来越强调各业务部门的自我运营，因此产生了大量自助分析消费者，这类消费者就是业务人员，甚至可能是管理者，他们通过各种数据分析工具，直接使用、消费数据。这种消费者访问某个相对完整的数据集的消费方式称为数据集服务，如图 11-19 所示。

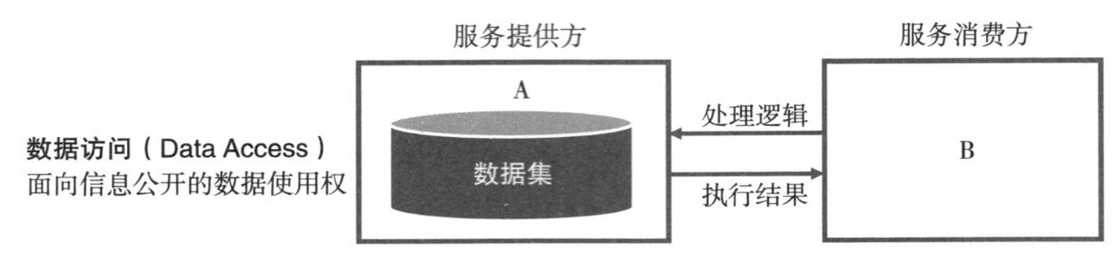

图 11-19　数据集服务特征

数据集服务最主要的特征，是由服务提供方提供相对完整的数据集合，消费方访问数据集合，并自行决定接下来的处理逻辑。

1）数据服务提供方被动地公开数据以供数据消费方检索。

2）数据服务提供方并不定义数据处理逻辑，但数据和数据处理逻辑仍然由其控制。

3）服务的生命周期即数据访问授权的有效期。

举例来说，数据服务提供方提供信息搜索、查询服务，但并不清楚用户的真实意图，用户可以自由地在服务方的地盘上“玩”数据。

2. 数据 API 服务

数据服务的另外一类消费者是 IT 系统，即面向某个 IT 系统提供数据事件驱动的“响应”，这种服务的封装方式与前面提到的数据集不同，称为数据 API 服务，如图 11-20 所示。

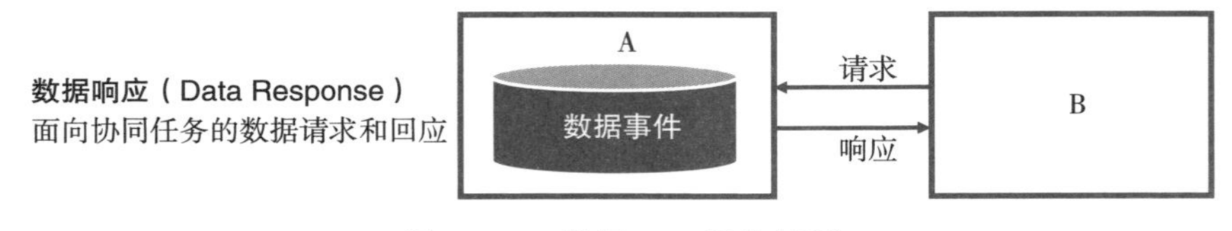

图 11-20　数据 API 服务特征

数据 API 服务的特征是服务提供方响应消费方的服务请求，提供执行结果。

1）数据服务提供方基于随机的数据事件主动传送数据。

2）数据服务提供方基于事件定义数据处理逻辑，由消费方提前订阅并随机触发。

3）服务的生命周期跟着事件走，事件关闭，则服务终止。

比如华为给对象存储服务（Object Storage Service，OSS）提供的面向客户的服务能力评估和报价复核服务。

数据 API 服务是对用户随机数据事件的响应，这个需求往往伴随着用户的某个任务而产生，并随着任务的结束而完成整个服务过程。通过数据 API 服务，用户可以及时地获知任务的协同情况，并基于服务方的反馈结果做出相应的调整。服务提供方和消费方是协同关系（互操作），而非交接棒关系（交换情报），有效提升了面向协同任务的互操作一致性。

11.5.3 打造数据供应的“三个 1”

数据服务改变了传统的数据集成和消费的方式，数据都通过服务对外提供，用户不再直接集成数据，而是通过服务获取。因此，数据服务应该拉动数据供应链条的各个节点，以方便用户能准确地获取数据为重要目标。华为为确保整个数据供应链条的高效协同，制订了“三个 1”标准作为拉通各个供应环节的整体目标，以确保每个环节能够形成合力并对准最终用户，如图 11-21 所示。

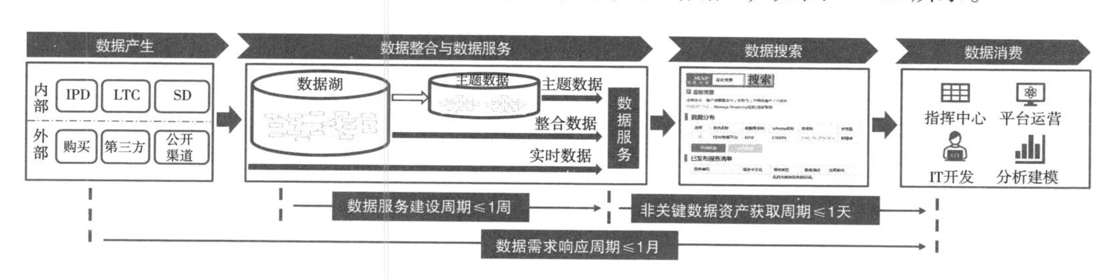

图 11-21 数据服务供应 SLA

“三个 1”是数据服务供应的整体目标，起点是需求方提出数据需求，终点为需求方拿到数据并可立即进行消费，具体衡量标准如下。

- 1 天：已发布数据服务场景，从需求提出到消费者通过服务获取数据，在 1 天内完成。
- 1 周：已进数据底座但无数据服务场景，从需求提出、数据服务设计落地到消费者通过服务获取数据，在 1 周内完成。

- 1 个月：已结构化但未进数据底座场景，从需求提出、汇聚入湖、数据主题联接、数据服务设计落地到消费者通过服务获取数据，在 1 个月内完成。

数据供应的“三个 1”并不是单纯的度量指标，而是一整套瞄准最终数据消费体验的供应能力和相应管理机制建设，还包括组织职责的明确、流程规范的制订与落实、IT 平台的建设和管理。

11.5.4 构建数据地图

在过去，数据供应者与消费者之间往往存在一种矛盾，当供应者做了大量的数据治理工作、提供了大量的数据后，数据消费者却仍然不满意，他们始终认为在使用数据之前，存在两个重大困难。

1. 找数难

企业数据分散存储在上千个数据库、上百万张物理表中，已纳入架构、经过质量和安全有效管理的数据资产也会超过万个，并且还在持续增长中。

例如，用户需要从发货数据里对设备保修和维保进行区分，以便为哪类设备已过保、无法继续服务提供准确依据，但生成和关联的交易系统有几十个，用户不知道从哪里能拿到这类数据，也不清楚取得的数据是否正确。

2. 读不懂

企业往往存在数据库物理层和业务层脱离的现状：数据的最终消费者无法直接读懂物理层数据，无法确认识别的数据是否能满足需求，只能寻求 IT 人员帮助，经过大量转换和人工校验后，才能最终确认可消费的数据，而熟悉物理层结构的 IT 人员，并不是数据的最终消费者。

例如，当需要盘点研发内部要货情况时，就需要从供应链系统获取研发内部要货数据，但业务人员不了解该系统复杂的数据存储结构（涉及 40 多张表、1000 多个字段），也不清楚每个字段名称下所包含的业务含义和规则。

企业在经营和运营过程中产生了大量数据，但只有让用户找得到、读得懂，能够准确地搜索、便捷地订阅这些数据，数据才能真正发挥价值，这就需要打造一张能够满足用户体验的数据地图。

数据地图（DMAP）是华为面向数据最终消费者对数据找得到、读得懂的需求而设计的，是基于元数据应用，以数据搜索为核心，通过可视化方式，综合反映有关数据的来源、数量、质量、分布、标准、流向、关联关系，让用户高效率地找到数据、读懂数据，支撑数据消费的一款产品。

数据地图作为数据治理成果的集散地，需要提供多种数据，承接多类用户、多样场景的数据消费需求，所以华为结合业务实际，构建了如图 11-22 所示的数据地图框架。

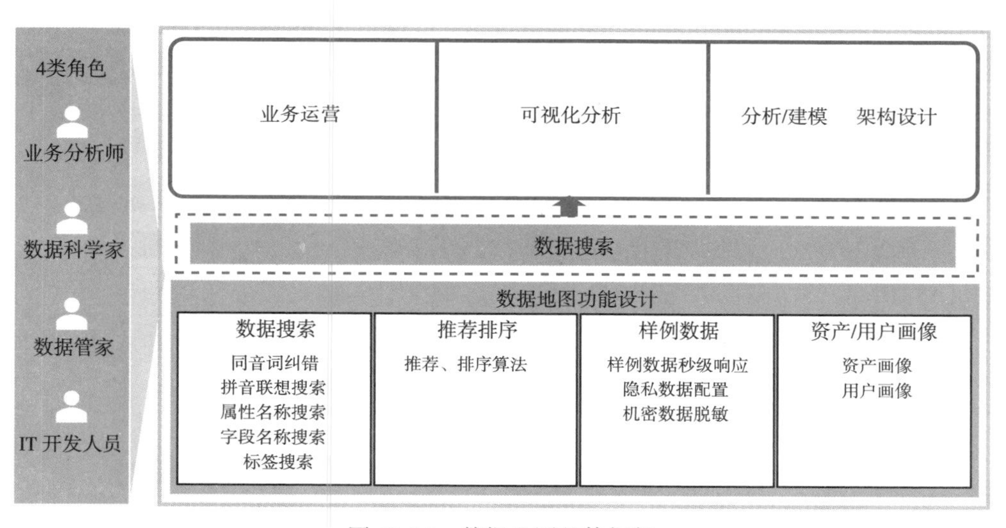

图 11-22 数据地图整体框架

数据地图为 4 类关键用户群体提供服务。

1）业务分析师。业务分析师是企业最大的数据消费群体，具有良好的业务背景，有些业务分析师本身就是业务人员，了解业务需求实质，理解业务含义，与利益相关者有良好的沟通，通过对数据的识别，借助数据分析工具，生成可供阅读的图表或者仪表板，使用分析结果识别问题，支撑决策。这类用户对数据可信度、业务含义、数据定位有强烈诉求。

2）**数据科学家**。数据科学家是指能采用科学方法、运用数据挖掘工具对大量复杂的数字、符号、文字、网址、音频或视频等信息进行数字化重现与认识，并能寻找新的数据洞察的工程师或专家。这类用户对业务含义、数据关系有强烈诉求。

3）**数据管家**。公司数据管理体系的专业人员，负责协助数据 Owner 对信息架构进行管理，包括定义信息架构中的责任主体、密级 / 分类，为数据安全管理提供重要输入。通过信息架构设计，统一业务语言，明确管理责任，设定数据质量标准，拉通跨领域信息流，支撑运营和决策。这类用户对数据质量、信息架构、数据关系有强烈诉求。

4）**IT 开发人员**。主要为企业数据仓库开发人员，通过对物理表定位、识别和 ETL，创建满足业务分析师或者应用平台所需要的模型或维表。这类用户对数据定位、数据关系有强烈诉求。数据地图重点提供数据搜索、排序、推荐以及数据样例、数据资产、用户画像等关键能力。

第12章 云化数字平台

企业开展数字化转型，将面临复杂的业务形态、丰富多样的场景以及分布于全球的业务和资源，这就需要有不同类型的数字技术、不同类型的IT平台和基础设施服务提供支撑。数字平台以自助、按需、在线的方式为业务以及IT产品团队提供上述服务。平台需要构建一个清晰的能力框架来梳理数字平台将提供哪些服务，并在此基础上明确每一个服务的责任主体，由其对服务进行规划和适度超前的建设，并向用户承诺SLA（服务水平协议）。

在云时代，数字平台构建在云上，在享受资源弹性、敏捷服务等优势的同时，还需确保核心数据资产的安全。华为在2016年进行数字化转型规划的时候，就明确由公司提供统一的数字平台，并将数字平台构建在华为云上，成为华为云的租户。

本章将结合华为近些年的实践阐述为什么需要数字平台、数字平台提供什么样的服务以及如何将数字平台构建在云上。

12.1 数字化转型需要数字平台

数字平台应数字化转型而生，数字平台不仅提供通常意义的 IT 平台服务（Platform as a Service, PaaS）和 IT 基础设施服务（Infrastructure as a Service, IaaS），还需要与时俱进，承载和孵化大数据、AI、IoT、区块链等数字技术。同时，数字化转型需要满足传统应用向现代化应用演进的需求，所以数字平台将构建服务化、云化能力，以支撑应用的服务化重构。另外，我们还需要在数字平台中沉淀通用业务能力，这些能力将成为服务并在企业内按需共享，减少重复建设。

上述诉求都将通过一个框架来进行分层分级的定义和描述，以支撑企业“按图索骥”，构建数字平台的各项能力和服务。

12.1.1 承载数字技术

在数字化转型过程中，业务关注用户体验提升、降本增效、业务创新等转型目标的达成。不断深入的数字化转型也对数字技术提出了更多的期望，如图 12-1 所示。

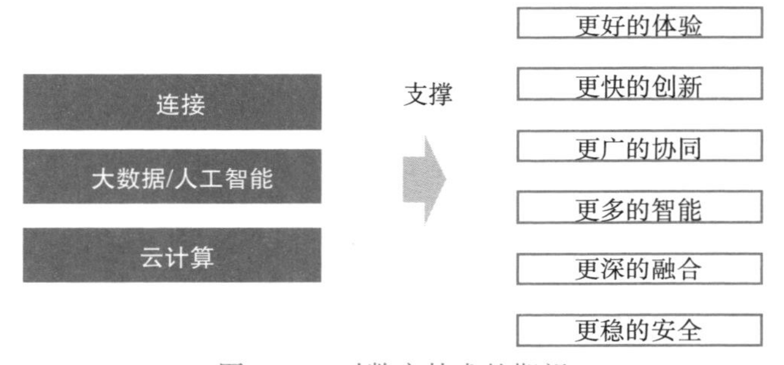

图 12-1 对数字技术的期望

1）更好的体验。数字化转型关注全球用户体验的提升和效率的提升，需要保证数字化应用的易用性和访问性能，同时需要有分布于全球的 IT 平台和基础设施支撑应用的全球部署和访问。

2）更快的创新。数字化转型关注业务创新，需要敏捷地响应业务优化，在创新过程中不断地试错，为此需要 IT 系统能快速交付、版本升级迭代能平滑进行，需要数字平台具备支撑应用快速构建、测试、部署的技术能力。

3）更广的协同。数字化转型关注员工与员工之间、员工与团队之间、团队与团队之间以及企业内外部之间的各种协同，随着转型的逐步深入，协同沟通的触点越来越多，越来越频繁，需要数字平台提供包括即时消息、音视频、社区、社交沟通等的技术能力。

4）更多的智能。海量确定性业务自动化处理以及不确定性业务智能辅助，除了需要更强大的算力，还需要引入更多的智能算法和服务。

5）更深的融合。数字世界与物理世界的融合，需要通过数字平台建立起数字世界与物理世界的感知和联接。

6）更稳的安全。数字化转型关注企业生态的建立，一方面企业越来越需要在商业生态系统中进行数据交换；另一方面，企业比以往任何时候都更需要保护自己的数据。关注“数据主权”，管理好企业与外界的安全边界，在保护自身数据和与生态系统共享数据两大需求之间找到平衡点。

企业引入云计算、连接技术、大数据、AI 等技术来支撑上述需求的实现，并将这些技术装载到数字平台中（见图 12-2）。数字平台负责持续孵化技术能力，为企业内各业务部门提供统一的技术服务，支撑业务开展数字化转型。

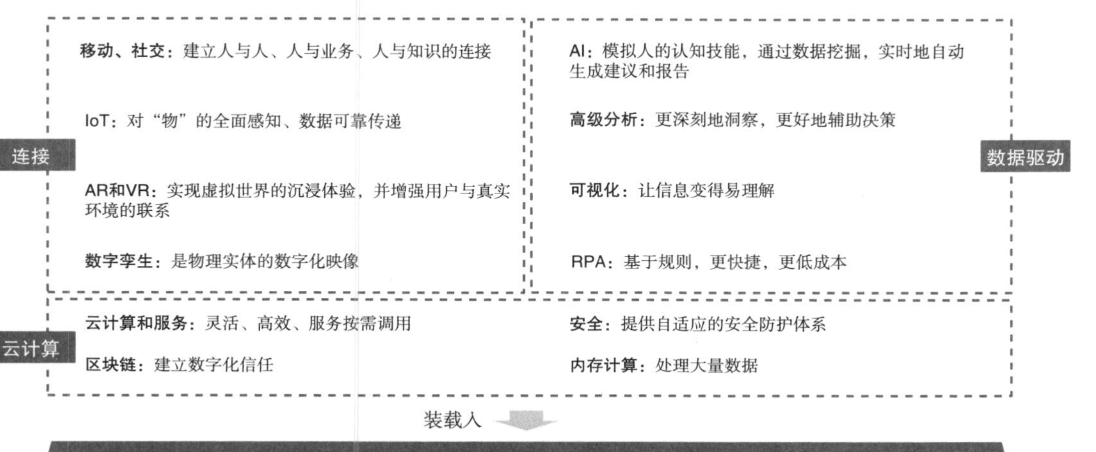

图 12-2　数字平台装载数字技术

12.1.2 支撑应用现代化

1. 数字化转型需要实现应用现代化

在开展数字化转型之初，我们发现原来在信息化时代开发的传统应用已跟不上业务数字化的发展，需要对传统应用进行现代化改造或重构。我们将传统应用与现代化应用进行比较，如表 12-1 所示。

表 12-1 传统应用与现代化应用的比较

传统应用	现代化应用
历史包袱重，架构老化，扩展困难	采用轻量化、服务化架构，应用间充分解耦，按需扩展
新功能需求绑定大版本上线，需求交付周期长	快速迭代上线，交付周期缩短
应用内部数据和逻辑强耦合，功能持续叠加，增加功能相互影响大	数据与应用解耦，应用模块间解耦，可以方便地进行优化或增加模块
版本升级时服务中断，影响用户体验	服务不中断热部署，版本升级平顺、流畅、无感知
团队规模大	团队拆小，敏捷运作

显而易见，传统应用存在很多局限性，近些年企业 IT 投资重心已逐步向现代化应用倾斜，在对传统应用进行服务化优化或重构，并将应用往云上迁移的同时，引入新的现代化应用，支撑业务数字化转型工作的开展（见图 12-3）。应用现代化的核心是“应用云化、服务化”。

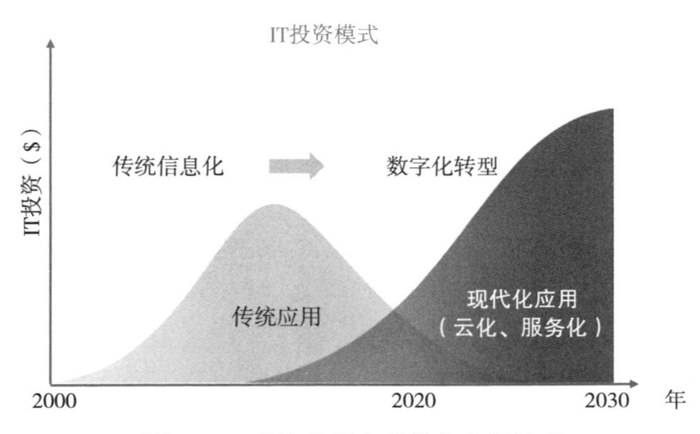

图 12-3 传统应用向现代化应用转变

2. 数字平台支撑应用服务化重构

为支撑应用现代化，牵引 IT 系统进行服务化改造，华为定义了典型的服务化三层应用架构，如图 12-4 所示。

- 体验层。针对本业务领域的不同业务角色，统一构建角色一站式接入，提供应用入口、协同作业、数据运营可视等功能；角色一站式可针对业务场景进行快速服务编排，快速适应业务变化。
- 服务层。服务层承载业务能力，瞄准几大主业务流，业务与 IT 一体化团队共同识别和构建服务，承接业务处理逻辑和决策规则；沉淀出公共服务，在企业内进行全局共享；通过服务市场建立服务 API 生态。
- 数据层。数据拉通一致，同源共享。传统 ERP 主要用来汇聚交易的结果，业务操作逻辑在服务层完成。

服务化架构的好处在于对业务的响应更快，能快速将数字化创新的想法变成现实，可以不断迭代试错，如图 12-5 所示。

应用服务化也带来了一系列的挑战和诉求，需要引入数字平台加以解决。

1）对系统的架构设计要求更高。服务化的关键举措之一是有效地拆分出颗粒度合适的服务，满足高内聚、低耦合的要求，同时 IT 系统本身也需要服务化，实现敏捷开发和部署。

2）运维监控难度大，问题定位困难。一个服务化应用一般由多个服务构成，与以前的单体应用相比，服务调用链更长。以华为供应链为例，服务化改造前完成一个订单履行需要调用前后五六个单体应用，服务化改造后需调用十几个微服务。在这种情况下，如何监控异常、快速定位并解决问题，同时做好预防，对服务化应用来说是个挑战，需要强大的运维监控平台支撑。

3）系统集成测试复杂度增加。应用服务化后服务调用链变长，集成测试时，跟单体应用相比，上下游需要联调的服务更多。众所周知，多团队协同和联调，难度是很大的。在这种情况下，只能通过自动化测试工具来解决，传统的测试方式无法满足服务化架构下对测试的有效性和效率的要求。

4）对技术平台的依赖更大。以前一台服务器就可以运行一个单体应用，而对于服务化应用，每个服务的运行都需要多个平台服务支撑，应用的稳定性极

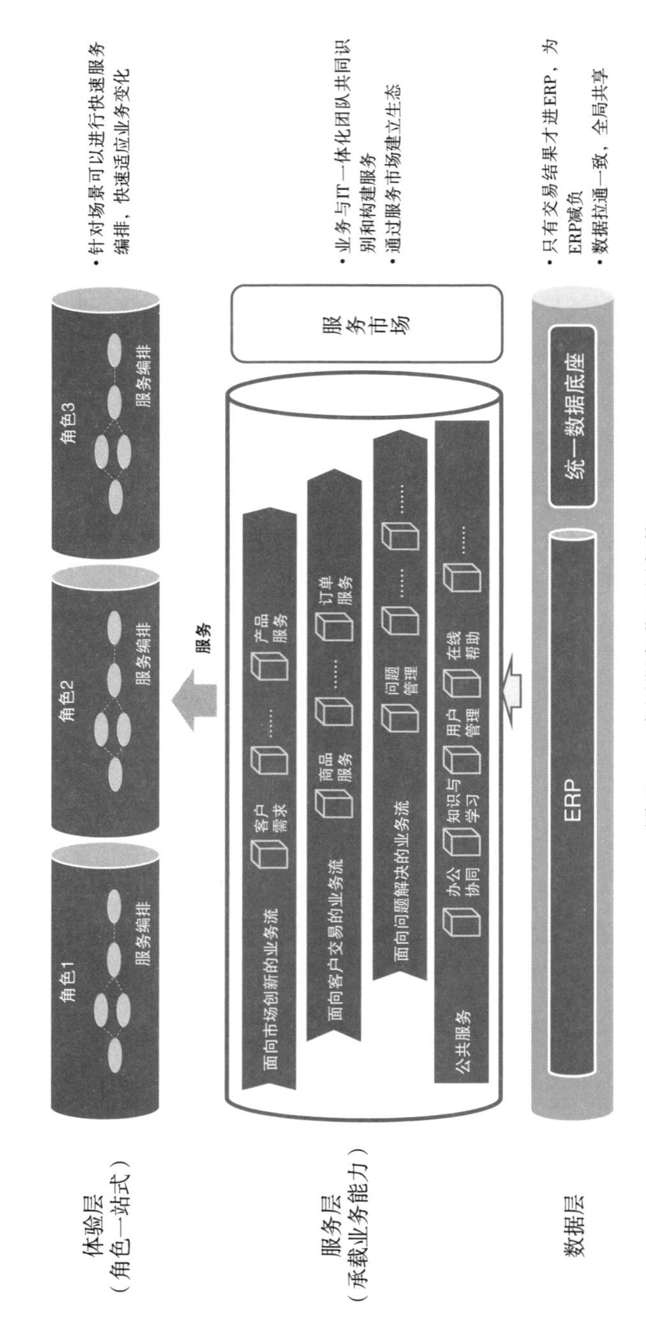

图12-4　应用服务化三层架构

度依赖平台的稳定。同时，应用和平台之间的变更协同、运维协同也更加复杂和重要。强大的平台是启动大规模服务化建设的基础，因此，企业进行应用服务化改造时，需技术平台先行。

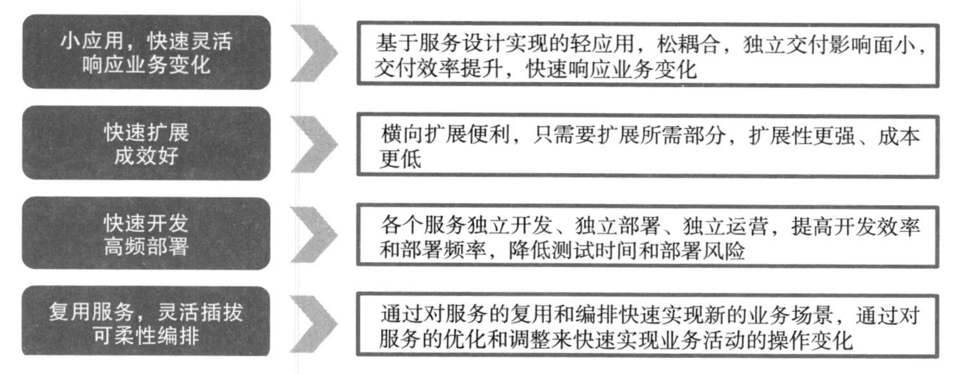

图 12-5　服务化架构的好处

3. 数字平台支撑应用云化

应用云化一般有两种模式，包括面向云平台部署的云使能（Cloud-Enabled）模式和依赖云平台构建的云原生（Cloud-Native）模式，如图 12-6 所示。

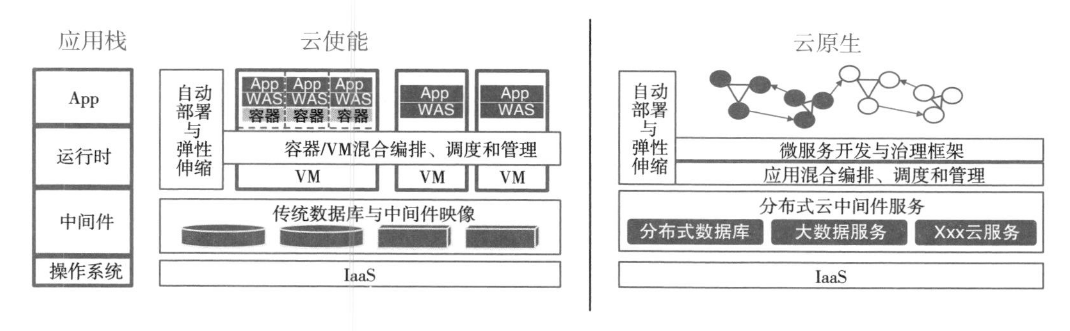

图 12-6　云使能模式和云原生模式

1）云使能模式。在云使能模式下，虚拟机和容器混合使用，无须做重大更改即可有效地将传统 IT 系统部署至公有云或私有云，使 IT 系统初步具备自动部署、弹性伸缩等云化能力，与传统应用架构无显著差异，比较适合不想花大力气来改造传统 IT 系统的场景。

2）云原生模式。云原生是一种新的基于云平台构建IT系统的实践模式，应用的构建、运行和管理都基于云环境，应用从设计之初即考虑到云的环境，为云而设计，在云上运行，充分利用和发挥云平台的弹性优势与分布式优势。云原生模式有如下关键特征。

- **微服务架构：**IT系统被划分为多个高内聚、低耦合、独立自治的服务。服务采用无状态设计，服务之间只能通过接口进行通信。
- **弹性伸缩：**服务能够基于既定的规则和容量按需水平伸缩。
- **高可用：**IT系统的任意服务实例失效，系统能够快速发现、隔离并自动地从故障中恢复，不影响系统整体的可用性。
- **多租户：**支持多租户隔离，每个租户只能访问、操作与自己相关的资源，不能访问、操作其他租户的任何资源。
- **自动化运维：**IT系统能够自动化部署、升级、扩容或缩容，并能实现自动化监控、告警、故障定位和故障自愈等。

在数字化转型过程中，企业需要对存量应用进行云化，并将新增应用直接构建在云平台上。华为于2016年制订了应用云化目标，在推进部分存量应用日落下线的同时，结合应用云化的4种典型场景，计划在5年内完成应用云化工作。

根据应用云化目标的要求，除了日落下线和安全独立部署这两种特殊情况可以不考虑云化之外，其他应用需纳入云化范围，其中场景1和场景2侧重于云使能模式，场景3和场景4侧重于云原生模式。具体应用云化的“决策树”如图12-7所示。

场景1：仅使用IaaS服务。将应用从物理服务器切换到IaaS上，实现资源的池化和动态分配。

场景2：使用PaaS服务。仅使用PaaS层的云服务，但不做太多应用层的优化或重构，可保持单体应用模式。

场景3：应用（微）服务化新建或重构。应用完全基于云平台提供的PaaS服务来设计和部署，底层基础架构对于应用基本不可见。应用的基本能力如可用性、扩展性、安全性都由PaaS服务来提供。适合技术熟练的IT团队和需要构建大规模云原生应用的场景。

场景 4：使用云化软件包。引入公有云 SaaS 软件包，并基于该软件包提供的定制化开发能力进行快速配置和定制。

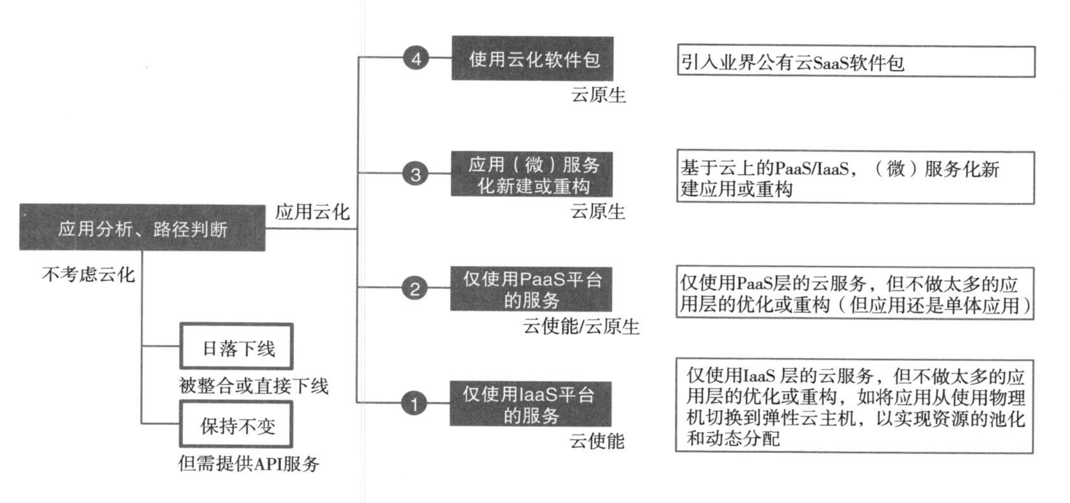

图 12-7　应用云化的 4 种典型场景

总体来看，对传统的应用进行云化迁移和服务化重构，需要数字平台的能力支撑。

12.1.3　沉淀通用业务能力

除了承载数字技术、提供应用现代化所需的 IT 平台和基础设施服务之外，数字平台还需要沉淀企业的通用业务能力，使得公司各业务部门可以共享并调用这些能力，减少重复建设，且能基于通用业务能力快速支撑新的业务场景，如图 12-8 所示。

什么是通用业务能力？即带有一定的业务属性，且公司各业务领域都需要调用的业务能力。比如员工用行政系统定会议室，用企业邮箱发邮件，用人事系统查工资，这些场景看上去各不一样，但它们其实都要做同一件事，就是“用户登录”，而“用户登录”的本质是用户身份识别，这就是通用业务能力。

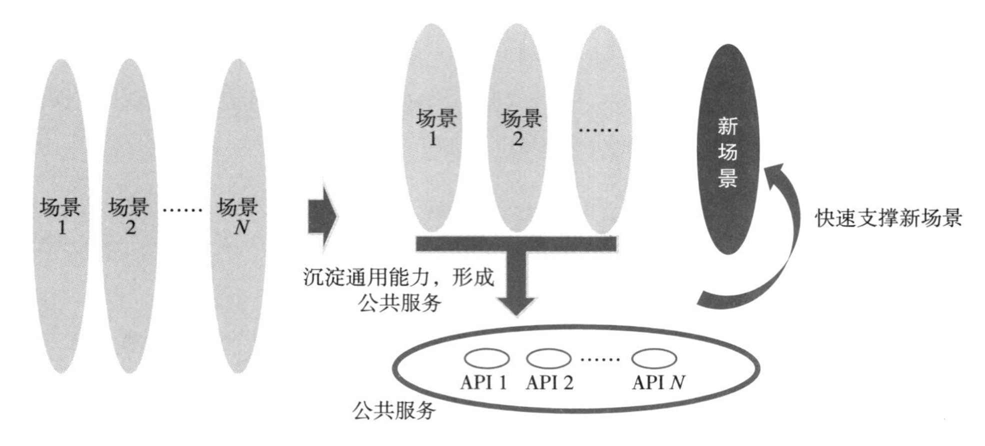

图 12-8 沉淀通用业务能力，形成公共应用服务

以“热线服务”为例。随着数字化转型工作的逐步推进，越来越多的业务部门都有搭建用户热线服务的计划，包括 IT 热线服务、差旅热线、HR 共享中心、信息安全热线、差旅报销热线、行政服务热线等各种业务热线。如果针对每一个热线服务，业务部门都需要提供不同的客服接入号码，员工在提问前先要想自己的问题归谁管，然后翻找相应的电话号码，很不方便；同时，对于企业来说，每条服务热线都需要成立相应的客服团队，存在大量的重复建设。

为此，我们不禁要问：有没有可能将服务热线的能力在数字平台上沉淀下来，并在企业内提供统一的智能客服，使得员工不管在什么地方、什么时候，都可以通过不同渠道在同一个服务热线平台上寻求帮助？这一套客服系统是否还可以引入数字平台中的智能机器人技术，通过算法和训练，将简单问题的解答都留给机器人，从而省去大量的人力，还能快速回复用户的提问？

类似的需求还有很多，比如知识管理、办公协同与沟通、文档管理、通用项目管理等通用业务能力，都有必要在数字平台中沉淀下来，形成“公共应用服务”，通过一系列的服务 API 供各业务领域调用，这样一方面可以减少重复建设，另一方面也可以快速响应业务变化及创新。

12.1.4 数字平台能力框架

数字平台承载数字技术、提供应用现代化所需的平台能力、沉淀通用业务能力，需要有一个分层解耦的能力框架，有条理地梳理出构建数字平台需装载哪些能力、提供哪些服务。这有助于在数字平台的建设初期，整合来自变革项目和 IT 产品团队对数字平台的各种诉求，然后将这些诉求纳入数字平台能力框架的各种服务中，识别平台的建设重点，并与业界厂家提供的平台能力进行对标，推动 IT 技术团队进行有针对性的建设，或者有针对性的引进。

我们将技术从横向划分为三大层级，纵向拉通“运营和运维”“安全”两大类能力，形成如图 12-9 所示的 Level 1 层级能力框架。

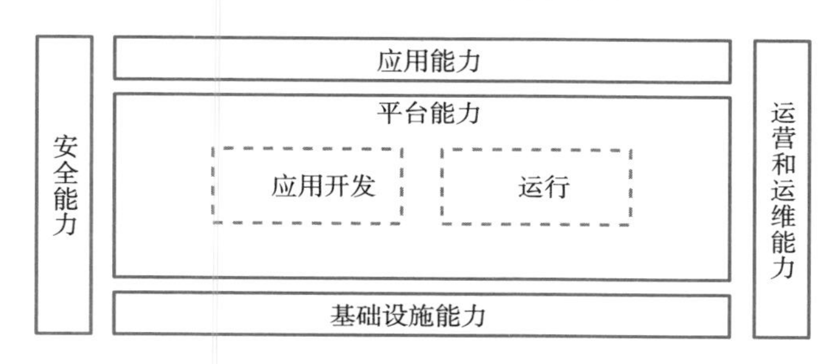

图 12-9 数字平台能力框架（Level 1）

Level 1 层级框架具体包括以下内容。

- 应用能力：沉淀公司各业务领域中可全局共享的通用业务能力。
- 平台能力：包括支撑应用开发的应用构建服务（含应用开发框架等）、应用开发工具链，以及支撑应用运行的通用平台（如应用负载均衡等）、数据库、大数据分析、应用集成等服务。
- 基础设施能力：包括基本的计算、存储、网络等 IT 基础设施服务。
- 运营和运维能力：与应用运营和运维相关的能力，包括运营、治理、服务操作管理、服务水平管理、迁移 / 备份 / 容灾。
- 安全能力：支撑应用运行、保护数据资产所需的安全、合规等能力。

对 Level 1 层级进行细分，形成如图 12-10 所示的 Level 2 层级能力框架。

IT 部门的数字平台团队曾经对各 IT 产品团队做过一次需求调查（结果见图 12-11），从 IT 产品团队对数字平台的能力需求上看，需求的前三位分别是“应用构建服务”“通用平台服务”“智能”，这三大类服务也将是后续数字平台建设的重点。

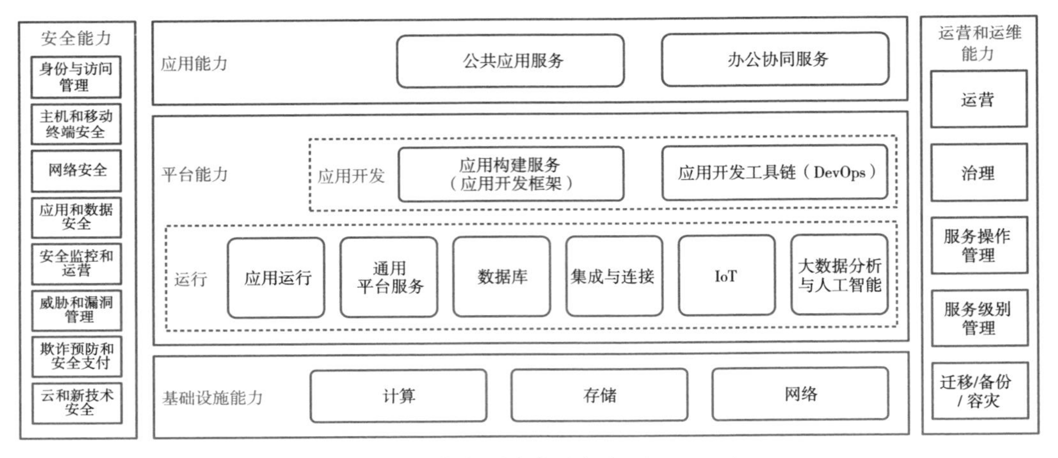

图 12-10 数字平台能力框架（Level 2）

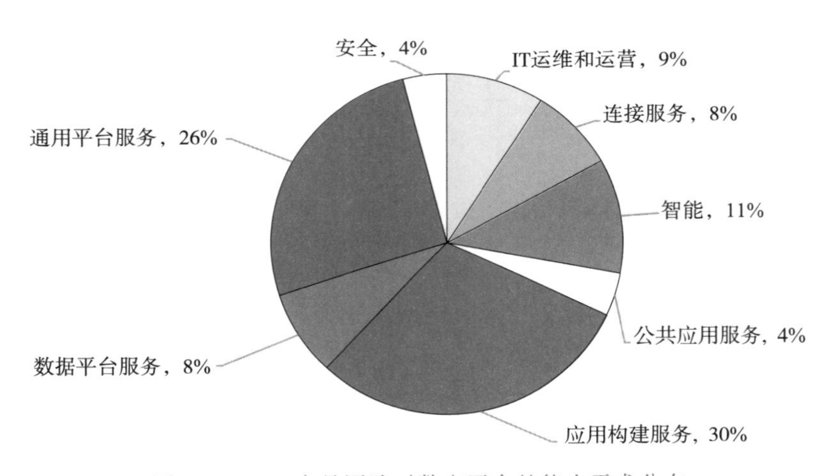

图 12-11 IT 产品团队对数字平台的能力需求分布

12.2 华为数字平台的 4 大服务域

能力框架明确了数字平台需要构建什么样的能力，不同企业的起点不同，平台所需要支撑的业务场景也存在差异，所以采取什么样的方式来构建数字平台，平台中装载什么样的服务，都会有所区别。

华为的思路是“推拉结合”，将围绕用户的核心诉求和数字平台本身的技术能力提升结合起来。首先，由面向各业务领域的技术解决方案团队加强对业务典型场景的梳理和抽象，识别诉求，对数字平台的服务能力形成拉力，促进平台的改进和优化；其次，数字平台的各技术团队通过主动构建平台服务能力、全球资源布局和获取能力以及服务调度能力，形成推力，适度超前地进行数字平台建设。

12.2.1　数字平台建设历程

与大多数传统企业一样，华为的数字平台经历了如图 12-12 所示的几个阶段。

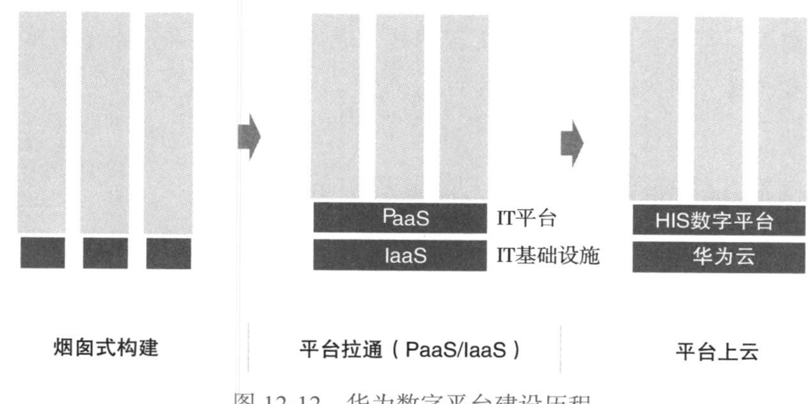

图 12-12　华为数字平台建设历程

阶段 1：烟囱式构建阶段。各业务领域的单体应用都各自引入平台和 IT 基础设施服务，应用间的集成可能会使用统一的 ESB 企业服务总线。

阶段 2：平台拉通阶段。IT 平台部门逐渐引入一批优秀的平台和基础设施服务，各个领域的业务应用也沉淀了部分平台能力。在此基础上，IT 平台部门对平台和基础设施服务进行整合，分别形成了 PaaS/IaaS 服务，并基于场景提供标准解决方案，重点支撑数字化转型过程中的业务应用服务化重构，以及大数据和智能分析所需的数据底座的管理。在这个过程中，平台团队与 IT 产品团队一起，共同搭建和孵化平台能力。

阶段 3：平台上云阶段。IT 平台和基础设施进行云化转型，转向以华为云为基座，重点围绕应用的微服务化重构、云资源的引入和管理、数据底座、IoT

连接、安全防护等方面加强平台的技术能力和服务水平，初步实现云原生架构。

12.2.2 华为数字平台服务架构

华为将自身的数字平台命名为 HIS（Huawei IT Service），明确平台提供的首先是服务。为此，HIS 数字平台服务分为“东西南北”四大服务域，覆盖前述的“数字平台能力地图”中的大部分能力，如图 12-13 所示。

- **北向**：以 WeLink 为入口，构建平台能力，支撑应用“快”开发、“易”部署、“稳”运行，开放、丰富和沉淀各种数字化服务。
- **南向**：打造传统企业高效上云的技术底座，使集成和连接更简单、云化更便捷，成为企业数字化转型沃土。
- **东向**：构建企业数据底座，AI 算法和服务让企业更智能，让运营和决策更准确、更及时、更有效。
- **西向**：构筑端到端的安全能力以防范内外部安全威胁，确保核心信息资产不泄露、关键业务不中断。

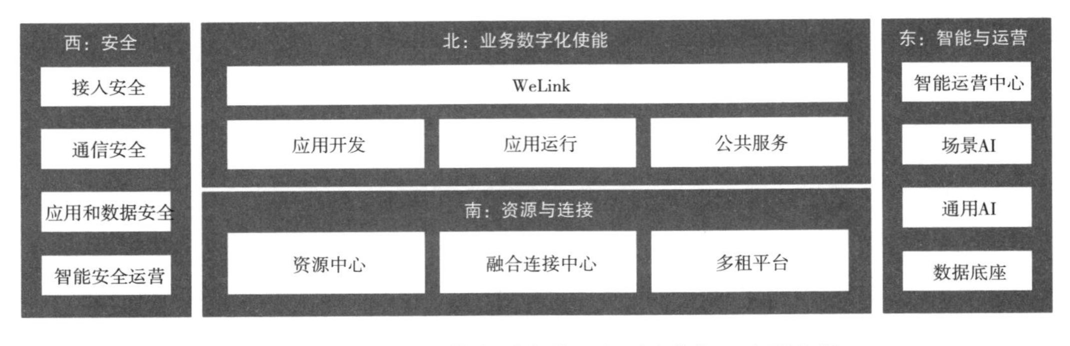

图 12-13 华为 HIS 数字平台的“东西南北”四大服务域

12.2.3 “北向”服务域：业务数字化使能

“北向”服务域主要支撑 IT 产品团队完成应用开发和应用运营，为此，HIS 数字平台需针对应用开发各阶段的作业场景提供相应的平台服务能力，如图 12-14 所示。

图 12-14　应用开发各阶段的“作业场景”

各阶段对应的能力诉求如下。

1）应用规划阶段

- 架构可视：架构设计到系统运行端到端可视，一眼看清架构治理问题。
- 架构指导应用建设：未规划应用不能申请资源，已下线应用冻结资源。

2）应用设计阶段

设计即服务：支撑以数据为中心的设计，实现在线设计并牵引交付。

3）敏捷交付阶段

- 开发框架即服务：应用开发框架支撑服务化应用的构建，开发框架需与业界主流的开发框架保持同步。
- 工具链即服务：交付过程构建在 DevOps 工具链上，以提升自动化水平。
- 技术组件即服务：实现应用配置过程中能快速调用平台的技术组件，并支撑应用部署自动化。
- 测试即服务：测试环境一键搭建和刷新，灰度环境一键部署和切换。

4）应用运维阶段

- 应用监控服务：以应用为中心的分层监控和报警，故障快速定界。
- 故障定位服务：对跨应用的服务调用链进行监控，故障快速定位。
- 性能容量管理服务：全球分布式性能、容量监控和管理，自动伸缩，应用对资源无感。

5）应用运营阶段

- 用户运营服务：按照用户场景和旅程，对用户的体验进行感知。
- 产品运营服务：围绕应用产品的核心竞争力，以业务量和覆盖度为主要度量，持续提升产品运营效率。

为构建“业务数字化使能”服务域，HIS 数字平台提供如图 12-15 所示的 5 个平台服务。

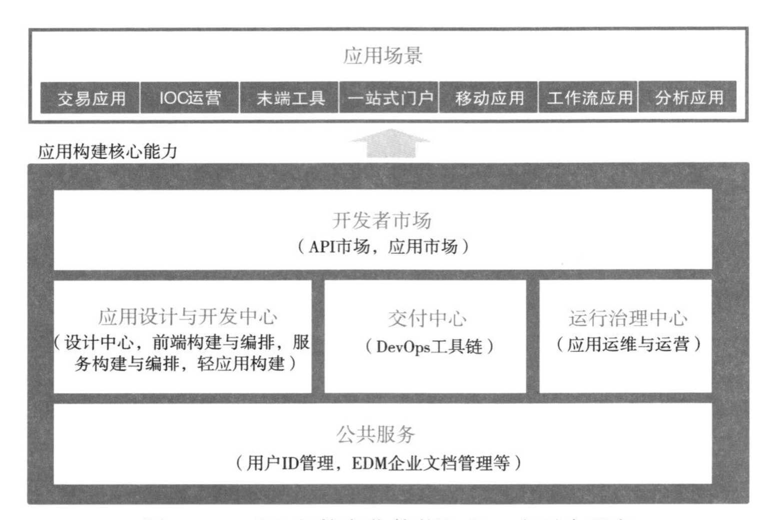

图 12-15 “业务数字化使能”的 5 个平台服务

其中“开发者市场”包含 API 市场和应用市场，负责管理 API 和应用的注册，是 API 和应用发布的唯一源头；应用设计与开发中心、交付中心、运行治理中心等“三大中心”覆盖应用开发的各阶段的作业场景，提供开发服务和运行服务；“公共服务”提供各种应用在开发过程中都需要调用的通用服务，比如用户账号 ID 管理服务、企业文档管理服务等。

12.2.4 “南向”服务域：多云环境下的资源与连接

数字化转型对企业集成有更高的要求，传统的集成技术已无法满足越来越多的新场景与新问题。

- 跨应用集成（A2A）：A 代表 Application，应用到应用的集成，跨应用间的数据、消息、API 集成；应用集成的难点在于企业应用的集成接口网状耦合，运维成本高。
- 跨企业集成（B2B）：B 代表 Business，企业到企业，跨企业数据交换；

跨企业集成的难点在于 B2B 协议复杂，企业间协作管理困难。

- **跨云集成（C2C）**：C 代表 Cloud，云到云，多云之间的协同；跨云集成的难点在于云中信息孤岛严重，缺少服务统一治理，跨云集成复杂度高。
- **跨设备集成（D2D）**：D 代表 Digital，也可以理解为 Device，设备到设备，OT 和 IT 互联互通；跨设备集成的难点在于设备协议和数据类型等多样化、难采集，集成量更大，涉及数千倍以上的物的连接。

基于上述诉求，在 HIS 数字平台中构建“南向”资源和连接服务，并具备如下平台能力，如图 12-16 所示。

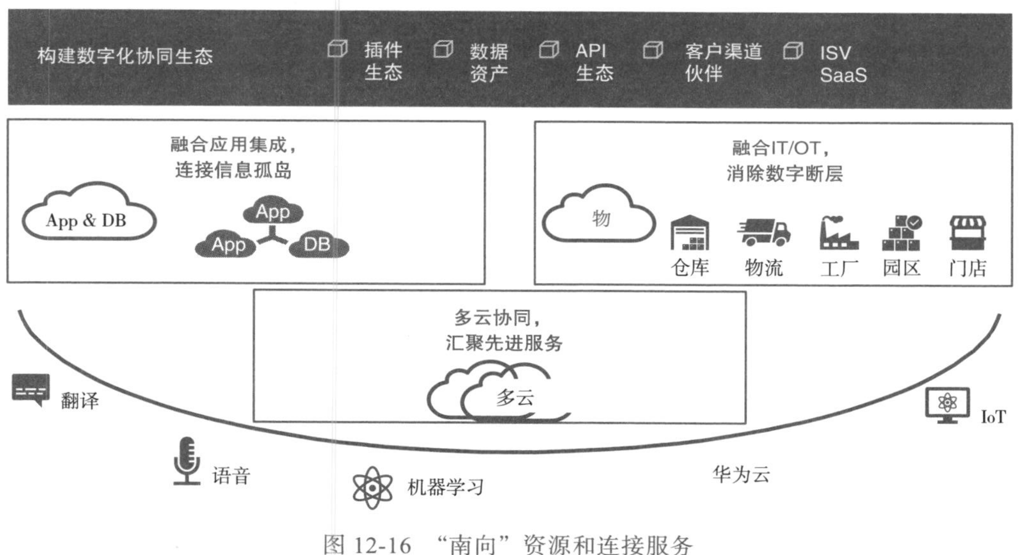

图 12-16　“南向”资源和连接服务

1）**多云协同，汇聚先进服务**。管理好企业边界，把外部已经很成熟的云服务快速引进来，比如公有云的平台和 IT 基础设施服务，其中翻译服务已为公司各国员工提供了 60 多种语言的实时翻译等。

2）**融合应用集成，连接信息孤岛**。支持 1000 多个企业内外应用的集成，并支撑部分在全球区域数据中心部署的应用之间的集成，一个平台提供数据、消息、API、设备、B2B、多云等多种集成能力。

3）**融合 IT/OT，消除数字断层**。消除企业内的数字断层，将物接入业务，实现设备接入和管理，帮助企业快速建立安全可靠的设备连接与通信。

具体来说，“南向”资源和连接服务包含如下4个核心服务，如图12-17所示。

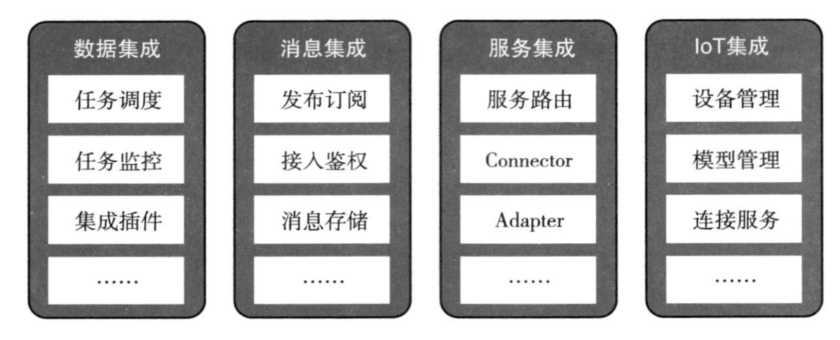

图12-17 “南向”资源和连接的4大核心服务

1）数据集成。支持多种数据源和多种协议，支持定时与实时、全量与增量多种集成方式；实现跨机房、跨数据中心、跨云的数据集成方案，并能自助实施、运维、监控集成数据。

2）消息集成。异步、跨云分布式消息集成服务，提供消息发布和订阅、消息轨迹、资源统计、监控报警等一套完整的消息集成服务。

3）服务集成。轻量API端到端集成，通过API网关实现API集成拉通，支撑存量系统服务化改造。

4）IoT集成。物联网集成服务，搭建安全的数据通道，方便终端（如传感器、执行器、嵌入式设备或智能家电等）和云端的双向通信，支撑稳定可靠、安全可控的物联网应用的搭建。

12.2.5 “东向”服务域：支撑用数和赋智

1. 智能服务

华为采用“+智能”的策略，在重点瞄准海量、重复、高频等业务数字化场景构建智能应用的同时，在数字平台中沉淀了8个智能解决方案服务，支持开箱即用，更快构建企业智能，如图12-18所示。

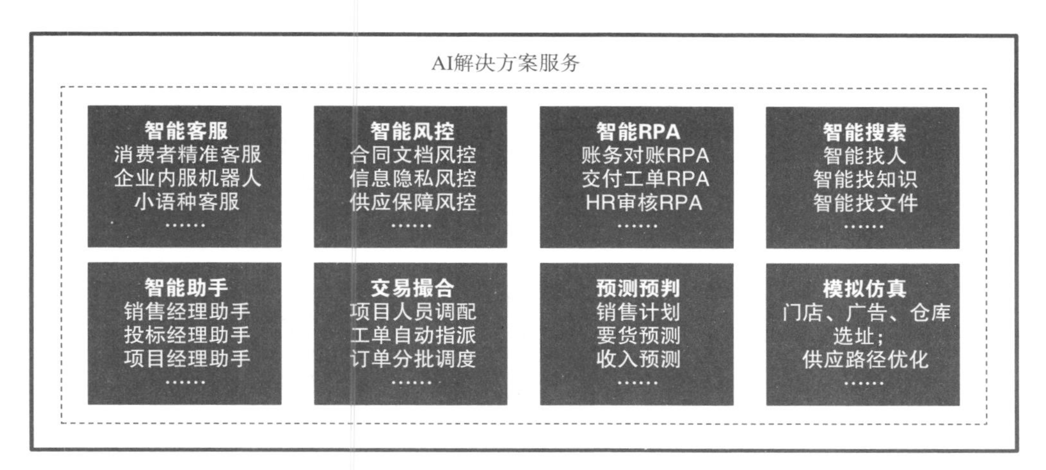

图 12-18　8 个智能解决方案服务

同时，从华为云、2012 实验室以及流程 & IT 部门内部整合 AI 能力，并结合开源社区、高校等外部的资源和能力，补齐基础算法服务的拼图，如图 12-19 所示。

基础算法服务

自然语言处理
HMS翻译、合同商法解析

语音处理
语音报销、会议纪要生成

计算机视觉
客流识别、EHS检查

图服务
供应链路径追溯、研发质量根因推理

AI Lab：从企业数据接入、模型设计、在线训练到推理发布的企业一站式数据探索实验室

能力获取
内部
Cloud & AI　2012实验室　……
外部
开源社区　软件包　高校合作

图 12-19　在数字平台中沉淀和孵化基础算法服务

2. 智能运营中心

针对网络、计算、存储、数据、装备、应用、用户等 7 类核心对象提供运维和运营服务，保障 HIS 数字平台稳定、可靠、高效地运行。具体有如下几类关键服务，如图 12-20 所示。

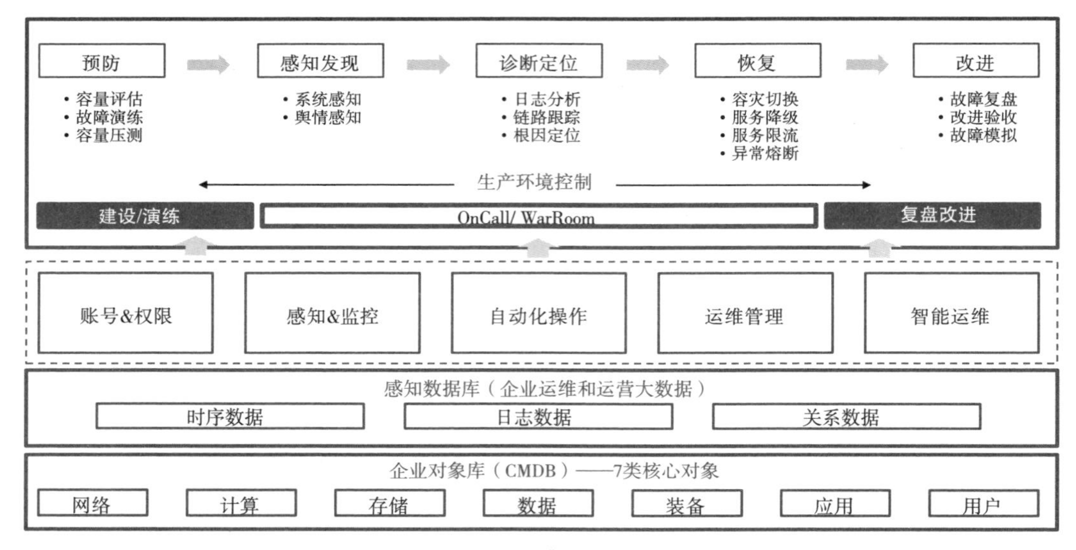

图 12-20　运维和运营服务

- **账号 & 权限**：为 HIS 的所有租户提供集中的租户管理，包括账号 / 角色 / 策略管理能力、统一的认证及访问控制能力、审计能力。
- **感知 & 监控**：全面覆盖 HIS 核心云服务的资源监控，提供全栈监控功能和全域监控数据可视服务。
- **自动化操作**：依托于作业平台和任务调度中心的编排能力，提供脚本自定义、图形化模板编排、批量执行、定时任务以及软件分发等能力。
- **运维管理**：为 HIS 的所有租户、服务提供集中的运维管理服务，包括统一事件管理（传递、处理、升级）、变更（审批、调度、自动化执行）、数据保护等能力，提高可用性管理的效率。
- **智能运维**：依托 AIOps 智能运维能力，打造跨云监控和告警平台，实现智能聚合、关键告警智能推送、基于历史数据的动态基线、故障根因推荐等，降低告警噪音，提升故障排查效率。

12.2.6 “西向”服务域：实时安全服务

随着数字化转型进程的不断深入，企业面临来自“云 + 端”的广泛安全威胁，企业安全复杂度呈指数级增长。企业面临的安全挑战包括如图 12-21 所示的内容。

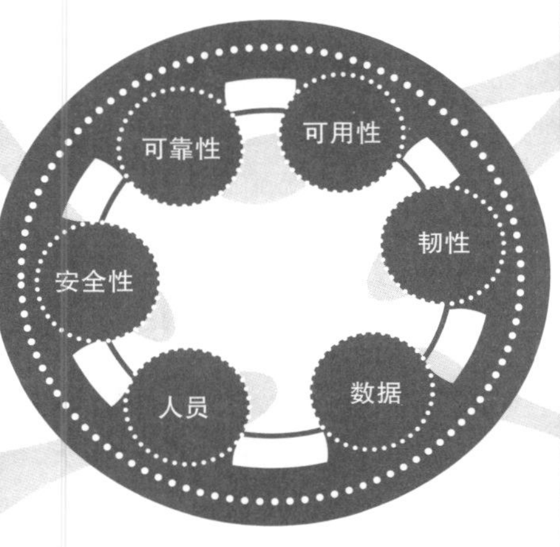

图 12-21　企业面临的安全挑战

- 企业边界扩大，导致入侵风险增加：传统的安全防护失效。
- 数字化场景复杂化，运维风险变大：比如 IoT 场景下的安全威胁。
- 管理员滥用，系统性破坏风险增加。
- 数据的多样性和复杂性带来的安全挑战。
- 应用云化、服务化的演进：开源软件带来的安全威胁、API 安全访问、人为原因带来的安全漏洞，数据丢失风险升高。

华为提出“核心资产安全优先，非核心资产效率优先”的安全策略，并围绕应用、数据、网络和主机构建自适应安全防护体系，统一安全运营和实时响应，严保核心资产不外泄。

安全从管控走向服务，将安全规则包装为服务，融入应用 DevOps 过程中（见图 12-22），将复杂的安全要求转化成 API 或 SDK，供应用开发和维护过程

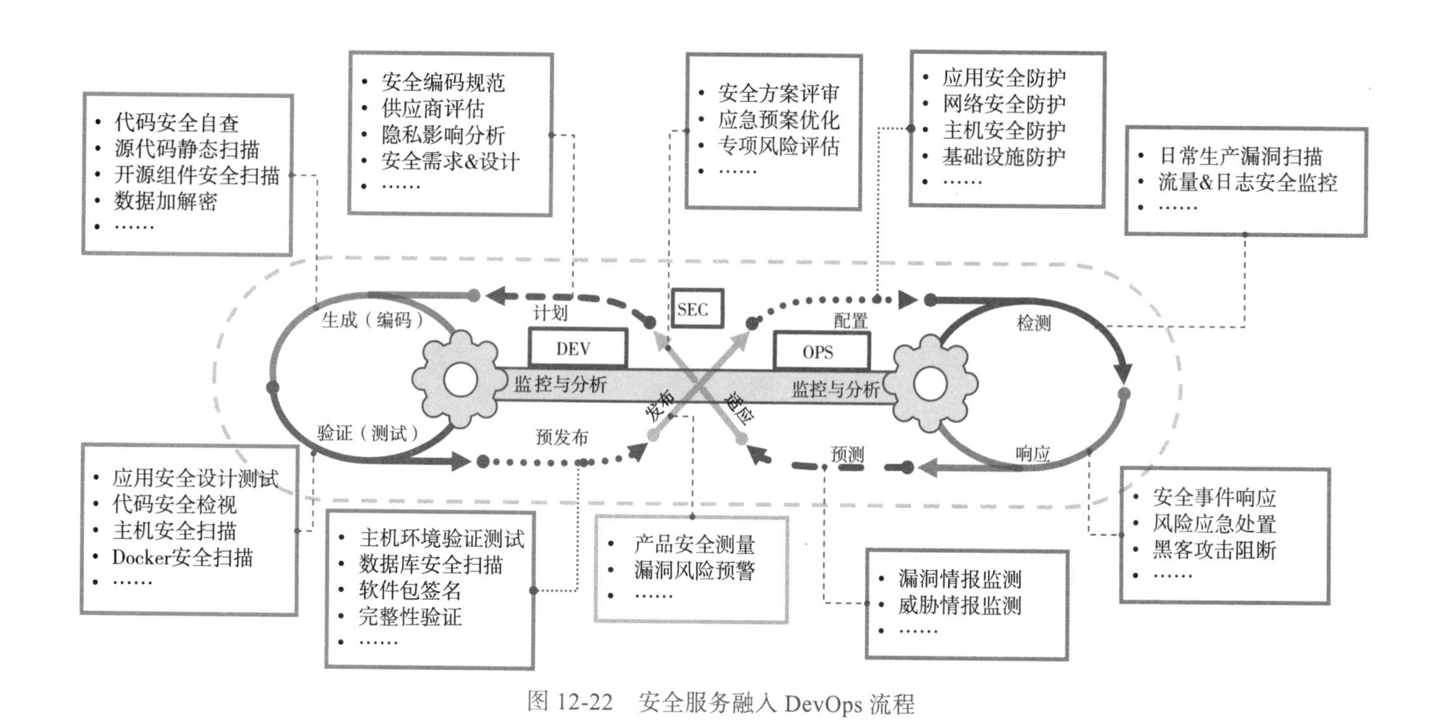

图 12-22 安全服务融入 DevOps 流程

中被 DevOps 工具链调用，支撑开发的维护过程中的安全检查、测试、监测等工作。比如在计划阶段，我们需要进行数据隐私影响分析，针对不同等级的个人数据制订安全、隐私保护措施，保障分析中识别的隐私保护需求进入需求管道；比如在编码阶段，可以自动调用“代码安全自查”和“开源组件安全扫描”服务，对代码进行检查和扫描，并给出改进建议，从而提升开发团队的效率。

12.3 依托华为云搭建数字平台

企业开展数字化转型，不仅希望能够快速、灵活地创建应用以满足业务创新的需要，而且还能维持极高的企业级服务水平。在这个演变过程中，现代化应用的负载与传统应用的负载完全不同，它需要 IT 平台和基础设施更加弹性，以应对不可预测的激增流量带来的挑战。云的特性能够很好地匹配这种需求，还可以降低成本支出，快速获取云上提供的各种技术和服务。但另一方面，出于对安全的需求，企业用户仍然希望核心业务应用运行在企业内部的 IT 环境中。在这种趋势推动下，企业级用户 IT 形态逐渐呈现出混合云态势。

数字平台上云，关键是在利用云的能力和保护企业数据安全之间找到平衡点，使企业在享受资源弹性和敏捷服务、减少 CAPEX 成本、降低运营支持压力的同时，保证企业的核心数据在内网存储管理，更好地保证数据安全。企业可以通过混合云持续同步公有云能力，并可以本地化部署，从资源混合到能力融合，实现用户视角一朵云，使得私有云与公有云的工作负载通过混合云达到平衡。

华为 IT 部门明确主要依托华为云来构建 HIS 数字平台，并视 HIS 数字平台为华为云的一大租户，具体思路如下。

- 华为云作为华为的数字基础设施底座，持续为 HIS 数字平台提供全球高可用的 IT 基础设施服务。
- 多云管理是一种趋势，HIS 数字平台通过“资源与连接”服务快速引入华为云的资源，同时通过多云管理，引入其他公有云资源以应对网络流量峰值等需求，并对引入的资源进行统一规划和全球调度。

- 租户内的安全，由 HIS 数字平台自己来管理和运营；租户内的平台和基础设施的运维和运营，也由 HIS 数字平台来完成。
- HIS 数字平台对华为云提出云平台和基础设施的需求，共同设计方案和 POC，共同催熟和增强华为云的能力。HIS 将沉淀公司内部的优秀实践，通过华为云实现对外价值变现，如 WeLink、ROMA 等。

除了因安全和技术限制无法上云，而保留少量的传统 On-Premise 本地部署之外，大部分的 On-Premise 基础设施都已逐步由华为云的资源和服务来替代，如图 12-23 所示。

- **使用华为云的专属云**：支撑 5G 研发、HR、供应等企业核心应用部署在华为云的专属云上，支撑核心数据在企业内网中存储。
- **使用华为云的公有云**：支撑 VMALL 华为商城等云原生应用部署在华为云的公有云上，直接调用华为云上的平台能力。

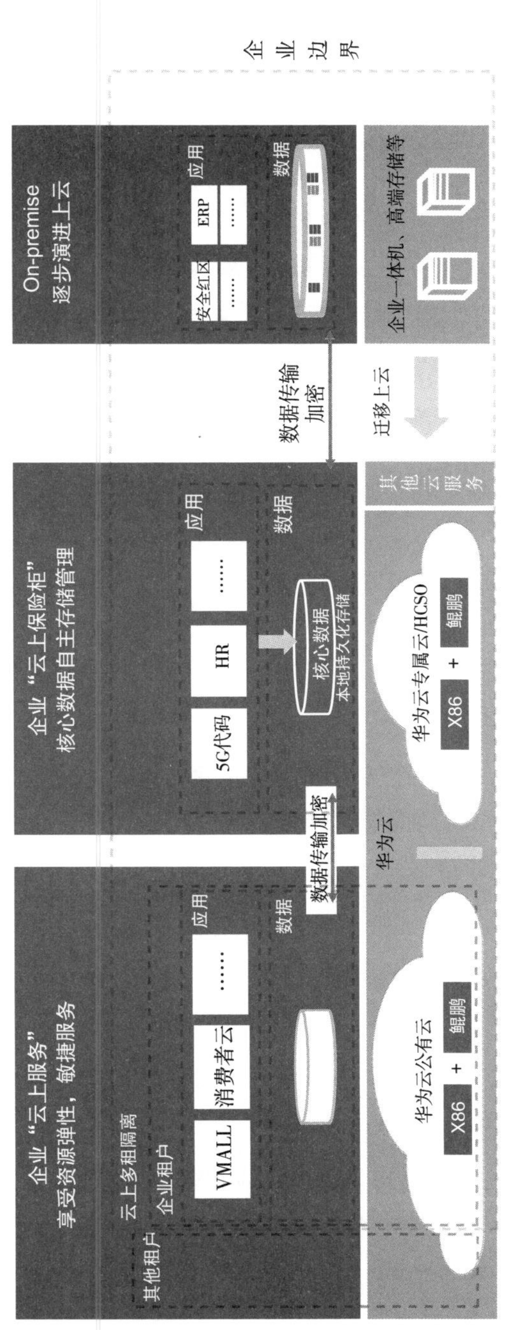

图 12-23　依托华为云搭建数字平台

第 13 章 变革治理体系

约翰·科特在《领导变革》一书中说："变革的领导团队既需要管理能力，也需要领导能力，它们必须结合起来。"

前面我们也谈到，数字化转型不仅是技术的创新，更是一项系统工程和企业真正的变革。企业要转型成功，既需要各个组织的积极参与和通力合作，又不可避免会对现有组织的利益产生影响。相信很多企业都遇到过以下这些难题：

- 转型方向在高层迟迟无法形成共识，怎么决策？
- 如何调动起业务部门的积极性，主动开展转型？
- 转型过程中个别部门利益与转型方向不一致时如何处理？

这些特点与问题决定了企业必须要有一套强有力的变革治理体系，才能构建起数字化转型的领导力，有效推进变革。

本章主要介绍华为变革治理体系的构成和运作。华为的变革治理体系（见图 13-1）包括从公司变革指导委员会到各领域的业务变革与 IT 管理团队（Business Transformation & IT Management Team，简称 3T），以及从管理变革项目的变革项目办公室到管理架构的企业架构委员会。这套体系管理了华为每年数亿美元的变革与数字化转型投资，也帮助华为在变革过程中出现冲突和争议时快速形成共识与决策意见。

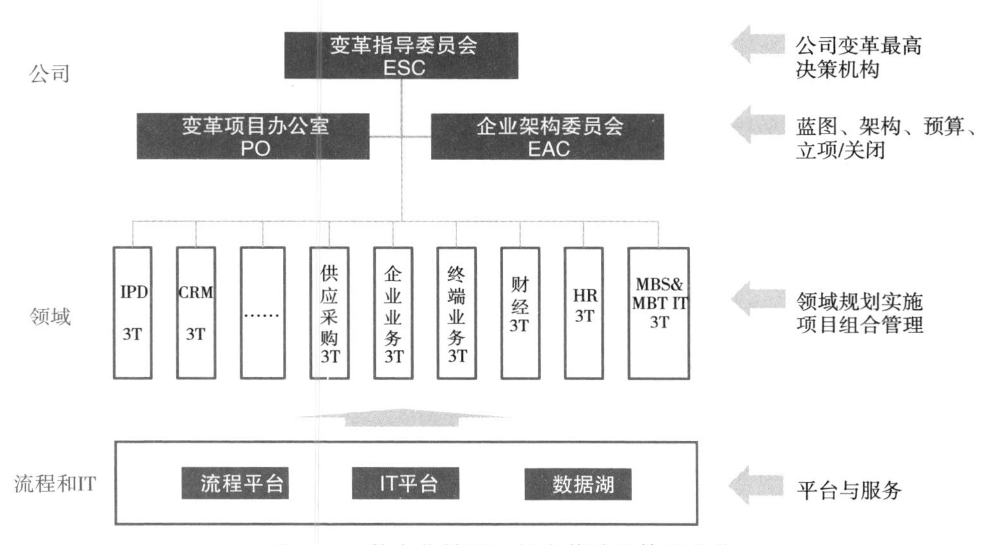

图 13-1　数字化转型下的变革治理体系总览

这套变革治理体系，既有重量级的管理团队发挥领导能力，有涵盖变革规划、变革投资、变革项目决策以及架构治理的管理能力，又有业务主导的面向不同业务领域的端到端管理团队，通过一定的运营机制，确保在面对复杂的业务和组织形态以及众多的利益干系人时，数字化转型都能够有序地推进。

13.1　变革指导委员会

变革指导委员会（ESC）是华为管理变革、流程、IT 系统与数据的最高决策组织，由公司轮值董事长主持，成员以各业务部门总裁为主，具体包括：

- 各 BG 总裁，从 BG 全球业务视角，对如何通过变革改变业务运作模式、提高业务运作效率提供决策意见；
- 各平台部门总裁，从功能领域视角，对如何支撑业务运作提供决策意见；
- 地区部总裁，从一线业务视角识别公司变革中存在的问题并提出建议，同时负责协同变革项目和方案在一线的落地。

ESC 的决策重心在于掌握变革的方向，基于业务战略和数字化转型战略进行变革的投资决策（包括变革的优先级），以及各部门重大冲突的裁决。在数字化转型上，ESC 主要负责决策以下内容：

- 公司数字化转型整体愿景、蓝图、节奏和预算；
- 各领域的数字化转型愿景、蓝图、目标和路标，并进行评价；
- 数字化转型需要遵从的统一的治理规则、架构原则、安全规则等；
- 批准公司重大变革项目的立项和关闭，对跨领域问题进行裁决。

作为业务“一把手”组成的重量级管理团队，ESC 做出的决策能在公司快速执行和落地。

13.1.1 决策变革规划

公司通过变革规划，包括中长期战略规划（Strategy Plan，SP）以及年度业务规划（Business Plan，BP），形成变革举措和目标，并制订项目清单；变革项目组实施项目，通过持续运营促进业务目标达成，再将相关业务结果应用于下一年度的规划制订，如此循环往复，促进公司流程、组织、IT 系统不断进化，以更好地支撑业务战略的实现。

华为的变革规划通常有两层（见图 13-2），一层由公司根据整体业务战略发起，一层由领域承接公司战略并结合自身业务目标形成。

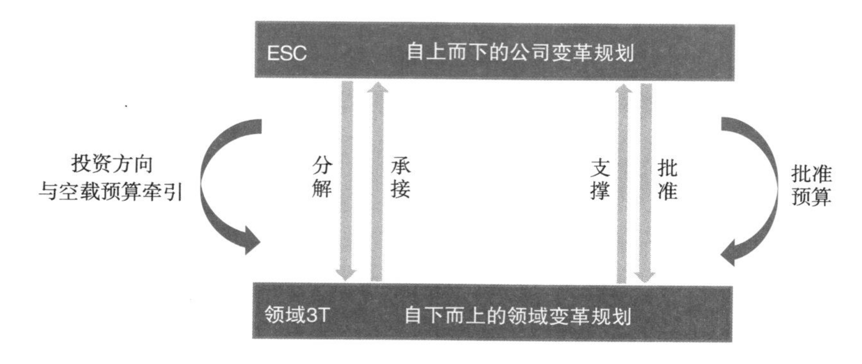

图 13-2　公司从变革规划和投资上牵引变革方向

数字化转型是系统工程，任何一个领域的转型工作都不可能脱离其他业务单独开展，所以无论是公司层还是领域层变革规划，都要由 ESC 讨论并批准。

13.1.2　决策变革投资

变革投资的本质是管理变革的投资收益（Return of Investment，RoI），变革支撑业务部门达成人员、成本费用、效率等方面的目标，变革收益要落入业务领域未来的规划和预算中。

变革投资包括变革中的业务人员投入、IT 解决方案及开发投入，以及咨询顾问费和差旅费等。

正如本书第 3 章所述，在数字化转型的规划中，公司会启动一个个关联关系清晰的变革项目，各领域都有自认为重要的项目需要投资，但公司的变革预算和变革资源一定是有限的，这时候 ESC 就要站在公司的角度，从项目所产生的业务价值和项目所解决问题的紧迫程度入手，对变革投资进行优先级排序，以确保用有限的投资发挥最大的价值。

变革投资遵循“谁受益，谁买单”的原则。各领域为了解决单领域关键业务问题，会从各自经营预算中划拨预算进行投资。而 ESC 主要通过空载预算对公司重大变革项目进行投资。

空载预算指由公司统一承担的预算类型，不计入领域经营单元的成本，是基于公司长治久安的战略性投入，其目的是牵引变革的方向。这类预算主要用于投资多个领域受益的战略和基础性工作，以便简化管理；也允许对单领域重大变革进行空载，以应对其对领域经营预算造成的浪涌冲击，但要求在后续的经营预算中逐年扣除。

两种投资方式相辅相成。如果所有变革费用都由公司空载，领域自己不出钱，那么变革反而不会受重视，也不利于形成变革的优先级排序，最后必然是空载预算包越来越大；而如果全部由领域自己投资，那么基础性工作将没有领域愿意投资，也没有人做，无法支撑系统性的数字化转型。

例如在数据治理方面，数据湖是所有领域都要用到的，无论由哪个领域投资和建设都不合适，所以 ESC 投入空载费用，由公司流程 IT 部门统一建设；而运营商 BG 本身的销售数字化，是对准直销模式的销售体系而开展的数字化转型，由运营商 BG 自己规划并承担相应的费用。

变革的投资决策是 ESC 管理公司和领域变革的有效手段之一。不论是空载还是领域自投，变革预算都由 ESC 按年度统一审视和批准，以确保变革投资能够与公司变革规划保持一致，同时做好领域的协同和投资的优先级排序。

13.2 变革项目办公室

ESC 是重量级的高层管理团队，决策的都是变革方向和重大变革项目，而变革的日常事务则需要专业组织来管理，以支撑 ESC 对变革的管理。

变革项目办公室负责从项目管理和变革管理的专业性方面支撑 ESC 对下的管理和决策。变革项目办公室主任由公司董事（同时也是公司 CIO）担任，办公室成员均为各个领域的变革实际操盘手和流程 IT 部门的各负责人，具体包括：

- 关键领域代表，从领域视角对变革方案和投资提供评审意见，分享领域优秀变革实践，向数字平台沉淀公共服务；
- 流程 IT 代表，从平台视角对变革方案和投资提供评审意见，从架构设计、IT 端到端解决方案、IT 系统、IT 平台服务等方面承接变革诉求；
- 变革专家，提供项目管理、变革管理相关的专业建议。

变革项目办公室的主要职责是：

- 负责变革项目管理的专业方法，确保变革的成功；
- 负责管理变革项目，特别是项目间的关联关系和冲突管理；
- 负责公共能力的建设，同时做好不同业务之间的知识和经验共享；
- 组织第三方和受益部门对项目目标是否达成进行评估。

13.2.1 管理项目关联关系与冲突

通过变革项目办公室这个平台，企业可以要求不同部门按照同一套流程和方法管理变革项目，可以对多个部门共享的能力和服务建设提需求，也可以在同一个会议中对跨部门有分歧的方案进行讨论。

不同大小的变革项目的投入资源和管理方式虽然稍有差异，但却应该在同一个项目管理流程和方法论框架下开展，而变革项目办公室就是要确保所有这些项目遵循同一套变革方法，确保变革的质量。例如在项目立项时，所有的项目都要首先具备 6 项关键要素：

- 项目目标明确，价值清晰；
- 项目关键变革点明确；
- 项目范围和关联关系清晰，与其他关联项目沟通充分；
- 项目预算准确可信；
- 项目核心团队成员已确定；
- 项目发起人或者主要干系人完成沟通。

在项目管理和变革管理方面，变革项目办公室最重要的职责是分析和管理变革项目之间的关联关系，明确责任并解决跨领域边界冲突，以协同领域 / 项目，促进整体变革目标的达成。

变革方案没有对错之分，只有适合与否。利益干系人都有各自的立场，他们的观点也会随着时间的推移不断变化，互相之间势必会有冲突。变革项目办公室负责广泛征求项目利益干系人的意见，召集专题会议由各方陈述观点，同时基于架构的设计，向 ESC 递交裁决建议，获得批准并形成决议后再由项目落实。

13.2.2　变革项目验收评估

变革项目办公室主导建立了以变革项目自我评估为主，以第三方验收、变革评估为辅的变革项目验收评估机制，对准 Value book 检验变革结果，保障变革目标实现，如图 13-3 所示。

- 第一层（覆盖 100% 项目）：所有完成试点、推行的变革项目均需根据里程碑点目标开展自我评估，针对发现的问题进行自主闭环管理。
- 第二层（覆盖 30% 项目）：变革项目办公室组织对关键变革项目基于

Value book 开展第三方验收，结果由受益部门确认。

- 第三层（覆盖 10% 项目）：以抽查的形式选择变革项目开展独立评估（具体见第 4 章）。

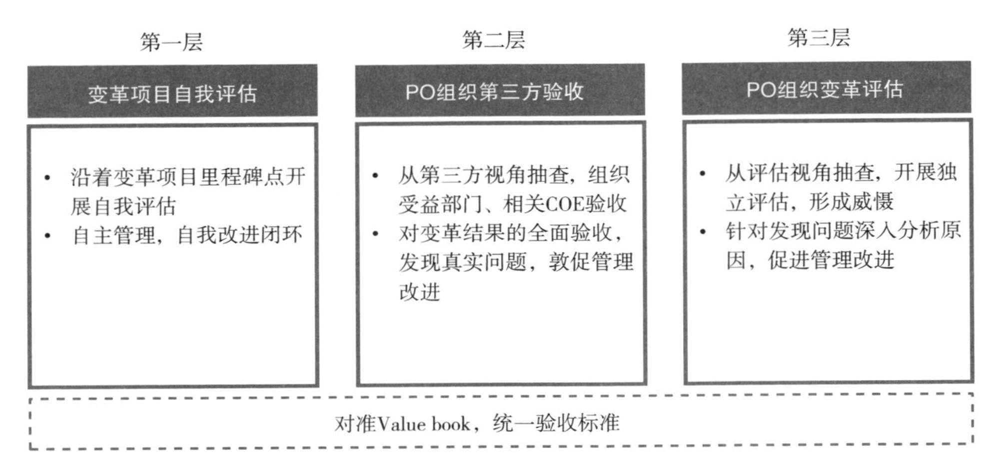

图 13-3　变革验收评估机制

13.3 企业架构委员会

企业架构委员会（EAC）负责从企业架构的专业角度支撑 ESC 决策（如图 13-4 所示）。EAC 主任由企业架构与变革管理部部长担任，EAC 成员主要是专业性和领域两个维度推荐的企业架构专家和代表，具体包括：

- 各企业架构专业代表，负责分别从业务架构（BA）、信息架构（IA）、应用架构（AA）、技术架构（TA）角度对各领域架构及蓝图设计、变革项目架构和方案设计提供评审意见；
- 领域企业架构代表，负责从领域视角对架构与变革提供评审意见；
- 企业架构专家，提供企业架构专业意见。

EAC 的主要职责包括：

- 负责 EA、BA、IA、AA、TA 的管理；
- 批准发布企业架构愿景、原则、标准与规范；

- 基于架构视角评审变革规划，支撑变革投资决策；
- 对 ESC 管理的变革项目（群）进行架构评审，确保架构遵从。

EAC 下设 4 个资深架构专家组（Senior Architect Group，SAG），在 EAC 授权下，从专业角度分别负责 BA、IA、AA、TA 的日常管理，如图 13-4 所示，SAG 主任默认是 EAC 成员。各领域成立需求与架构管理团队 (Requirement and Architecture Management Team，RAMT)，负责本领域的 IT 需求和架构的管理，评审本领域的变革项目的架构方案。

13.3.1　架构立法与治理

为了推动数字化转型过程中“云化、服务化”工作的开展，EAC 通过一系列架构立法，针对变革项目与 IT 产品交付过程中方向性的架构要求，给出企业架构原则进行牵引，并通过有序的架构治理和看护，确保项目组或 IT 产品团队交付过程中对原则的遵从，持续提升交付质量，避免出现解决方案的系统性风险。

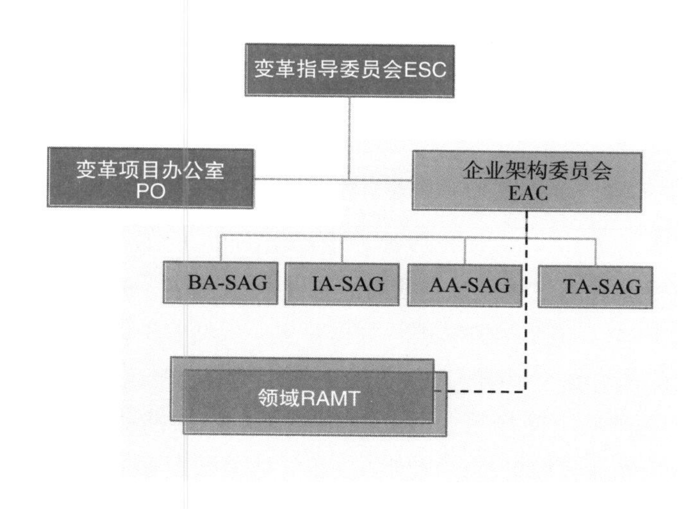

图 13-4　架构治理组织

架构原则首先是一系列的铁律和规则，明确什么能做，什么不能做。华为构建了一套架构原则框架，分层分级地梳理架构原则（见图 13-5）。框架的第一个层级是《企业架构原则》，明确了全局的、总体的方针，比如明确了“服务化架构”“统一体验”“数据同源共享”等原则；第二个层级按企业架构的4个方面，业务架构、信息架构、应用架构、技术架构，分别给出专项原则，以对企业架构原则进一步细化；第三个层级针对每一条原则，给出具体的标准、规范和指南，以确保原则的落地。

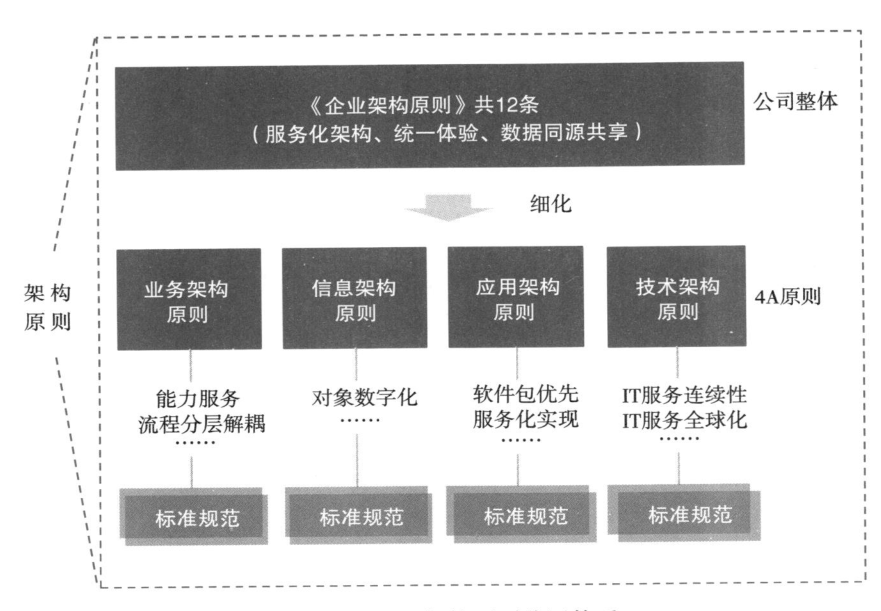

图 13-5 企业架构原则分层体系

架构师团队基于EAC发布的原则进行架构治理。比如架构原则中明确应用之间的数据交换必须通过服务接口进行，而长期以来华为的应用之间大量使用了数据库连接（DB-Link）的方式进行数据对接，虽然DB-Link执行效率高，但增加了系统间的耦合性，影响了数据安全、稳定性及性能。通过专题架构梳理，根据DB-Link使用的不同场景，EAC及下层AA-SAG推动DB-Link的使用下线，要求应用只能通过服务接口向别的应用开放其数据和功能，并完成了正在使用的3万多条DB-Link的清理工作，使得应用间的数据调用更加有序和安全。

13.3.2 统一架构语言和方法

企业架构工作能够顺利开展的基础在于有统一的架构语言和专业方法，使得所有的架构输出能够在同一个平面上形成完整拼图。EAC 有责任自上而下统一架构的语言，并提供专业的架构方法。

为了支撑公司和各领域开展企业架构治理以及架构资产数字化管理，统一架构设计语言，EAC 从 2009 年发布企业架构内容框架 EA1.0 开始，逐步优化演进，至今已经发布 6 个版本，对企业架构元模型、核心概念、主要交付件清单、架构集成关系等进行了详细描述。

13.3.3　架构蓝图设计

华为企业架构的定位是衔接战略到实施落地的桥梁，而 EAC 正是促进企业架构定位落地的平台和治理组织。它负责承接数字化转型愿景，明确现状与目标的差距，组织输出公司层面的顶层架构蓝图设计，并基于此推动各领域对准业务价值，完成领域自身架构蓝图的设计，设定清晰的边界来指导架构蓝图的实施。通过统一的架构拉动各领域的协同，以避免领域间各自为战、相互间方案不匹配、重复建设等现象发生。

13.4　业务主导的各领域变革团队

由于各业务部门的差异性，在复杂的组织内开展数字化转型，不可能事事都由公司统一指挥，所以数字化转型必须由业务主导。华为历史上就曾经出现过公司投资和管理的项目在向领域实体组织转运营时，领域不愿意接收的情况。公司自上而下定下变革的方向和举措，具体如何开展则需要各个业务部门来决定。而各个业务部门在数字化转型上的主观能动性和能力很大程度上决定了转型能否成功。

13.4.1　领域业务变革与 IT 管理团队

在开展数字化转型过程中，华为采用“集中控制、分散资源”的策略，以在 IT 集中管控和快速响应业务间找到平衡点，如图 13-6 所示。统一 IT 策略与规划、架构、标准，对 IT 基础设施实行集中的管理；同时分散 IT 资源贴近业务部门，主动、有效地为业务提供服务。

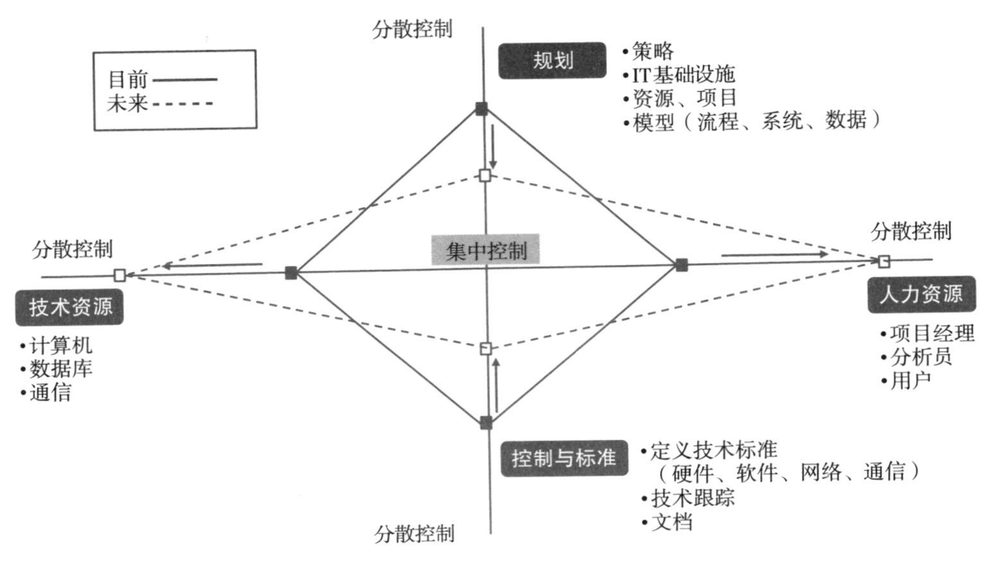

图 13-6 在集中与分散中找到平衡点

为匹配差异化业务，华为在 ESC 下面按照流程域设立了领域 3T 团队，对领域自身的"功能优秀"负责。领域 3T 主任默认是该领域的业务一把手，是领域数字化转型的第一责任人，成员主要是领域各业务部门主管、领域架构师及变革代表。

在这个平台上，业务人员与变革专业人员可以充分讨论和决策，使得变革与业务"一张皮"运作，同时为业务目标和变革目标的达成负责。领域 3T 团队的主要职责包括：

- 确保公司数字化转型战略在所辖领域范围内落地；
- 对本领域的变革目标达成负责，对涉及本领域的变革项目、IT 产品进行管理；
- 负责被授权范围内的架构、流程、数据、IT 系统等的建设和运营。

1. 负责本领域变革规划落地，管理好业务目标价值达成

公司明确了数字化转型的战略方向和目标，并发布了公司架构蓝图。各领域基于作战的需求，在遵循公司战略和架构蓝图的前提下，自下而上对准各自

的业务战略和痛点，形成差异化的变革举措，以更好地满足业务诉求。

以运营商业务领域为例，遵循公司战略与架构，结合自身差异性，运营商业务 3T 形成领域数字化转型蓝图规划：作为华为公司的“经营底座”，使能客户和华为商业成功的“引擎”，通过数字化转型实现人均效益提升 50%，引领电信行业数字化变革。

这样，“构建战略伙伴关系”“打造商业解决方案能力”“改变作战模式”“数字化平台”一系列差异化变革主题就形成了，并通过交易流数字化、销售数字化、营销数字化等变革项目支撑业务目标达成。

2. 保障资源投入，抽调优秀业务人员投入变革

第 4 章曾提到在具体的数字化转型项目中，核心业务人员的主导可以为项目带来有价值的思考和方案，使得后期的转运营更加容易被业务接受。这要求企业不仅要找到合适的有成功业务实践经验的人，还要有魄力从高歌猛进的业务中调人。业务主管作为领域 3T 成员并主导变革，能做好业务与变革的平衡，保障资源投入，解决变革中业务人员的来源问题。

在华为供应链的数字化转型中，首席供应官作为领域 3T 的主任，从供应链业务中抽调了大量业务主管和核心骨干全职投入，其中项目群总监是在供应链深耕 20 多年的主管，子项目经理均来自管理岗位，当然也有大量具有业务实践经验的一线人员回到总部主导或参与变革，他们中的一些人在变革中成长为变革专家，也有一些人在经过变革的沉淀后，被提拔重回业务岗位。

13.4.2　领域数字化与 IT 装备部

过去华为通过统一的 IT 组织来服务不同的业务，但用这种组织形态来支撑数字化转型，很容易导致“两张皮”，使得负责业务和负责数字化的人互相之间难以形成共识和及时交流，人才的来源也会有问题。

领域需要专有的组织来承载数字化能力，培养数字化人才。领域的数字化与 IT 装备部应运而生，将业务人员和 IT 人员形成混编团队，通过业务 IT 一体化运作，支撑了数字化转型目标的快速实现，真正成为领域数字化转型的“引

擎”。业务 IT 一体化产品团队中的业务人员来自各领域，IT 人员属于公司流程 IT 组织，双方签署“协议”，锁定资源联合作战，共同打造数字化作战装备。

公司通过 IT 战略预备队机制，以训战结合的方式，对有优秀实践经验的业务人员开展数字化转型专业方法的培训，并结合实际战场和作战任务，进行持续的辅导、赋能和鉴定，为各领域培养懂业务、懂 IT 的业务数字化人才，如图 13-7 所示。

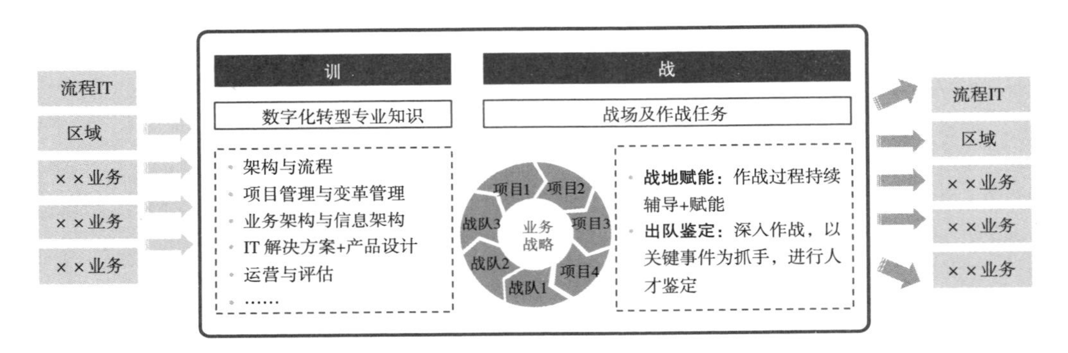

图 13-7　训战结合，培养业务数字化人才

|结 语|

数字化转型的 8 个成功要素

华为在开展数字化转型的过程中，积累了一些经验和教训，总结起来有如下成功要素。

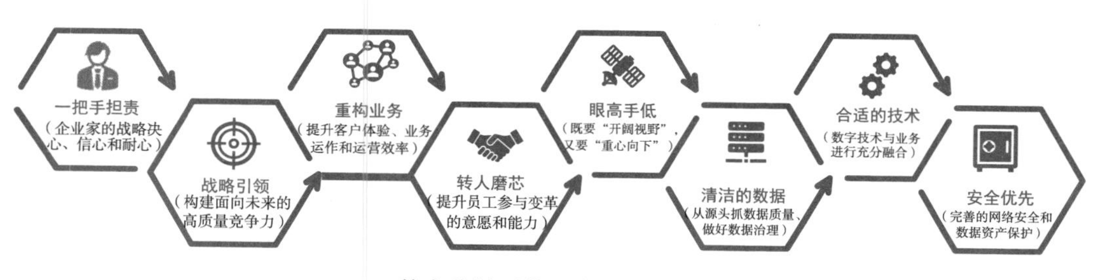

数字化转型的 8 个成功要素

1. 一把手担责

要做好数字化转型，企业家就要有战略决心、信心和耐心。数字化转型一定是企业“一把手工程”，需要企业家自上而下地推动并在企业内达成广泛共识。企业家要真正意识到数字化给企业带来的机遇和挑战，意识到转型的必要性，并积极付诸行动。同时，部分率先开展数字化转型的企业，已获得优于其他企业的产品竞争力、客户满意度，以及把握新机会的能力，并在竞争中取得优势，对于数字化转型，这些企业的企业家们更应有坚定的信念，在企业内构建数字化领导力和执行力，持续推动数字化转型工作的开展。

数字化转型“不怕慢，就怕停，更怕回头”。

2. 战略引领

在数字时代，企业应适时地调整其业务战略，引入数字化商业模式或提供数字产品和服务，并通过转型支撑业务战略目标的实现。数字化转型要对准企业价值创造的主航道，构建达成业务战略所需要的关键能力。数字化转型需以业务战略为龙头，以变革规划为起点，制订出清晰的数字化愿景和目标，并在此指引下，坚定不移地通过一系列变革项目推进转型工作落地。

数字化转型是企业构建面向未来的高质量竞争力战略的主动思考。

3. 重构业务

提升客户体验和运营效率，成为越来越多企业的选择。企业开展数字化转型，需识别企业与客户交互过程中的关键触点，用数字化手段做深客户界面的联接，提升客户体验，进而提升客户满意度。同时，企业要从客户或用户体验出发，识别企业内部业务运作的高能耗点，对业务作业流程进行数字化改造或重塑，构建出更简单、更高效的工作方式，使业务周期更短、效率更高，从而实现对客户的快速响应、敏捷交付和贴心服务。最后，企业要通过重构运营模式，推动人工智能来实现决策、分析和行动的高效，从事后系统、报告系统走向一个真正的全实时反馈的运营系统。总而言之，企业需要通过重构业务实现客户交易更简单、内部作业更高效、运营管理更敏捷。

不改变业务流程的数字化转型都是装样子。

4. 转人磨芯

数字化转型最难的不是开发一套 IT 系统或装备，而是改变人的观念、意识和行为，提升员工参与变革的意愿和能力。一方面，企业要通过“训战结合”，大力培养具备数字化技能的专业人才，并帮助企业员工掌握使用数字化装备的技能，帮他们打开新的职业发展通道，让他们在数字化带来的组织变化中也可以有更多的选择机会。另一方面，企业要通过变革管理，读懂人心，帮助员工在思想、意识上进行转变，让员工积极拥抱数字化转型并投入其中，从而跟上公司发展的步伐。要想让组织充满活力，就要有一批有激情的团队和个人在战略牵引下持续推进转型工作。

数字化转型的有效推进，“改变人”是关键。

5. 眼高手低

数字化转型一定要从高处着眼，目标要远大，要系统性地描绘出数字化转型愿景和架构蓝图，形成变革全局视图，确保企业上下一盘棋。但在具体开展时，企业一定要从解决自身的现实问题入手，识别业务运作的高能耗点、管理低效点以及客户体验缺失环节，找准转型突破口进行重点推进而非面面俱到，赢得信心，从而让更多人愿意参与进来，并带动其他转型工作有序开展。

数字化转型既要“开阔视野”，也要“重心向下”，瞄准业务问题的解决，做好并做到极致。

6. 清洁的数据

数据找不到、看不懂、不准确、不及时，是企业数字化转型的重大阻碍。企业需要从源头抓数据质量，做好数据治理。数据治理，就是用统一的数据管理规则，让企业的数据清洁、完整、一致。

在数字化转型过程中，企业需要构建对数据的感知和获取能力，不能把数字化简单地构筑在人工录入上，不应增加业务人员的录入负担，而应该采用现代化手段来采集和获取数据，在保证数据质量的同时，增加数据的及时性和有效性。在此基础上，企业还要着手进行数据处理、数据控制和数据消费，用全新的思路构建数据的智能和服务能力，满足公司业务对数据的需求。

数据成为重要的生产要素，清洁的数据是数字化转型的基础。

7. 合适的技术

云计算、AI、大数据、5G等先进的数字技术是企业加速转型的重要支撑，企业应将数字技术视为数字化转型的核心驱动力之一。企业的 IT 团队应主动引入成熟的技术，并适度超前地部署或孵化企业层面的数字平台。业务数字化团队在使用数字技术时，则需要回归业务的本质，思考转型要达到什么目的，关键业务用户是谁，用户的核心场景是什么，解决什么业务问题。技术应主动为业务提供服务，只有这样，才能将数字技术与业务进行充分融合，将合适的技术用在适合它的业务场景中。

企业数字化转型没有最先进的技术，只有最合适的技术。

8. 安全优先

数字化转型还应把安全放在第一位。华为对安全的要求是“核心信息资产不外泄、系统安全稳定运行”。如果一个企业没有很好地解决安全问题，其数字化转型工作宁可慢一点。

完善的网络安全和数据资产保护，是开展数字化转型的前提。

附录

缩 略 语

英文缩写	英文全称	中文全称
3T	Business Transformation & IT Management Team	业务变革和 IT 管理团队
AA	Application Architecture	应用架构
AGV	Automated Guided Vehicle	自动导引车
BA	Business Architecture	业务架构
BOM	Bill of Material	物料清单
BOQ	Bill of Quantity	配置清单
BP	Business Plan	年度规划
CAPEX	CAPital EXpenditure	资本支出
CCO	Customer Collaboration Online	客户在线协同
CNBG	Carrier Network BG	运营商 BG
DevOps	Development & Operations	开发和运营
DOC	Delivery Operation Center	集中运营中心
EA	Enterprise Architecture	企业架构
EAC	Enterprise Architecture Council	企业架构委员会
EBG	Enterprise BG	企业 BG
ESC	Executive Steering Committee	变革指导委员会

（续）

英文缩写	英文全称	中文全称
GDPR	General Data Protection Regulation	通用数据保护条例
GPMS	Global Process Management System	全球流程管理体系
HIS	Huawei IT Service	华为 IT 服务
ICT	Information and Communication Technology	信息和通信技术
IPD	Integrated Product Development	集成产品开发
ISC	Integrated Supply Chain	集成供应链
IFS	Integrated Financial Service	集成财经服务
IA	Information Architecture	信息架构
IaaS	Infrastructure as a Service	基础设施即服务
LSP	Logistic Service Provider	物流服务合作商
LTC	Lead to Cash	线索到回款
OT	Operational Technology	运营技术
PaaS	Platform as a Service	平台即服务
PDM	Product Data Management	产品数据管理
PDCP	Plan Decision Check Point	计划决策评审点
RAMT	Requirement and Architecture Management Team	需求与架构管理团队
ROADS	Real-time/On-demand/All-online/DIY/Social	实时 / 按需 / 全在线 / 自助 / 社交
RPA	Robotic Process Automation	机器人流程自动化
SE	System Engineer	系统工程师
SOD	Separation of Duty	职责分离
SP	Strategy Plan	战略规划
TA	Technology Architecture	技术架构
TAM	Transformation Achievement Measurement	变革绩效评估模型

推荐阅读

本书由华为官方出品，主要讲解了华为在数字化转型的过程中是如何做数据治理的。全书共10章：第1章首先从数字化转型的角度讲解了数字化转型面临的挑战以及华为的数据治理与数字化转型；第2章和第3章分别讲解了企业级数据综合治理体系和差异化的企业数据分类管理框架的构建；第4～9章分别讲解了面向“业务交易”的信息架构建设、面向“联接共享”的数据底座建设、面向“自助消费”的数据服务建设、打造“数字孪生”的数据全量感知能力、打造“清洁数据”的综合数据质量能力、打造“安全合规”的数据可控共享能力；第10章从面向未来的角度谈了数据对企业的价值。